인물로 보는
친일파 역사

역사문제연구소 편

역사비평사

왜 다시 친일부역배를 따지는가

어느 패기 어린 청년학도가 나를 찾아와서 말했다. "우리나라는 친일문제를 한번도 청산하지 않았습니다. 이런 사회에서 어떻게 민주화가 제대로 이루어지겠습니까?" 나는 대꾸하지 않았다. 신물이 나도록 이런 이야기를 해온 탓이다.

근래에 다시 친일부역배 문제가 제기되고 있고 일반 시민의 관심도 더욱 높아지고 있다. 더욱이 매국노 이완용의 증손자가 느닷없이 '할아버지 재산 찾기' 소송을 벌이고 있고 이권에 눈이 어두운 변호사들이 여기에 끼여들어 농단을 일삼고 있다. 이런 어이없는 일들이 벌어지자 양식있는 인사들의 분노가 들끓었고 여기에 힘입어 국회에서도 친일파와 관련된 특별법 제정을 서두르고 있다.

한편 김구의 암살문제가 새로이 제기되면서 친일파의 음모설이나 관련설이 꾸준히 나돌고 있다. 이승만정권 지배구조의 핵심을 이루고 있던 친일파 출신의 군인, 경찰, 정치인들이 김구를 제거하는 것이 자기네 기득권을 공고히하고 단독정부를 튼튼히하는 데 도움이 된다고 판단했다고 보는 것이다. 아무튼 자유민주주의를 지향하는 대한민국 정부가 특히 상해임시정부의 정통성을 계승한다고 헌법 전문에도 기재하면서 친일부역 문제는 덮어두고 있었으니 더 할 말이 없게 된다. 반민특위의 활동이 일시적이요 제한적이었음은 새삼 말할 필요도 없을 것이다.

다시 한번 따져보자. 전후 중국과 대만 등은 친일파문제를 청산하였다. 독일, 프랑스 등 유럽 국가들도 나치에 협력한 자들을 처형했거나 추방하였고 도망자들을 추적하고 수색하는 일을 계속하였다. 한편 북쪽에서는 친일부역배를 완전히 공직에서 추방하였다. 그런 탓으로 한때 남쪽의 학생들은 북쪽의 이런 청산작업을 높이 평가하기도 하고 민족정기를 바로잡은 정권으로 인정하는 분위기를 자아냈던 것이다.

왜 이들은 이런 청산작업을 벌였던가? 말할 나위 없이 일신의 영달과 이익을 위해 나라를 팔아먹거나 아니면 몸을 던져 협력한 자들은 새로운 사회 건설에서 암적인 존재라고 여긴 것이다. 이와는 달리 우리의 수많은 독립투사들은 외국땅에서 모진 고생을 하다가 싸움터에서 죽기도 하고 고문으로 희생당하기도 하고 오랜 영어의 세월을 보내기도 했다. 이들의 후손들은 살아갈 방도가 없이 거지처럼 떠돌았고 교육도 받지 못했다.

친일부역배 청산문제는 단순한 묵은 일이 아닐 뿐만 아니라 민족정기를 세우고 민족생존을 토대로 한 가치관을 확립하고 조국을 배반한 자는 그만한 대가를 치르고 응징을 받는다는 교훈을 주는 데 가장 기본이 되는 일이기 때문이다. 해방공간에서 이를 해결하지 못하고 그들을 지배세력으로 등장시킨 것은 분명 '역사의 왜곡'이었다. 시기를 놓치고 헛되이 많은 세월을 보낸 것이 현실이라면 현실이다. 그러므로 너무나 시시콜콜한 이야기거리를 들추어내서 논란거리로 삼는 것은 시의에 맞지 않을 수도 있다.

하지만 지금도 식민지의식의 찌꺼기가 우리 사회 곳곳에 남아 있고, 또 PKO법안에 따른 일본의 신군국주의의 등장을 경계해야 할 상황이다. 우리는 피해자이기에 이런 문제에 민감한 반응을 보인다고 이야기할 수도 있겠으나 너무나 처절했던 민족 비극의 경험을 도외시해서는 안될 것이다. 다만 식민지에서의 죄과를 진정으로 사죄하고 앞으로 호혜의 원칙 위에서 두 나라의 우호와 협력관계가 성립되어야 할 것이다. 그런데도 두 나라 관계가 이런 방향과는 동떨어지고 있음이 오늘날의 현실이다.

우리 역사문제연구소에서는 그동안 근현대사를 집중적으로 연구하고 대중화해왔다. 친일부역배 문제도 '한국사교실'이라는 대중강좌를 통해 재점검하고 재분석해보았다. 여기서 우리는 이른바 정치인, 경제인, 문학인, 여성, 화가 등으로 나누어 두드러지게 친일부역 행각을 벌인 인물을 뽑아 그 내용을 알아보았다. 또 각 분야에서 두 사람씩을 뽑아 라이벌관계로 설정하여 이야기를 전개시켜보았다. 이 강좌를 맡은 강사들은 각 분야의 전문가들이었으나 이 문제를 단순히 학술적 평가대상으로만 삼지 않았다.

이 강좌를 시작하였을 적에 많은 시민, 학생들의 관심이 쏠렸고 이어 강좌가 끝나자 책으로 엮어달라는 빗발치는 요청이 있었다. 그리하여 이제 그 강의내용을 토대로 책으로 엮어 간행하게 된 것이다. 다만 어느 부분에서는 내용을 소홀히 다룬 감도 없지 않으며 분석의 틀도 치밀하지 못한 것 같다. 이런 것은 앞으로 시일을 두고 더욱 보완해나가야 할 것이다.

거듭 말하거니와 우리는 시시콜콜한 이야기를 늘어놓으려는 것이 아니요, 이런 글을 통해서나마 바른 민족의식을 고양해야 한다는 사명감을 갖고 있다. 건전하고 양식있는 시민과 학생들에게 이 책 읽기를 권고하며 또 이 글을 읽고 무엇인지 느끼기를 바라마지 않는다.

이이화(역사문제연구소 소장)가 세계 유일의 분단 나라에 사는 것을 서러워하며 머리말을 쓰다.

인물로 보는 친일파 역사

인물로 보는

친일파 역사

총론 : 친일파의 역사적
존재양태와 극우반공독재

먼저 지금까지 친일파문제가 어떻게 다루어졌는가 하는 부분을 간략하게 말씀드리겠습니다. 한국처럼 친일파 연구가 절실히 요구되는데도 없습니다만, 대단히 부끄럽게도 지금까지 거의 이루어지지 않았습니다.

1. 친일파, 무엇이 문제인가

해방 직후 한국민족의 최대 과업은 민족국가를 건설하는 일이었습니다. 그 당시는 민족국가 앞에 '통일된'이라는 말을 쓸 필요가 없었습니다. 비록 38선을 경계로 해서 미국군과 소련군이 남북한에 진주했다고는 하지만, 조금 있으면 독립국가, 민족국가가 건설될 것이라고 생각하고 있었기 때문입니다.

민족국가를 건설하면서 민족국가의 구체적인 내용을 이루는 데 당면한 가장 중요한 문제가 토지개혁과 친일파 처단이었습니다. 그러니

까 당시 한국인의 대다수를 차지하고 있던 농민들에게 토지를 재분배
하여 해방의 기쁨을 맛보게 하는 과제와 민족의 대의를 바로잡기 위
해서 반민족행위를 한 친일파를 처리하는 과제, 이 두 과제가 민족국
가를 건설하는 데 최대의 당면과업이었습니다. 그래서 해방된 그날부
터 친일파를 처단해야 한다는 요구가 크게 일어나게 되었던 것입니
다. 그런데 북한에서는 비교적 쉽게 친일파문제가 처리될 수 있었습
니다만, 남한에서는 민족적 당위나 요청이 컸음에도 불구하고 민족혁
명을 막기 위한 미군정의 현상유지정책, 친일파 활용정책으로 인해
친일파문제 처리가 어려웠습니다. 극우세력이 많았던 과도입법의원에
서 민족의 성원하에 중도파 민족주의 의원들이 힘겹게 친일파 민족반
역자에 대한 특별법안을 통과시켰지만, 일제 침략자에게 충성을 잘
바친 친일파들이 자신들에게도 충성을 잘 바칠 것이라고 생각했고,
또 그렇게 충성을 바치고 있다는 것을 너무나 잘 알고 있던 미군정에
의해 유야무야되고 말았습니다. 그런 사이에 친일파는 굳건한 토대를
마련하였고, 해방 3년이 순식간에 지나가면서 남북한에 분단정권이
들어서게 되었죠.

　남한에 정부가 들어섰을 때 남한정부의 최대 임무는 바로 이 친일
파 처단문제로 꼽혔기 때문에 헌법을 만들 때 친일파를 처단하기 위
한 근거를 헌법 부칙에 명백하게 밝혔습니다. 그래서 1948년 8월 15
일 정부수립일이 며칠 지나지 않아 친일파를 처단하기 위한 '반민족
행위처벌법(이하 반민법)' 제정에 착수해서, 그 다음해 초부터 '반민족
행위특별조사위원회(이하 반민특위)'는 구체적인 활동에 들어가게 되
었습니다. 그러나 친일파를 기반으로 자신의 정치권력을 쌓아올린 이
승만은 반민특위 활동을 무력화하고 정지시키기 위한 활동을 벌이고,
급기야는 친일파 경찰들이 1949년 6월 초에 반민특위를 급습하여 반
민특위 관계자들을 폭력으로 체포하는 천인공노할 일이 발생했습니
다. 이로 말미암아 사실상 친일파 처단문제가 민족적 당위로서만 남
게 되었고 제대로 해결되지 못했음은 우리 모두가 소상히 아는 바입

니다. 이때는 이미 친일파세력이 너무 공고해져서 오히려 반민족세력한테 민족주의세력이 당할 수밖에 없는 형세였던 것입니다. 그리하여 6월 6일 반민특위가 급습당한 지 20일 후인 6월 26일 백범 김구가 암살되었고, 또 5월 20일부터 국회프락치사건이 터져서 친일파 처단문제에 가장 앞장섰던 국회 내 소장파 민족주의 의원들이 다수 체포되는 정치적 사건이 발생하게 되었죠.

이때를 전후하여 평화통일 주장이나 남북간의 대화 주장은 반국가행위 또는 반애국행위로 친일파 단정세력한테 매도당했으며, 극우반공이데올로기가 위압적으로 강조되기 시작했습니다. 곧이어 한국전쟁이 발발하면서 평화적인 통일방안이나 남북협상은 물론 친일파문제 자체가 거론될 수 없었습니다. 그렇게 된 데는 극우반공체제가 한국전쟁에 힘입어 확고한 토대를 내리게 되었다는 점과 절대적인 관련이 있습니다. 그러다 보니까 1950년대 내내 친일파를 처단해야 한다는 말조차 불가능하였습니다. 4월혁명이 일어났습니다만, 4월혁명 과업을 달성하는 데서는 우선 자유당 잔재를 청산하고 부정선거 원흉과 발포 경관들을 처단하는 것이 가장 주된 과제였기 때문에, 또한 민주당이 원래 자유당 못지않게 친일파로 구성되어 있고 혁신계에도 친일파가 섞여 있는 등, 그때 상황이 친일파문제를 제기할 만한 분위기가 되지 못한 탓에 4월혁명 이후에도 친일파문제가 거의 거론되지 못했습니다.

5·16군부쿠데타에 의해서 4월민주혁명이 좌절되고 민주당정부는 무너졌으며 혁신계건 학생들이건 민족주의자들이 대량 구속되었는데, 박정희 자신이 가장 친일적인 사람이었기 때문에 친일파문제는 박정희정권시대에도 거론되기 어려울 수밖에 없었죠. 박정희가 쿠데타를 일으켜서 정권을 잡았을 때 과거 일제시대 군국주의자들, 즉 일본 자민당 극우파들은 아주 뛸 듯이 기뻐하면서, 이제 드디어 한국에서 일제 때 가장 충성을 바치던 '도꾸도 니뽄징(特等日本人)' 다카기 마사오(高木正雄) 중위, 곧 박정희가 '혁명'수반이 되었으니 우리가 한국에

진출하는 탄탄대로가 열렸다고 환호성을 질렀다고 합니다. 심지어 1963년 민정으로 옮기면서 박정희가 대통령에 취임할 때 일본 자민당 특사로 온 오노(大野)는 "박정희는 내 아들과 같은 사람"이라고 발언을 해서 말썽이 되지 않았습니까? 일제 때 한국을 침략하고 황민화운동으로 민족을 말살하려 했던 일본의 군국주의자와 이른바 황군 출신이 많았던 박정희정권은 이 정도로 깊이 밀착되었던 것이죠.

학문적 연구 거의 없는 상태

그러나 친일파문제가 다시 등장하기 시작한 것은 이때부터였습니다. 왜냐하면 박정희는 정권을 유지하기 위해서 불가불 경제성장을 해야 했고, 민주주의와 민족주의 등 어느 것도 줄 것이 없었기 때문에 더욱더 경제발전문제에 매달리게 되었습니다. 그러니 한일회담을 아무리 굴욕적으로 하더라도 하여튼 일본돈을 빨리 끄집어들이려고 굴욕적인 한일회담을 급속히 추진하게 됩니다. 이 때문에 일본문제가 한국인에게 대단히 중요한 문제로 제기되었고, 이러는 가운데 친일파문제가 박정희와 관련해서 논의되기 시작했지만, 거세게 일어났던 한일회담 반대투쟁과는 대조적으로 미약한 것이었습니다.

사실 친일파문제는 학문적으로 1960년대에는 한번도 정리된 적이 없었고, 1970년대에 와서도 마찬가지였습니다. 다만 임종국(林鍾國) 선생이 유진오(兪鎭午), 김활란(金活蘭) 등 당시 명문대 총장으로 존경을 받았던 자들을 포함하여 명망있는 문인들이 일제 때 얼마나 더러운 짓을 하였는가를 알 수 있게 편집한 『친일문학론』이 1966년에 출판되어 뜻있는 사람들의 환영을 받았는데, 그것은 일종의 자료집이었습니다. 그 책도 친일파들의 농간으로 10여 년 동안 볼 수 없다가 1979년에 가서야 재판이 나왔지요.──임종국 선생은 이밖에도 친일파에 관한 자료를 많이 출판하였습니다. 친일파에 대한 연구는 1970년에도 거의 없었으나 앞에서 언급한 반민법파동을 되돌아보는 글들이

1970년대 말부터 나오기 시작했습니다. 제 기억으로는 1970년대 후반기에 김대상씨가 『창작과 비평』에 「일제잔재세력의 정화문제」를 쓴 것이 친일파문제를 학문적으로 분석한 최초의 글이 아닌가 생각합니다.

1980년대에 우리 사회에서 민주화·자주화운동이 고조됨에 따라 친일파문제가 새롭게 대두되기 시작했습니다. 1981년에 한길사에서 『해방전후사의 인식』이 나오고, 여기에 임종국 선생의 「일제 말 친일군상의 실태」와 오익환씨의 「반민특위의 활동과 와해」가 수록되어 있습니다만, 이 글들만 하더라도 반민법을 중심으로 해서 친일파문제를 생각해보는 수준에 머문 것이지요. 친일파 처리문제가 아니라 친일파 자체의 문제를 학문적으로 제기한 것은, 미숙한 부분이 많지만 일본과 한국의 관계를 다룬 1992년 3월의 반민족문제연구소—임종국 선생은 친일파에 관한 글을 많이 썼는데 그러한 선생의 유업을 이어받아서 친일파문제만 전문으로 다루는 단체이지요—의 심포지엄이 아닐까 하는 생각이 들고, 친일파문제를 다시 대중적인 프로그램으로 만들어서 다루게 된 것은 오늘부터 일주일 간격으로 있게 될 역사문제연구소의 〈한국사교실〉 강좌가 최초인 것 같습니다.

백범 김구의 암살과 친일파

바로 지난 1992년 4월 초부터 백범의 암살범인 안두희씨가 새로운 사실을 털어놨다고 신문에 크게 보도되었는데, 여기 오신 분들은 그 부분에 관해 유달리 관심이 커서 이 자리에도 나오신 것이 아닌가 하는 생각이 듭니다. 백범의 죽음은 친일파문제와도 연관이 되기 때문에 여기서 잠깐 언급을 하고 지나가지요. 안두희가 자기 배후로 김창룡을 지목하거나 그 뒤 최운하, 노덕술, 김태선, 장택상을 거론했을 때, 그 사건을 잘 아는 사람들은 저 사람이 진짜 배후를 감추기 위해 연막을 피우고 있구나 하는 생각을 했을 겁니다. 왜냐하면 안씨가 지적한 사람들은 항상 김구를 못마땅하게 여겼고 증오하면서 때로는 죽이려고 마음먹고 있었다고 볼 수 있습니다만, 그것은 안두희와는 인맥이 다른 선이지요. 그러니까 최운하, 노덕술, 김태선 등은 1948년 반민법이 제정될 때나 1949년 정초 반민특위가 가동될 때부터 만나기만 하면 반민법을 만든 핵심분자들, 즉 소장파 민족주의 국회의원들을 38선에다 매달아놔야 한다고 공공연히 얘기했던 터이고, 실제로 그렇게 하기 위해서—결국 폭로되어 미수로 끝나고 말았지만—백민태라는 자객까지 고용했습니다. 그 당시 그 사람들은 입만 벙긋 하면 백범 같은 '위험인물'은 처단해야 한다는 생각을 했을 것이고, 안씨도 그런 얘기를 들었기 때문에 자신의 배후로 그들을 입밖에 내어서 진짜 배후를 감추려고 했던 것 같습니다. 안씨가 얼마만큼 배후를 알고 있느냐도 문제지만 김구 암살문제를 되돌아보면서 친일파문제가 어떤 역사성을 지니고 있는가 하는 것을 따져볼 필요가 있습니다. 제 말에 어폐가 있을 수 있습니다만, 간단하게 말하면 테러를 많이 하던 백범이 테러로 돌아가셨다, 친일파 처단문제를 철저하게 주장을 못하시더니만 친일파문제로 돌아가시고 말았다라고 얘기할 수 있는 면도 없지 않습니다.

백범 암살의 배경은 남한만의 단독정권 수립과 연관해서 생각해보지 않을 수 없습니다. 1948년에 들어오면서 분단이 가시화되자 결국에는 분단으로 가는 것이 아니냐 하는 두려움을 일반 민중도 갖게 되었습니다. 그전까지 이승만과 김구 사이는 꼭 나빴던 것만은 아니었습니다. 김구는 1945년 이전까지는 대체로 이승만을 두둔하는 입장이었고, 이승만과 임정세력이 국내에 들어오게 되었을 때는 상당 기간 두 사람이 깊은 동지적 관계를 가진 것처럼 형님, 아우님 해가면서 극우세력이 관심을 갖고 있던 중요한 문제들을 함께 다루어나갔습니다. 우익 3영수라고 해서 이승만, 김구, 김규식을 꼽습니다만, 김규식은 일제 때도 그랬지만 김구, 이승만과 상당히 노선을 달리하고 있었습니다. 김규식은 좌우합작 또는 민족통합을 중시한 반면, 김구와 이승만은 극우반공적인 입장이었죠. 김규식이 친일파 처단을 강력하게 주장한 반면, 이승만은 친일세력을 기반으로 해서 남한단독정권을 세우려고 꾸준히 노력하였고, 김구는 이승만 한민당을 끌어들여 중경임시정부를 합법정부로 현실화하려는 노력을 계속 벌였습니다. 이러한 관계가 1947년까지 계속되다가 1948년에 들어서면서부터 김구와 이승만은 분명하게 대립하게 됩니다.

1948년 1월에 입국한 유엔임시위원단이 김구 등 한국인 대표들을 만났을 때부터 김구는 이전과는 상당히 다른 입장을 보이면서 명백하게 남북협상론을 제기하고 나옵니다. 다시 말해서 남북한의 주요 지도자들이 남북문제를 주체적으로 해결할 수 있어야 하고, 남북을 분단시키는 어떠한 단정노선도, 국제적 압력도 용납할 수가 없다, "38선을 베고 쓰러질지언정 이땅이 분단되는 것을 어떻게 내 눈으로 볼 수 있겠느냐?" 하는 비장한 이야기를 함과 동시에 남북한에서 미소 양군은 철수하여야 한다고 주장하여 이승만의 단정노선을 정면으로 반대하고 나서지요. 그리하여 남북협상의 장도에 오르게 되는데, 김구와 이승만의 대립은 5·10단독선거가 이루어진 이후에는 국가의 존재형태, 존재명분과 맞물려서 더욱 심화된 감을 주었습니다. 이승만이 남한단독정부를 세운 것에 대해 우리 민족의 다수가 불만스레 여기고 어떻게 그럴 수 있느냐는 생각을 갖고 있었기 때문에, 단정세력은 한마디로 인기가 없었을 뿐 아니라 반민족세력이 아니냐는 비판과 비난을 받지 않을 수 없었습니다. 그러다 보니 5·10선거에서 이승만세력이 불과 몇십 명밖에 국회의원을 내지 못할 정도로 한민당이 몰락한 반면, 민족주의적인 소장파 의원들이 대거 등장함으로써 반민법이 만들어진 것 아니겠습니까? 이 때문에 이승만정권은 정통성문제로 고민하지 않을 수 없었는데, 김구 선생 같은 분이 단정 수립을 격렬하게 비판하면서 민족은 하나이고 국가도 하나이다, 우리는 통합된 민족국가를 가져야 한다고 주장했을 때, 절대적으로 자기 생각만이 옳다고 고집했던 이승만과 그 추종세력은 대단한 위기감을 느끼지 않을 수 없었던 것입니다. 바로 이 점이 김구를 죽음으로 몰아넣게 된 직접적인 배경이죠.

그 다음에 우리가 잊기 쉬운 것입니다만, 1950년 한국전쟁이 일어나기 전까지는 남한에서 극우반공세력이 기승을 부리며 민중을 탄압하기는 했어도 극우반공이데올로기가 큰 정치적 영향력을 가지지 못했습니다. '소장파의원 전성시대'란 말이 풍겨주듯 제헌의회에서 이승만세력은 계속 몰렸는데, 1950년에 있을 총선에는 민족주의자들이 대거 참여할 것이라는 소문이 돌기 시작했습니다. 5·10선거에 임정계 등 중도파 민족주의세력은 거의 참여하지 않았음에도 불구하고 이승만세력이 몰렸는데, 더군다나 다음 선거에 중도파가 대거 출마한다고 했을 때 이승만세력이 가지는 두려움은 상당히 클 수밖에 없었습니다. 특히 국회 내에서 이승만의 인기가 아주 나빠서 다음에 대통령을 국회에서 뽑을 경우 이승만은 떨어질 가능성이 컸는데, 그럴 경우에 이승만을 대신할 수 있는 지도자로 쉽게 떠올릴 수 있는 인물이 김구 선생이었습니다. 실제로 1950년 5·30선거에서는 중도파 민족주의자들이 대거 당선되었고, 단정세력인 이승만 한민당은 5·10선거 때보다도 훨씬 득표를 못했습니다.

세번째는 바로 이 친일파문제가 김구 선생의 죽음을 재촉했다고 얘기할 수 있을 겁니다. 아까 말씀드린 것처럼 반민법은 1948년 8월부터 신속하게 만들어지기 시작해서 10월에 반민특위가 구성되기에 이르렀고, 드디어 1949년 정초부터 대상자들을 검거하기 시작하였죠. 그러니 민중이 가장 증오했던 친일경찰들은 두려움을 갖지 않을 수 없었습니다. 그래서 한국경찰의 요직을 맡았던 악질 친일경찰들은 이승만 대통령의 비호를 받으며 반민법을 만든 주동자들을 '처단'하려 했고, 그 배후에 있던 김구 선생 같은 분을 없애야겠다는 생각을 가졌을 것이라고 볼 수 있죠.

선(先)친일파 배제론과 후(後)친일파 배제론은 하늘과 땅 차이

이러한 요인들이 복합적으로 작용해서 1948년 말에서 1949년 초에 이승만의 양해 또는 이승만과의 교감하에 권력의 핵심부문에서 김구를 죽이려는 구체적인 계획이 세워졌습니다. 그래서 1949년 3, 4월에 안두희가 —안두희뿐만 아니라 안두희의 직속상관인 포병사령관 장은산 중령이 거느리고 있던 김구암살대만 하더라도 여러 명이었던 것으로 알려져 있습니다만 —김구를 암살하기 위한 '작전'에 들어갔고 결국 6월 26일 경교장에서 암살하기에 이르렀던 것입니다.

그러면 왜 앞에서 김구 선생이 많은 테러에 관련되어 있다가 테러로 돌아가신 분이고, 친일파문제를 적절히 처리하지 못해서 친일파문제로 돌아가신 분이라고 얘기했는가 하는 점을 얘기해보도록 하죠. 김구 선생이 해방 이전에 일제에 대해 테러를 쓴 것은 구국의 혈성이 담긴 애국행위로 높이 평가받을 수 있습니다. 그러나 해방 이후에도 테러를 정치활동의 한 방법으로 사용했다면 그것은 문제라고 봅니다. 송진우, 여운형, 장덕수의 암살에 한독당이 관계했을 것이라는 소문이 꾸준히 돌았고, 1945년부터 1946년 초에 한독당 관계 행동대들이 북쪽에 올라가서 테러행위를 한 것으로 얼마 전 『중앙일보』에 연재되었고, 서북청년회나 전학련 등 테러와 관련있는 청년·학생단체 관계자들이 쓴 기록에서도 그들을 후원한 사람들로 이승만과 김구가 꼽히고 있습니다.

그 다음에 김구 선생은 귀국한 이후 친일파문제에 대해서 적극적이지 않았습니다. 김구 선생이 1945년 11월 23일 중경임정요인 제1진으로 귀국했을 당시에는 선생이 민족대통합을 하는 데 큰 역할을 해줄 것이라는 기대가 있었고, 해외에서 그렇게 열렬하게 애국활동을 한 분이기 때문에 민족의 앞길을 가로막고 미군정에 붙어 여우 같은 반민족행위를 저질러 민족을 분열로 몰아가고 있던 친일파의 처단문제에 대해 적극적일 것이라고 생각하였습니다. 신문에서도 그런 것을 바라는 기사가 났죠. 그러나 백범이 귀국 이후 첫 기자회견에서 한 대답은 그러한 기대들과 거리가 있어서 이상하다는 생각을 가지게 했습니다. 이 점은 친일파를 연구하는 데 대단히 중요한 문제를 던져주기 때문에 좀 상세히 언급하지요.

1945년 11월 24일 기자회견에서 한 기자가 통일전선 결성에 대한 포부를 묻자 백범은 이렇게 대답하였습니다.

"오늘은 시간관계로 말을 못하겠다. 이박사 역시 그에 대한 방침이 계실 줄 알지만, 나에게 이박사 이상의 수완이 있다고는 신빙하지 말아주기 바란다. 나는 제군이 아는 바와 같이 국내와 연락이 없었고, 국내사정에 어두운 만큼 현하 정세에 대해서 정확한 판단을 내릴 수 없다." 그러자 기자가 다시 물었습니다.

"통일전선에 있어 친일파와 민족반역자에 대한 문제는?"

"통일전선을 결성하는 데 있어 불량한 분자가 섞이는 것을 누가 원하랴. 그러나 우선 통일하고 불량분자를 배제하는 일과 배제해놓고 통일하는 것의 두 가지가 있을 것이므로 결과에 있어 전후가 동일할 것이다."

"그러나 악질분자가 중요한 자리를 차지한다면 통일 후의 배제는 혼란스럽지 않은가?"

"여하간 정세를 모르니 대답할 수 없다."

한독당은 귀국 이전에도 친일파 처단문제에 소극적이었습니다만, 귀국 후에는 이승만 한민당과 손을 잡았고 여러 차례 한민당과 합당하려 했지요. 그런데 친일경찰이나 관료 등 친일파를 미군정기구에서 배제할 것을 요구하고 친일파들이 민족통일전선 또는 민족단체에 들어오는 것을 배제하는 '선친일파 배제'와, 친일파들의 준동을 모른 체하고 친일파가 섞여 있는 정치단체를 만든다는 것은 엄청난 차이가 있습니다. 왜냐하면 해방 직후의 민족적 감격 속에서 친일파를 단죄하고 반성케 해야 하는데, 친일파가 활보할 수 있게 하여 그들이 뿌리를 더 깊이 탄탄하게 박으면 그때 가서는 그 힘이 워낙 강력해져서 어떻게 할 수가 없게 됩니다. 그리하여 민족주의자가 친일파에게 밀리고, 김원봉의 경우처럼 일제침략기에 겪었던 것과 똑같이 친일경찰이 독립투쟁을 한 민족주의자를 고문하는 사태가 생길 수밖에 없습니다. 김구 선생이 김규식 선생과 손을 맞잡고 친일파 처단문제에 적극적으로 나섰더라면 민족의 대의가 어느 정도는 살아날 수 있었을 것입니다. 그러나 미군정의 적극적인 보호육성책과 이승만 한민당의 적극적인 노력으로, 해방 직후에는 다 죽는 줄 알았던 친일파세력이 오히려 일제시기보다도 더 높은 자리, 더 좋은 자리, 더 권력을 호령하는 자리에 올라가서 민족을 압제하고 민족국가 건설을 방해하고 단정 추진의 견인차 역할을 하게 되었던 것입니다. 그러다보니까 친일파세력은 어언간에 대단히 중요한 현실세력으로 성장해버린 것입니다. 경찰이건, 군인이건, 관료건, 학계건 간에 어디서나 친일파가 모두 중요한 자리를 차지해버린 거예요. 그래서 이승만정권이 세워졌을 때는 친일파가 요소요소에서 핵심적인 역할을 하게 되었습니다. 정부수립 후 한독당계에서는 반민법을 입법하는 데 후원도 하고, 이제는 정부가 섰으니까 친일파를 처단해야 한다는 입장을 확실하게 했습니다만, 때를 놓쳐버려 결국 친일파한테 김구 선생이 백주에 테러를 당해서 돌아가시게 되는 비극을 맞이했던 것입니다. 그리고 안두희는 군사법정에서 "틀림없이 선생은 국가의 반동이라고 생각했다. 국가를 위하여 선생을 죽이는 것이 좋겠다고 나는 단정했다"고 떳떳이 말하고, 변호사는 "본 변호인은 범행 목적·동기는 정당하다고 인정한다. 피고의 행위는 대한민국에서 표창할 일이다. 무죄석방을 요구한다"고 주장하고 법정에 와 있던 친일파들은 안두희에게 박수를 보내는 기막힌 장면이 연출되고 말았습니다.

꼭 짚고 넘어가야 할 일이어서 서론 부분에서 애기가 길어졌습니다만, 이제 친일파의 전체적인 성격, 그리고 그것이 한국정치에 어떤 영향을 끼쳤는지 살펴보도록 하겠습니다.

친일파는 민족사 왜곡의 주범

한마디로 친일파는 우리 역사를 비뚤어지게 한 기본적인 요소로서 작용을 했다고 얘기할 수 있습니다. 우리나라는 천년이나 단일민족국가를 발전시켜온, 세계에서 유례가 드문 민족인데도 불구하고 근대에 들어와서 식민지로 전락했고, 해방 이후에는 역사상 처음으로 남북이 분단되는 상황을 맞이했습니다. 거기에서도 더 나아가 남북간에는 극단적인 증오가 있어서 예컨대 축구나 탁구경기에서 일본이 북한을 이기는 경우에도 아파트 전체가 떠나갈 정도로 환호성을 지르던 것이 바로 3, 4년 전의 일이었을 정도로, 우리 사회에는 북녘의 겨레를 같은 민족으로 생각하지 않는 사람이 너무나 많았고, 비뚤어진 반공교육으로 북한을 도깨비나 이상한 사람들이 사는 지역으로 생각하기까지 하였습니다. 그러니까 분단도 보통의 분단이 아니라 서로를 증오하고 없애버리려고 하는 극단적인 형태의 민족분열 양상을 보였던 것이 해방 이후의 정치상황이었습니다.

이처럼 근대와 현대라는 가장 소중한 시기에 식민지가 되고 분단이 되어서 서로간에 증오하는 상태가 된 큰 원인은 기본적으로는 제국주의의 침략과 미소의 냉전정책 때문입니다만, 그것이 한국인들과 완전히 무관한 상태에서 일어났는가 하면 그렇다고만은 할 수 없습니다. 일제가 한국을 식민지로 몰고갈 때 일제의 앞잡이가 되어 "한국이 식민지가 되는 것이 오히려 한국인을 위하여 행복한 일이다, 한국이 자본주의적 발전, 곧 근대화되려면 일본의 식민지가 되는 것이 오히려 좋은 일이다"라고 하며 오히려 일제의 한국침략을 요구하는 한국인들이 있었습니다. 이른바 친일개화파라는 존재이죠. 그리고 일제가 한국을 식민지로 지배했을 때는 그 식민지지배에 빌붙어 관리가 되거나 친일경찰이 되거나 헌병보조원이 되어 민중을 탄압하고 애국자를 때려잡으면서 일제에 갖은 아부와 충성을 다하던, 제 나라 말조차 쓰지 않고 일본말을 쓰던 한국인들이 다수 있었습니다. 이런 자들이 있었기 때문에 일제가 한국을 지배하는 것이 가능했던 것이죠. 마찬가지로 해방 이후에는 친일파들이 '이제 신세 망쳤구나, 일본이 망했으니 우리도 망했다, 우리가 살려면 미국을 등에 업고 단독정부를 수립하는 길밖에 없지 않느냐, 왜냐하면 통일된 나라가 선다면 친일파 처단이 가장 중요한 민족적 과제이기 때문에 우리들이 처단될 것이 아니냐, 그렇게 되기보다는 차라리 반동강이라도 우리 친일파가 두 다리 쭉 뻗고 살 수 있는 나라가 되었으면 좋겠다'는 생각을, 해방된 지 불과 한두 달 후부터 갖게 된 자들이 준동하기 시작하였고, 그런 것이 씨앗이 되어 분단에 일정한 역할을 한 것을 간과할 수 없습니다. 한국에 극우반공체제가 40년 이상 그렇게 극단적인 형태로 존재했던 것도 역시 친일파라는 존재와 뗄 수 없습니다. 그렇기 때문에 친일파는 바로 한국 민족문제를 잘못되게 이끌고, 일대 혼탁한, 그리고 거꾸로 된 역사를 만든 가장 기본적인 요인입니다.

친일파는 매국노나 반민족행위자를 지칭하는 말

요즘 젊은 사람들 가운데는 "친일파가 뭐가 나쁜 것이냐? '친'자 붙은 것이 꼭 나쁜 것은 아니지 않느냐?" 하는 생각을 하는 사람도 없지 않아 있습니다. 또 요즘 와서 반수 이상의 고등학교에서 일본어를 가르칩니다. 그렇게 일본어를 배우다보면 일본인이 역시 깨끗하고 상냥하고 합리적이며, 경제를 저렇게 발전시킨 것도 다 이유가 있다는 식의 친일적인 사고가 자연스럽게 생기게 마련입니다. 이런 식으로 일부 젊은 사람들은 친일적인 것이 왜 꼭 나쁘냐고 생각하고 있습니다만, 친일파라는 것이 한국에서는 매국노, 민족반역자, 저만 잘살려는 저질 인간들을 가리키는 데 사용되고 있다는 것을 우리는 역사적으로 생각해볼 필요가 있습니다.

'친'이라는 말이 좋은 것과 친할 때는 나쁜 의미를 지니지 않을 수 있습니다만, 나쁜 것과 친할 때는 그 자신도 나쁜 놈이기 때문에 나쁘다는 생각을 갖게 하죠. 1940년대 초에 나치가 파리에 진주해왔을 때 프랑스에서 친나치세력, 친히틀러세력, 친독일세력이라고 했을 때 그것은 프랑스인들이 가장 미워하는 놈들, 가장 저질 인간들, 가장 반민족적인 자들을 가리키는 말이었습니다. 그래서 파리가 다시 해방되었을 때 제일 먼저 친독일적인 사람들, 친나치·친히틀러 세력들을 붙잡아서 처단했던 것 아닙니까? 이런 식으로 '친'자라는 것도 어떻게 붙느냐에 따라서 큰 차이가 나는데, 한국인의 경우에는 유구한 역사를 통해서 이웃나라인 일본과는 이상할 정도로 사이가 나빴습니다. 우리 민중은 일본사람들을 왜놈이라고 불렀고, 일제시대를 왜정시대라고 불렀지 지식인이나 학생처럼 일본인이라고 부르거나 일제라고 부르는 사람이 없습니다. 하여튼 일본인들 또는 왜놈들은 삼국시대부터 한반도를 수없이 침략해왔어요. 문무왕이 "나는 호국룡이 되어서 동해바다를 지킬 터이니, 나를 태워서 동해바다에 묻어다오"라는 얘기를 하고 죽어서 경주에서 동쪽으로 50~60리 가면 감포 옆바다에 수중대왕릉이 있지 않습니까? 고려시대에도 마찬가지였습니다. 특히 고려 말기 100여년 동안은 왜구가 황해도에서부터 경상도 일대에 이르기까지 끊임없이 노략질을 했기 때문에 왜구에 대한 증오는 이루 말할 수 없이 컸습니다. 7년 간의 임진왜란은 몽고와의 29년전쟁과 마찬가지로 한국사회를 가장 피폐하고 멍들게 했던 전쟁이었습니다. 그래서 사명대사라는 인물을 내세워 일본에 가서 불알 서말을 받아오게 했다든가 하는 얘기까지 만들어내면서 왜놈에 대한 증오를 표출했습니다.

그러던 것이 1870년대 이후에는 더욱더 심화되었습니다. 왜냐하면 일본인이 들어와서 우리 땅을 빼앗고, 고기잡는 어장을 빼앗고, 광산을 빼앗고, 모든 것을 다 빼앗기 시작했거든요. 그리고는 우리 민족의 자유를 완전히 박탈하기에 이르렀기에 이런 식의 왜놈정치보다 더 지긋지긋한 것은 없었던 겁니다. 우리 역사에서 외국의 지배를 직접

받아본, 다시 말해서 식민지가 된 역사는 딱 이 35년밖에 없어요. 그래서 한국인은 왜정시대라면 지긋지긋한 시대로 느꼈고, 일본인한테 당했던 모욕과 수치가 너무나 컸기 때문에, 일본인에 대한 한국인들의 감정은 남다를 수밖에 없었습니다. 한국인이 친일파에 대해서 가졌던 증오감은 프랑스인이 친나치세력에게 가졌던 증오감의 몇백 배, 몇천 배였다고 볼 수 있습니다. 그러므로 친일파라는 말은 결코 적당히 넘어가는 말일 수 없습니다. 우리 민족문제가 해결되어 통일된 민족국가를 이루고 일본에 대해 당당하게 경제적, 정치적, 군사적인 면에서 자주성을 가질 때, 그때에는 친일파라는 말이 다른 뜻을 가질지 모르지만, 그때까지는 친일파라는 말이 계속 역사적인 의미를 가질 것이라는 얘기를 미리 해둘 필요가 있다고 봅니다.

어떤 계층, 어떤 계급이 친일파가 되었나

한국에서 친일파에 대한 증오랄까, 비판이 이렇게 컸음에도 불구하고 친일파들이 그렇게 강력한 세력을 갖게 된 까닭은 무엇일까요? 나중에 다시 말씀드릴 테지만 우선 한두 가지만 지적하고 넘어가겠습니다.

첫째, 근대에 들어오면서 친일파가 어떻게 형성되었는가 하는 점을 생각해볼 필요가 있습니다. 우리나라와 중국의 경우는 왕조의 변화와 사회의 변화가 상당 부분 겹치는 역사를 가졌는데, 18, 19세기로 오면서 한국사회는 중세체제가 전반적으로 해체, 와해되어가는 시기에 있었고, 같은 시기에 또 왕조가 쇠퇴 몰락하고 있었습니다. 그러다 보니까 지배층 —왕이나 대신, 관료와 같은 지배층— 이 자기 자신의 사회적·정치적 몰락을 막기에 급급한 어려운 상황에 빠졌는데, 바로 그런 시기에 자본주의의 침투가 있었고 제국주의자들이 침략을 했던 것입니다. 이 점이 한국역사를 아주 어렵게 만든 요인이라고 볼 수 있죠. 다시 말해서 지배층이 민중에게 당당한 입장이 될 수 있고 사회발전을 해나가는 데서 적극적이고 선도적인 역할을 할 수 있었다면,

그 지배층이 그렇게 반민족적인 행위, 외세추종적이고 외세의존적인 짓은 하지 않았을 겁니다. 이런 과정에서 친일파, 친청파, 친미파, 친러파 등이 생겨났고, 이들 중 상당수는 이완용과 같은 매국노가 되지요.

일제 때 군수나 면장을 한 자들은 중인계층 출신들이 많습니다. 그러면 왜 중인계층에 친일파가 많으냐? 아전이나 기술관, 역관 등 중인계층은 상층 지배계급이 될 수 없는 반면에 사회적·신분적 특성으로 말미암아 민중을 압제하는 위치에 있었습니다. 따라서 이 사람들은 사회변동에 예민하고 출세의욕이 아주 강하며, 애국심이나 애족심보다는 자기 자신들의 재능을 아껴주면 거기에 맹목적으로 충성을 바칠 수 있는 성격을 지니고 있었습니다. 이 때문에 '개화'를 하고 외세에 추종해야 계층상승을 할 수 있고, 이제까지 양반들한테 당했던 설움도 씻을 수 있다, 이제는 양반들을 딛고 올라서서 군수나 그 이상의 지위도 가질 수 있다고 생각하다 보니까 중인들 대다수가 —최남선이 대표적인 중인 중의 한 사람입니다만 —친일파가 될 수밖에 없었지요.

그 다음에 우리는 부르주아층을 생각해볼 수 있습니다. 한국에 과연 부르주아지라는 것이 존재했느냐고 물을 수도 있습니다만, 서양사에서 근대사회를 이끌어가는 데 대단히 중요한 역할, 주동적인 역할을 했던 부르주아층이 한국에서는 자립적으로 성장하지 못한 가운데 왕권과 결탁해서 어용활동을 해 재산을 늘려갔고, 19세기 후반 이후에는 자본주의 열강이나 제국주의 침략자에게 아부하거나 그들의 호의나 도움에 의해서 자신들의 자본주의적 발전이 가능하다는 생각을 할 수밖에 없는, 취약하기 짝이 없는 사회적 존재였습니다. 그래서 서양에서와 같이 부르주아층이 근대 민족국가 형성에서 주도적인 역할을 하기는커녕 오히려 반민족적인 역할, 부정적인 역할을 많이 했던 겁니다.

한말 관료 중에도 애국자가 있었고, 때로는 일부 중소부르주아층이 민족적 양심을 갖고 민족해방운동에 가담하기도 했듯이, 일부 중소지주 중에는 민족주의자들도 있었습니다. 그러나 대지주 등 지주계층은 본질적으로 친일파가 되지 않을 수 없었습니다. 지주제가 다분히 봉건적 성격을 지니고 있는 데다가, 일제의 토지조사사업 때나 산미증식사업 때 대지주로 성장하였거나, 조선총독부의 부르주아지 지주 보호육성정책에 의해서 대토지를 획득할 수 있었고, 농민들의 소작쟁의를 일제가 막아주었기 때문이지요. 부르주아지와 지주들은 일제의 회유 포섭정책으로 도평의회, 부협의회, 읍 면회와 중추원에 진출할 수 있었습니다.

서민 가운데에도 친일파가 적지 않게 배출되었습니다. 근대적 민족의식을 미처 갖추지 못한 서민들 중에 출세와 부에 눈먼 자들은 헌병보조원이나 경찰이 되었고, 1930년대 후반 군국파시즘이 강화되는 가운데 일본군 또는 관동군 장교가 되고자 하거나 그것도 못되면 군조(하사관)나 사병이 되기 위해 자원입대하였고, 고등문관 시험공부에 혈안이 되어 있었습니다.

우리는 여기서, 다 그런 것은 아니지만 봉건적인 성격이 강한 왕이나 관료대관들, 그리고 중인층과 지주, 근대적인 성격을 가져야 할 부르주아지까지도 외세에 의존하기 쉬운 역사적 성격을 가졌다는 것을 살펴보았고, 이것이 민족문제에서 부정적인 역할을 하면서 친일파 형성의 기본적인 동력으로 작용했다는 문제를 생각해볼 수 있을 것입니다.

2. 친일파의 현재적 의미

그런데 과거의 친일파, 그러니까 구한말 이래 친일파들이 그렇게 많이 형성되고 반민족적 역할을 많이 했다 하더라도 해방 이후에 제대로 친일파문제가 처리되었다면, 지금 우리가 이 자리에서 구태여

대중강연 같은 것을 할 필요가 없고, 다만 친일파가 어떤 형태로 존재했는지를 연구하고 역사를 배울 때 그런 것을 배우기만 하면 되었을 테지요. 그런데 문제는 친일파들이 오히려 해방 이후에 사회적으로 더 중요한 역할을 하게 되었고, 일제시대 때보다도 한 단계 더 높아져서 정치계·군부·경찰계·관료계·학계·문화계·종교계 등 사회의 모든 부문에서 훨씬 더 막강한 지위를 자랑하게 되었으며, 그래서 권력의 핵심요소를 차지하였고, 이 때문에 요근래에 와서야 친일파에 대한 학문적인 연구가 가능해졌다는 데 있습니다.

극우반공독재의 정예로 군림

이 친일파들이 권력에서 얼마나 중요한 역할을 했는가를 몇 가지 예를 들어 단적으로 얘기해볼까 합니다.

자유당정권을 우리는 보통 친일파정권이라고 부릅니다. 자유당정권에 친일파들이 많았기 때문이죠. 친일파는 이승만정권이 처음 성립했던 시기보다 이승만정권이 몰락하던 무렵에 더욱 많았다는 것은 통계를 보면 알 수 있습니다. 제헌의회 의원들 가운데는 60명 정도가 일제시대 때 통치기관에 관계한 자로 나와 있는데, 그것이 2대의회로 가서는 79명으로 늘어났고, 자유당 전성시대가 시작되는 3대의회에서는 95명이 되었다가, 4대의회에서는 104명으로 늘어납니다. 이승만정권하의 122명의 장관 가운데 57명이 일제통치기관에서 복무한 자로 통계가 잡히고 있는데, 이승만정권 말기에는 이런 현상이 심각한 상황에 이르러서, 예컨대 3·15부정선거를 치른 내각에서는 1960년 1월 현재 공석중이던 외무부장관을 제외하면 국무위원 11명 가운데 독립운동을 한 사람은 한 명도 없어요. 그리고 2명이 금융계에, 2명이 의료계통에 있었고, 1명(최인규 내무부장관)이 보험회사에 다녔으며, 나머지 장관 6명이 군수나 판사 또는 군인이었습니다. 사실 일제 때 금융계나 의료계, 보험회사에 있었다고 하면, 다 그런 것은 아니지만,

해방을 경축하기 위해 서울역에 모인 사람들

대체로 친일파로 분류될 소지가 있었습니다. 따라서 장관 11명은 '거의 다'라고 보아도 좋을 정도로 친일파였던 겁니다. 차관 12명도 마찬가지였습니다. 차관 12명 중에 1명은 교수였고, 1명은 만주척식회사 과장, 1명은 관공서와 관계된 잡지사 사장이었으며 1명은 알 수 없습니다. 나머지 9명은 군수나 판검사, 경찰관으로 차관들도 거의 전부가 다 친일행위를 한 자들입니다. 3·15선거의 주무부서인 내무부의 경우 이런 경향이 더욱 심했습니다. 특히 경찰계통이 그랬습니다. 3·15부정선거에 항의하는 데모대에 발포를 명령한 자로 유명한 경무대 경호실 책임자 곽영주는, 일제 때 지원병으로 일본군 군조였습니다. 그리고 치안국장이던 이강학은 일제 때 육군소위였고, 서울 시경국장 유충렬은 악명높은 종로경찰서 순사부장이었습니다. 이처럼 자기 이익을 위해서는 물불 가리지 않고 충성을 바치는 사람들이었기에 이승만 정권이 말기에 갈수록 더욱 부패·타락할 수밖에 없었고, 또 그럴수록 친일파만 등용할 수밖에 없었던 권력의 메커니즘이 형성되었으며, 그런 까닭에 3·15부정선거 같은 일이 일어날 수밖에 없었던 것입니다.

자유당 말기, 자유당의 실력자들은 강경파일수록 거의 다 친일파라는 점에 주목해야 합니다. 일제 말기에 이기붕은 요리집 지배인이었지만, 이기붕 다음의 지위에 있었던 이재학은 군수를 지냈고, 장경근은 판사, 한희석은 군수, 임철호는 사법계에서 근무했지요. 이익흥은 경찰관료였고, 김의준은 검판사였다가 자유당선전위원회 위원장이 되었습니다. 자유당의 강경파는 이기붕을 빼놓고는 모두 친일파였다는 것을 확인할 수 있습니다. 국회의원이건, 자유당 핵심멤버건, 내각이건 친일파들이 온통 장악하고 있었고, 그 위에 4·19때 만 85살 먹은 노독재자 이승만이 있었던 겁니다.

민주당정권은 어떤가. 4월혁명 덕택에 들어선 민주당정권은 4월혁명 과업의 수행과 극우반공보수세력으로서의 모순 때문에도 어려움을 겪을 수밖에 없었지만, 이러고 저러고 일을 해보기도 전에 5·16쿠데타세력한테 정권을 빼앗겨서 평가하는 데 어려움이 있습니다. 다만 4월혁명의 분위기에서 세워진 정권이기 때문에 어느 정도는 자유민주주의가 지켜졌고 자유가 있었습니다. 그런데 장면정권의 핵심인사들도 친일경력에서는 자유당한테 조금도 뒤떨어지지 않습니다. 오히려 자유당정권 때 자유당 간부들한테 민주당에 친일파가 수두룩하게 많다는 비난을 여러 번 받았어요. '이상하다. 거꾸로 얘기한 것이 아닌가?' 생각할 테지만 사실 그랬습니다.

1955년에 민주당이 어떻게 만들어졌고 신·구파의 성분이 어떠했는가를 다 얘기할 수는 없고, 다만 장면내각의 핵심인물들만 얘기해보겠습니다. 일제 때 천주교는 대체로 현실순응적이었고 3·1운동에도 가담하지 않았으며 황국신민화운동에서도 현실순응적인 면을 보여주었습니다. 동성상업학교 교장 등 천주교에서 중요한 역할을 맡았던 장면도 황국신민화운동을 하지 않을 수 없었어요. 그리고 장면정권에서 '내부조직' 또는 '소내각'을 구성했던 장면의 핵심 측근으로는 김영선, 오위영, 현석호, 이상철, 조재천, 주요한 등이 꼽히는데, 이들은 대체로 다수가 자유당 창당 때 원내 자유당의 주요 인물들로 분류될 수가 있습니다. 이상철은 『매일신보』 간부였고, 현석호는 군수였지요. 오위영은 금융계에 근무하였고 김영선은 고등문관시험 합격자로 군수인가 판검사였습니다. 조재천도 판검사를 지냈고, 주요한은 일제 말에 이광수와 더불어 황국신민화운동에서 앞장섰던 자였죠.

5·16쿠데타로 합법정권을 무너뜨린 박정희 등 군사정권의 주요 인물 중 일부는 잘 알다시피 친일파 중에서 가장 나이가 어린 편이었던 일본군 장교 출신이었지요. 일제 때 일본왕인 '천황'한테 충성을 맹세하면서 천황을 지키는 간성(干城)으로 열렬하게 싸우겠다는 사람들이었으니 더 자세히 얘기할 필요가 없을 것입니다. 이승만은 적어도 일제 때 친일파 노릇은 하지 않았고, 장면은 친일파 노릇을 했더라도 소극적으로 했다고 보아야 하지 않겠습니까? 그런데 박정희는 그것과는 질적으로 다릅니다. 만주군관학교에서 특채생으로 일본육사에까지 뽑혀가고 만주에서 독립군을 때려잡는 데 열성적이어서 특등일본인이라는 칭호를 받지 않았습니까? 그러니까 박정희정권이 들어섰을 때 일본에서 그렇게 대환영을 하면서 드디어 우리가 다시 한국에 갈 날이 얼마 남지 않았다는 호언장담을 방자하게 할 수 있었던 것입니다. 그리하여 정신대 종군위안부 등 인적 피해에 대한 배상이나 보상문제는 아예 꺼내지도 못한 채 굴욕적인 한일조약이 맺어졌고, 또 일제 때 만주국에서 활약하던 군국주의자들과 조선인으로서 황국신민으로 연성(鍊成)된 소위 황군 출신과의 검은 밀월이 1960년대에서 1970년대까지 계속되는 것입니다. 다만 박정희정권 때는 민간인으로는 고위 정치인이나 고위 관료를 제외하고는 관료나 경찰간부들 중에 직접적인 친일파는 적었습니다. 나이는 어쩔 수 없었기 때문이지요.

이렇게 친일파는 해방 이후 우리 역사에서 살아 있는 존재로서, 최근에 와서야 워낙 나이를 많이 먹게 되어 점점 사라지고 있을 뿐이지 이땅에서 대단히 강력한 위치에 있었다고 얘기할 수 있습니다.

분단체제의 지주이자 근대화 지상주의의 신봉자들

그 다음에 친일파문제가 지금도 중요한 의미를 갖는 것은, 친일파
는 해방 직후부터 단정을 지향하였고 이승만 한민당의 지도 아래 단
정운동을 벌여 분단의 내적 요인을 이루었으며, 분단체제의 지주로서
40여년 간 극우반공이데올로기로 민중을 억압하고 민주주의 발전을
파괴한 반민주적·파쇼적 반통일세력의 근간을 이루어왔다는 데 있습
니다.

또 앞에서 한말에 친일파가 형성된 큰 줄기의 하나가 민족문제가
배제된 개화논리, 곧 근대화지상주의에 있었다고 지적했습니다만, 해
방 이후에도 친일파들은 민주주의와 민족, 인간이 배제된 근대화지상
주의에 서 있었습니다. 민족에게 어떠한 가치관이나 이념도 제시할
수 없었고 민주주의를 파괴한 자들이었기 때문에 어떤 형태로 경제발
전을 하든 경제발전만 하면 된다, 그 경제가 외국에 어떤 형태로 종
속되건 혹은 매음부 노릇을 해서 돈을 벌건, 사회와 인류를 파괴해서
돈을 벌건 돈만 벌면 된다 하는 극단적인 이기주의를 조장하면서 돈
버는 것이 곧 경제발전이고 경제발전이 곧 근대화라는 근대화지상주
의적인 논리, 그래서 인간이 없고 가치가 빠진, 인간성을 파괴하는 경
제발전형태를 갖게 한 것이 어디에서 나왔습니까? 이것도 민족을 팔
아 자기 한몸의 출세만 도모하였던 친일파적인 논리에서 나타날 수
있는 것이고 또 실제로 그러했습니다. 그것이 한편으로는 해외의존형
경제개발모델로 나타났고, 다른 한편으로는 친일 매판부르주아지를
모체로 한 재벌육성의 편파적 경제편성이었다고 볼 때, 박정희식의
근대화지상주의는 사실 친일파들이 가질 수밖에 없는 경제논리라고
생각할 수 있습니다. 일부에서는 친일파들의 경제논리가 어쨌든 경제
를 발전시키지 않았느냐고 주장하지만, 저는 그것은 견강부회(牽强附
會)라고 생각합니다. 구태여 경제와 정치, 사회의 조화로운 경제발전
모델을 제시할 필요도 없이, 건강하고 건전한 자본주의윤리를 갖춘

기업가들이야말로 한국의 실정과 국민적 정서를 고려하면서 우리 경제를 올바르게 잘 발전시킬 수 있었을 것이라고 생각합니다. 물론 반민법 같은 것이 제대로 시행되어 친일파들도 일정 기간 반성하게 한 뒤 공민권을 회복시켜주는 조치를 취했더라면, 좀더 양식을 가진 관리가 될 수 있었을 것이고, 건전한 자본윤리를 갖고서 경제활동을 할 수 있었을 것입니다.

친일파들은 파시즘적 극우반공독재정치의 하수인들로, 해방 이후 40여년 간 있어온 각종 형태의 범죄적 독재정치는 이러한 친일파 또는 친일파와 같은 정신상태를 가진 친일파 후예들의 맹목적인 충성에서 꽃을 피울 수 있었습니다. 일제와 미군정에서 보여주었듯이, 친일파한테는 민족적 양심이나 인간적 양식이 몹시 결여되어 있기 때문에 그들의 정치활동이나 경제활동, 사회활동에 공공성이나 규범, 도덕 같은 것이 자리잡기 어렵고, 자신한테 이롭기만 하면 무슨 짓이든지 다 할 수 있는, 그래서 정치적·사회적·경제적 범죄를 저지를 가능성을 다분히 속성으로 지니고 있습니다. 앞에서 살펴본 대로 이승만독재기에, 그것도 말기적 증상이 심해갈수록, 친일파들은 맹동적인 충성을 적극적으로 발휘하여 3·15부정선거를 저지르고 4·19를 '피의 화요일'로 만든 당사자들이 아닙니까? 박정희의 파시즘적 행정국가나 유신체제, 전두환의 군부독재에 고위층일수록 친일파나 친일파의 후예들이 많았다는 것은 비극적인 일이지만 주목하지 않을 수 없는 현실입니다.

왜 친일파는 친미파인가

여기서 친일파문제와 관련하여 한 가지 더 지적해야 할 문제는 우리나라에서 친일파란 친미파와 거의 같은 의미라는 사실입니다. 다시 말해서 친일파는 친미파라고 봐도 별 차이가 나지 않습니다. 한말에는 윤치호건 이완용이건 친일파가 친미파와 겸하는 경우가 많습니다. 일제 때에도 친일파와 친미파는 상당 부분 동심원을 그리고 있습니다. 그래서 1920년대부터는 사회주의세력 또는 진보적 민족해방운동 세력에 대립하여 맞선 현실순응적이고 타협적인 민족개량주의세력의 핵심은 기독교세력이건, 『동아일보』계건, 수양동우회계건 친미파요 친일파입니다. 이들은 황국신민화운동 때 영미를 타도하자고 앞장섰지만, 그것은 민족의식이 모호하고 사회적 지위와 재산, 출세에 급급하였던 자들의 변칙적인 모습으로, 무슨 짓이건 다하고 어디에나 잘 붙는 현실순응적인 이들의 본성이 잘 드러난 예에 불과하지요. 해방이 되자 '친일파는 친미파'라는 말이 성립할 정도로 친일파들은 순식간에 친미파로 변신하였고, 상당수는 미국에 가서 재교육까지 받고 옵니다.

친일파와 친미파는 왜 겹치는 사람들이 많으냐? 우선 황준헌의 『조선책략』에도 나와 있듯이 미국과 일본 또는 영·미·일이 단합해서 러시아의 남하를 막아내야 한다는 논리가 친일적인 관리, 유학생에게 크게 통용되었던 배경이 논의되어야 하겠지요. 그러나 여기에서는 이 정도만 이야기해두고, 한말 선교사들의 역할과 일본 제국주의자들의 관계, 미국의 대한정책이 친일·친미파문제와 어떠한 관련이 있는가를 중점적으로 살펴보도록 하겠습니다.

스스로를 '야만 미개국가'에 '문명'을 전도하러 온 하나님의 사도로 간주했던 선교사들은, 기본적으로 일본이 한국을 침략·침탈하는 것에 반대하는 입장이 아니었고, 20세기에 들어와서는 오히려 동반자적인 역할을 보여주었습니다. 그들은 근대화운동을 비정치적인 자본주의 근대화운동으로 몰고가 반제운동이 벌어질 수 있는 소지를 제거하고 민족의식을 모호하게 하여, 반식민지·식민지가 된 것은 한국인의 잘못이지 제국주의 침략 때문이 아니라고 설파하였습니다. 한마디로 모든 것을 '내 탓'으로 돌려 제국주의 침략을 감수하도록 하고, 조국이 풍전등화의 위기에 있던 1907년에는 대대적으로 부흥회를 열어 "이

소망없는 나라의 정황에서 눈을 돌려 주님과의 고고한 영적 교통에
전념할 것"을 강조하였는데, 이러한 교회의 비정치화작업은 친일적이
었던 미국정부의 극동정책에 부응하는 것이었습니다. 미국은 20세기
에 들어와 일제의 한국침략을 옹호·지지하고, 러일전쟁 때에는 일제
의 한국지배를 용인하게 될 강화조약을 적극 주선하였습니다. 여기서
일제와 선교사들의 역할분담론이 나오죠. 침략의 원흉 이토(伊藤博文)
가 초대 통감으로 와서 선교사들에게 "정치상의 일체의 사건은 불초
본인에게 맡기고, 정신적 방면의 계몽 교화는 원컨대 귀하들이 맡아
주시오" 하니까, 선교사들은 "정치적인 사건을 떠나 한국인민의 도덕
적 및 영적인 고양에 전적으로 힘쓰는 것을 행동법칙으로 삼을 것"을
약속했습니다. 그러니 숭미사상에 차 있던 한국인 기독교 지도자들은
어떠했겠어요. 이렇게 된 데는 친일파건 친미파건 자본주의적 근대화
논리 또는 제국주의에 의한 근대화논리에 서 있다는 점에서 기본적인
논리가 같았다는 점도 생각해볼 수 있습니다. 일제 때『동아일보』사
주측이 얼마나 친미적이었던가도 이 점과 관련이 있겠지요.

　친일파가 친미파와 겹치는 또 하나의 중요한 이유는 해방 후 미국
이 한국에 들어와서 적극적으로 친일파를 비호·육성·보호했다는 점
을 들 수 있습니다. 즉 친일파를 통해서 한국을 다시 지배하는 형태
의 현상유지적 정책을 썼단 말이에요. 미군정의 경찰책임자 마글렌
대령이 "그들(친일경찰)이 일본인을 위해서 훌륭한 업무를 수행했다
면 우리를 위해서도 그럴 수 있으리라고 생각합니다"라고 말한 것과
같은 이유 때문이었겠지요. 친일파들의 입장에서 볼 때는 정말 자기
들을 구해주고 위해준 데가 미군정이었거든요. 그리고 미군정기에는
일제 때의 도미유학생 다수가 요직에 등용되었는데, 이들은 일제 말
에 적극적으로 친일행위를 했고 해방 후에 친일적인 민족개량주의자
들과 함께 한민당을 만들었어요. 실제로 친미적인 민족개량주의자들
과 친일적인 민족개량주의자들은 일제 때 뒤섞여 활동했을 뿐만 아니
라 계급적 성격과 근대화론에서 구별하기가 어려운 점이 많았어요.

하여튼 친일파나 통역관들이 미군정하에서 정실과 뇌물에 의해서 만사가 해결되는 타락한 부패정치, 합리성과 실력이 아니라 지방색이나 연줄에 의해서 모든 것이 좌지우지되는 '빽' 정치에 앞장섰기 때문에 기강이 말할 수 없이 해이해지고 사회가 썩을 대로 썩어 오늘에 이르게 된 것이지요. 또 친일파와 친미파가 겹치게 된 데는 방금 앞에서도 말한 바 있지만, 친일파·친미파 가운데는 기독교신자가 많다든가 자산가계층이 많다든가 하는 점도 있습니다. 물론 기독교신자라고 해서 다 친일·친미파였던 것은 아니고, 친미파가 경우에 따라서는 친일파와 어긋나기도 하죠. 그러나 전체적으로 볼 때 실제로 친일파가 친미파가 된 가장 큰 이유는, 극우반공체제의 큰 틀을 만들어준 나라가 미국이고, 친일파가 극우반공체제 덕분에 일제 때보다도 더 출세하고 잘살게 되었다는 점을 생각해볼 때, 친일파는 친미파가 되지 않을 수 없었던 것입니다.

3. 친일파의 역사적 존재양태

이제 조선말 일제시기에 친일파들이 어떻게 존재했는가 하는 점을 간략하게 살펴보겠습니다.

우리는 친일파를 3·1운동 이전의 친일파와 3·1운동 이후의 친일파로 구분해서 볼 필요가 있습니다. 윤치호처럼 나이먹은 노장은 개항 초기부터 친미·친일파이면서 일제 말기에는 이광수와 함께 황국신민화운동에 가장 광적으로 앞장섰던 자이니까 양 시기에 다 걸쳐 있지만 ─ 그것은 이광수도 마찬가지지요 ─ 3·1 운동 이전과 이후의 사회적 특성에는 많은 차이가 있습니다. 3·1 운동 이전을 친일파의 형성기라고 한다면, 그 이후는 그것이 체제 속에서 자리를 분명히 잡아가는 시기라고 볼 수 있겠지요.

우리는 조선 말 강제 개항기부터 바로 친일파가 형성되는 것을 볼 수 있습니다. 인천항과 부산항, 원산항이 최초로 강제로 문을 여는데, 그 시기에 이 3항에 있던 한국상인들 가운데는 일본인에게 빌붙어 상업적 이득을 늘려가려는 매판적 존재가 나타나기 시작했습니다. 이와 함께 중앙 정계에서도 친일파적인 세력이 개화파와 섞여서 나타나게 되죠. 예컨대 개화파 가운데서도 이동인(李東仁) 같은 중은 친일파적인 성격이 뚜렷했던 반면에 일부 개화파는 초기에는 친일파라고 보기에는 무리가 있는 사람도 있습니다.

갑신정변이 일어났을 때 그 주동자들은 민중에게는 매국적 친일파로 인식되기도 했지만, 그들은 일제의 사주를 받아서 갑신정변을 일으킨 것이 아니라 국제정세를 잘못 알고, 또 일본을 잘못 알고 일본을 이용해 정변을 일으켜서 일본과 같은 개혁정치를 해보자는 생각이 더 많았다고 보아야 합니다. 이런 점에서 갑신정변 주동자들을 친일파라고 볼 수는 있겠습니다만, 그래도 반민족적인 성격이 뚜렷하게 드러나는 친일파와는 구분이 되어야겠지요. 물론 이들도 나중에는 다수가 반민족적인 친일파가 되긴 합니다만.

한국에서 본격적인 친일파들, 반민족적인 행위를 수행하여 이른바 매국노라는 평을 받는 친일파들은 언제부터 생겨나느냐 하면 청일전쟁 이후, 일본에 의해서 친일내각이 구성되기 시작한 그때부터라고 볼 수 있을 겁니다. 일본이 아니더라도, 그때를 전후해서 일본에 유학생들이 많이 갑니다만, 이런 도일 유학생이나 일본어를 가르치는 신식학교를 중심으로 해서 친일파가 형성되기 시작합니다. 그러면서 관료나 중인계급, 부르주아층이 친일파의 기본세력으로 형성되죠. 이런 친일파 중에는 1905년 이후부터는 다수가 이른바 애국계몽운동 ——이것은 나중에 잘못 붙여진 이름입니다——에 참여하기 시작합니다. 일제주구의 화신인 일진회에서도 같은 시기에 다투어 '애국'이나 '독립'을 자주 내세웠지만, 여기에서는 '애국'이라는 말이 잘못 사용되고 있다고 봐야겠지요. 하여튼 이런 운동을 벌인 자들 중에도 친일파가 많았습니다. 또 일제가 조선을 완전 식민지화할 것이 명약관화한데도 불구하고, 다시 말해서 반제 민족독립과 친일친미 근대화가 분명히 모순되고 대립되는데도, 식산흥업과 그것을 가능케 할 교육진흥으로 자강운동, 계몽운동을 벌이는 것은, 이토의 보호국 논리에서 벗어나는 것이라고 보기 어렵지요. 이러다보니까 결국은 1910년, 나라가 완전히 일제에 침탈당했을 즈음 한국에는 상당수의 친일파들이 구조적으로 형성되어 있었고, 그 많은 단체 중 일제의 병탄에 대항한 단체는 찾아보기 힘들었습니다

그런데 정작 1910년대에는 일진회나 대한협회 같은 친일단체도 해산시켜버리는 무단통치기여서 관료나 헌병보조원, 경찰을 제외하면, 사회적인 존재로서의 친일파는 지주나 일부 부르주아지를 빼놓고는 뚜렷하지 않았습니다. 이런 사회적인 제세력이 친일파로서 체제화하는 것은 역시 본격적으로는 3·1운동 이후부터라고 봐야 합니다. 3·1 운동 이후부터는 친일파들 가운데 관료나 경찰관, 헌병 같은 자들도 많이 있습니다만, 다수의 지주나 부르주아지, 자산가, 종교인들이 일제의 민족분열정책 ——이것을 우리는 사이토(齋藤實) 총독의 문화통치라고 배우고 있죠 ——에 회유·포섭되었습니다. 1920년대부터는 일제 통감부나 총독부 통치하에서 성장하고 자산을 확보한 지주나 부르주아지, 자산가나 관리 등이 사회적인 세력 또는 사회적인 계층으로 어느 정도 형성되어 나가는 것을 볼 수 있습니다. 민족개량주의는 바로 이러한 민족상층 친일파들의 성격을 드러낸 것이라고 얘기할 수 있습니다.

민족개량주의는 양면성을 지니고 있었습니다. 일반 민중에게는 자신들의 활동이 민족을 위한 것인 양 분식하면서, 우리가 망국노가 된 것은 우리 실력이 약하고 우리가 잘못했기 때문이라고 설유하여 민족을 '지도'하고 '민족운동'에서 헤게모니를 장악하려고 했어요. 그러면서 독립은 후일로 미루고 우선 실력양성을 하자고 주장하였는데, 이면으로는 일제에 타협적이었고, 일제의 지원과 보호를 요구하였으며 일제 식민체제의 한 부분으로 유착되어 있었습니다. 이들은 실력양성

외에도 민족개조를 부르짖고 자치운동을 폈는데, 이광수는 우리 민족의 열등성을 강조하고 독립 불능을 주장하면서 일제에 충성할 것을 주장하였고, 최남선은 한국사를 통해 우리 민족이 독립할 능력이 없음을 입증하고자 했습니다.

그런데 1930년대에 들어서면서부터 친일파들은 훨씬 고약한 모습을 띠게 됩니다. 1920년대까지만 하더라도 내적으로는 친일주구이거나 일제에 유착되어 있으면서도 겉으로는 민족적인 것처럼 위장하였는데, 1930년대 이후의 상황에서는 그럴 수가 없었던 것입니다. 일제는 경제공황에서 탈출하기 위해 만주침략, 중국침략, 세계대전 하는 식의 15년전쟁으로 확산시키면서 군부파시스트정책을 강화해나가거든요. 그리하여 한국에 대해서는 민족말살정책인 황국신민화정책을 펴고 여기에 민족개량주의자들이 대량으로 동원되었습니다. 한국인 중에서 명사다, 유지다, 교육을 많이 받았다, 미국유학을 다녀왔다, 저명한 종교인이다 하는 사람들이 제일 앞장섰습니다. 윤치호, 이광수, 주요한, 최남선, 양주삼, 김활란, 모윤숙, 유진오, 백낙준, 김연수, 박흥식 등 소위 민족의 지도자라고 하는 자들 거의가 민족을 말살하려는 황국신민화운동에 앞장서 악질적인 반민족행위를 자행하였습니다.

이 시기부터는 또 하나의 구조적인 친일파, 그래서 해방 이후에 중요한 권력엘리트 역할을 하는 친일파가 형성됩니다. 고등문관시험이 1930년대 초반부터 치러지는데 이 시험에 합격한 자들이 1943년까지 130명을 넘게 됩니다. 이 자들이 아까 얘기한 자유당정권의 엘리트, 장면내각의 핵심인사가 되고 박정희정권에서까지 중요한 인물로 활동하게 되는 사람들입니다.

황국신민화운동에 앞장선 자들이 해방 후 정치·경제·사회·문화·종교 각 부문의 지도적 명사로 고위직에 있었고, 고등문관시험 합격자가 해방 후 정계·관계의 엘리트를 형성하였다면, 누구나 다 알다시피 일본육사와 만주군관학교, 학병장교 출신들은 해방 후 군부의 상층부를 거의 다 차지하였고, 5·16군부쿠데타 이후에는 권력의 핵심을 계속 장악하였지요. 경찰이나 헌병보조원과 달리 일제는 1930년대 후반까지 한국인을 군대로 끌고가지 않았고, 패망 때까지 한국인부대를 두지 않았습니다. 이 부분도 한국인은 민족의식이 강해서 무슨 일이 일어날까봐 군대에 데려가지 않았다고 얘기하는 정도에서 줄이겠습니다. 그러나 1930년대 말부터 한국인을 지원병으로 데려가기 시작하고, 1930년대 후반기부터 한국인도 일본왕에 대한 충성도를 시험하여 일본사관학교와 만주군관학교에 들어가기가 조금 쉬워집니다. 채병덕, 원용덕 등 한국인 출신으로 중좌 이상의 자리에 있었던 자는 10여 명밖에 안되었는데, 1930년대 후반부터는 이른바 황군의 간성들이 꽤 늘어나고 이들이 해방 이후 군사영어학교에 들어가게 되고, 그 다음에 육사 1기, 2기에 대량으로 들어가게 되지요.

4. 친일파의 재생산구조

마지막으로 해방 후 친일파의 재생산구조에 대해서 말씀드리겠습니다.

이 친일파가 한국에서 왜 그렇게까지 강력히 작동할 수 있었고 친일파와 유사한 성격을 가진 개인과 집단이 계속 나타날 수 있었는가? 이것은 현대사의 구조적 특성과 연관지어 보지 않으면 안됩니다. 앞에서 친일파는 친미파와 상통하거나 겹친다고 하였지만, 해방 후 친일파의 재생산구조는 미국을 떠나서는 생각할 수 없고, 친일파의 재생산구조에서는 친미파가 친일파와 같은 맥락에 서 있다는 점을 중시하여야 할 거예요. 그러나 이 강연에서는 친일파의 재생산구조를 분단체제, 극우반공체제와 연결하는 범위 안에서만 살펴보겠습니다.

1948년 또는 한국전쟁 이후에 규정적 역할을 한 것이 극우반공이데올로기이고 이 극우반공이데올로기가 구축한 체제가 극우반공체제입니다. 극우반공이데올로기에 어긋나는 세력, 극우반공체제에 도전하거나 비판적인 세력은 이땅에서 용납될 수 없었습니다. 이들 세력은 간첩, 북한괴뢰집단 동조자 또는 좌경용공세력, 국시 위반자, 비국민하는 식으로 사회에서 소외될 수밖에 없었는데, 하여튼 합리적이고 이성적인 반공, 자유주의적인 반공을 초월한 극우반공체제가 극단적인 형태로 대두된 분단체제와 상호 유기적으로 결합되는 가운데 친일파가 강력한 기반을 가지고 재생산되었다고 얘기할 수 있습니다. 정권은 망해도 친일파는 망하지 않고, 한 개인으로서 친일파는 사라져도 여전히 다수의 친일파들이 오뚝이 부도옹(不倒翁)처럼 권좌에 매달려 있고, 나이먹은 친일파는 사라져도 친일파적인 속성을 가진 자들과 친일파의 논리가 횡행하는 친일파의 재생산구조는 분단체제와 극우반공이데올로기라는 양대 지주에 의해 구조화되었으며, 분단체제와 극우반공체제는 상호 불가분의 일체성을 형성하였는데, 한마디로 민족국가가 건설되고 식민지적인 것이 청산되었더라면 친일파나 친일파의 논리는 발을 붙일 수가 없었을 것입니다.

약간 구체적으로 이 문제를 말씀드리면 이렇게 정리할 수 있겠습니다. 해방이 되었을 때 우리 민족은 정말 뛸 듯이 기뻐서 "이게 꿈이냐? 생시냐"면서 해방의 환희에 젖었고 이제는 민족국가를 건설하자는 희망에 부풀었습니다. 그러나 해방이 되었을 때 하늘이 꺼지게 절망한 자들도 있었습니다. 악질 친일파들입니다. 이런 자들은 "이제 죽었구나" 하며 자기들이 저지른 죄악을 모르지 않았습니다. 그래서 산으로 도망치거나 친척집에 숨기도 했습니다.

친일파와 반공이데올로기의 결합

그런데 미군이 진주하자마자 제일 먼저 한 일 중의 하나가 경찰관들은 원직에 복무하라는 명령을 내린 것이고, 조선총독부 친일파 관공리들은 전부 현직에서 임무에 충실하라는 명령을 내리면서 일제의 통치기구를 그대로 활용했던 것입니다. 친일파들은 죽을 줄 알았다가 살게 되었을 뿐만 아니라, 그 이전보다 더 높은 직위에서 더 근사하게 살게 되었어요. 그러니 그것을 그대로 누리고 싶은 것은 인지상정이겠지요. 그러다보니까 일제 때 저지른 반민족행위를 다시 벌여 민족국가 건설운동에 재를 뿌리고, 단독정부 수립운동이라는 것을 벌이게 되었고, 이 친일파를 주요 기반으로 한 이승만과 한민당의 단정운동을 떠받쳐주는 정치세력으로 나타나게 되었던 것입니다. 친일파들은 한말에도, 일제 때도, 해방 직후에도 민족적으로 떳떳한 역할을 하기가 어려웠던 것입니다. 그러므로 이들은 미군정을 등에 업고 민족분열을 획책하여 분단체제를 강화하는 가운데서만 존립할 수 있었던 것이죠. 그러면서 친일파들 또는 이승만이나 박정희가 국민에게 제시할 수 있는 이데올로기는 다른 것이 없었습니다. 일제 말에 일제 극우파시스트들이 극우반공이데올로기를 휘두르고 전시체제하에서 반상회조직 등 구석구석까지 동원체제를 갖추어 반공교육에 열을 올렸던 것을 상기시켜주려는 것처럼, 극우반공이데올로기라는 무기를 동원하는 것이었습니다.

극우반공이데올로기는 어떤 정치적 효과를 낳습니까? 항상 일반 국민대중을 공포 속에 몰아넣습니다. 너희 중에 어떤 한 사람이 또는 모두가 빨갱이일지 모른다, 용공세력일지 모른다, 그렇게 몰릴 수 있다는 두려움을 갖게 하는 것입니다. 1950년대에는 심지어 조병옥 등 저명한 극우반공지도자들조차도 반공포로 석방에 비판적이거나 유엔 감시하의 통일론을 주장하거나 이승만 비판활동을 벌이다가 용공분자로 몰렸습니다. 이승만시대 때 빨갱이나 용공분자로 몰리는 데서 진실로 자유로웠던 사람은 이승만 한 사람뿐이었다고 말할 수 있을 정도로 누구나, 언제 어디서나 그렇게 몰릴 수 있었습니다. 극단적인 극우반공체제하에서는 모든 국민대중이 항상 긴장하여 떨게 되고, 하고 싶은 이야기나 느낀 점을 말하지 못하였습니다. 그야말로 파시스트적인 전제정치였는데, 이것을 백색독재라고 하죠.

극우반공이데올로기는 이러한 정치적 효과를 갖고 있을 뿐만 아니라, 극우반공적인 입장만 표명했다 하면 그때까지 친일파였건, 테러를 했건, 매관매직·부정부패를 일삼았던 자건, 타락한 생활을 하던 자건 모든 죄가 면죄되는 현대판 면죄부의 기능을 갖고 있었습니다. 우리는 이정재, 유지광, 임화수를 반공깡패라고 부르는데, 어디 이들만 반공깡패였습니까? 반민법을 만들 때 친일파들은 "민족 처단을 주장하는 놈은 모두 공산당의 주구"라면서 공공연히 날뛰었습니다. 심지어 민족한테 존경받던 김구를 암살한 안두희조차 법정에서 "나는 애국자다. 왜냐하면 백범 김구는 남북협상을 주장했기 때문에, 나는 나라를 구하기 위해서 존경하는 백범을 죽일 수밖에 없었다. 그러니 나는 애국자다"라고 외칠 수 있었고, 그의 변호인 역시 "피고의 행위는 대한민국에서 표창해야 한다"고 변호할 수 있었던 이 비통한 현실은 극우반공체제를 떠나서는 있을 수 없습니다. 신문사를 습격하건, 법원에 난입하건, 공공집회를 무법천지로 만들건, 정치인을 백주에 테러하건, '반공용사'들이 했다고 하면 붙잡지 않았어요. 어떤 사람이건, 어떤 행위건 "나는 반공을 하는 사람이다"라는 말만 하면 그것에 저항하기가 어려웠습니다. 그 반면에 극우반공이데올로기의 주창자들이나 권력의 정점에 서 있는 자들을 비판하고, 그 자들을 분석하고 "그 자들이 친일파요 반민족세력으로 민주주의를 하지 않는다"고 얘기하는 사람에 대해서 "저 놈은 반공을 반대하는 놈, 국시를 위반하는 놈"이라는 말 한마디만 떨어지면, 그 사람은 정치권에서 매장되고 감옥으로 끌려가거나 경우에 따라서는 사형대에까지 올라가야 하는 어려운 사회환경이 조성되는 겁니다. 양민학살도 무척 많았습니다만, 빨갱이라는 이유를 붙여 얼마나 많은 사람들이 무고하게 희생당하고 갖은 피해를 입으며 숨죽이고 살아왔습니까.

친일파는 왜 반탁투쟁에 적극 참여하였나

우리는 여기서 친일파가 극우반공적인 입장만 취하게 되면, 그 사람은 하루아침에 애국자로 둔갑할 수 있는 역사적인 현실을 발견할 수 있게 됩니다. 그런 것이 언제부터 구체화되었고 어떻게 하여 가능할 수 있었는가 하면, 대체로 1945년 12월 말에 있었던 반탁투쟁으로 거슬러 올라갑니다. 단정운동이 극우반공이데올로기와 결합되고, 그때까지 독립운동가에 대해서 대항할 수 없었던 친일파들이 친일파 처단을 주장하는 자들을 적극 공격하여 자신을 '애국자'로 둔갑시키고 반대세력을 '비국민', '매국노'로 몰아칠 수 있게 된 것이 반탁운동이었습니다. 반탁운동의 자초지종을 설명하려면 상당히 시간이 걸리니까 그 부분은 국내외 학자들의 탁월한 연구나 저의 책(『한국현대민족운동연구』, 역사비평사, 1991)을 참고하시고, 이 자리에서는 한두 마디만 이야기하고 오늘 강의를 끝낼까 합니다.

반탁투쟁에는 즉시 독립을 바라는 민중의 희원이 들어 있고, 또 반탁투쟁에는 민족자주정신이 들어 있다는 것을 부인해서는 안됩니다. 그 반면에 반탁투쟁에는 친일파들 다수가 적극 참가했다는 사실도 잊어서는 안됩니다. 12월 29, 30, 31일의 반탁투쟁 시위대에는 악질 친일파를 포함하여 친일파들이 다수 있었습니다. 미군정청 관리들, 경성부청 관리들, 인천부청 관리들, 각 경찰서장들, 법조계와 조선금융단도 반탁투쟁에 가담하였으며, 반탁투쟁의 일환으로 관공리들은 총파업을 일으켰습니다. 그 당시 서울시내 9군데 경찰서장은 물론, 각 관공서에 있던 자들은 미군정에서 유임시킨 조선총독부 관리들이고, 법조인이나 조선금융단 인사들도 대체로 친일파로 볼 수 있습니다. 이들이 정말 애국심이, 그리고 민족적인 자주성이 강해서 반탁운동을 했을까요? 그전까지 그렇게 일제에 충성을 바쳤고, 미국이 오자마자 하루아침에 친미세력이 되어서 아부했던 자들이, 그리고 민중을 탄압

해방후 움츠러들어 있던
친일파들의 재기에
결정적인 역할을 한
신탁통치 반대 시위

했던 자들이, 그렇게도 외세에 아부하던 자들이 이때는 왜 유독 다들
애국자가 되어서 자주독립을 위해 반탁투쟁을 외쳤던 것일까요?

반탁투쟁에는 처음부터 특수한 논리가 개재해 있었다는 데 특별히
주목하지 않으면 안됩니다. 무슨 특별한 논리냐 하면, 반탁투쟁이 일
어나기 전까지는, 특히 공산당이 더욱 그랬습니다만, "친일파를 처단
해야 한다. 친일파는 민족의 암이다. 친일파는 민중을 분열시키는 자
다. 민족국가 건설을 지연시키는 자는 친일파다. 민족반역자, 매국노,
친일파 일당을 처단하지 않고는 이 나라는 제대로 될 수 없다"는 비
판이 수없이 많았습니다. 처녀가 애를 배도 할 말이 있다고 하는데,
친일파도 뭐라고 하면서 사회적인 지위를 누려야 하겠는데 도저히 그
런 비난을 들으면서는 사회적 지위를 누릴 수가 없었습니다. 그런데
드디어 기회가 왔습니다. 모스크바 3상회의의 결의가 한국문제를 해
결하는 데 얼마나 중요한 것인지, 반탁문제에 대한 12월 하순의 국내
신문보도가 사실과 얼마나 엄청나게 다르고 왜곡되었으며 틀린 것이
많았는지, 그 어느 때보다도 신중하고 사려깊은 판단 아래 민족자주

를 위해서 결연히 싸워야 할 시기에 감정적이고 특수한 정치적 의도
가 담긴 격렬한 시위가 어떤 결과를 가져올 것인지에 대해서는 생각
해보려고 하지 않았습니다. 다만 친일파나 극우세력에게는 반탁이 갖
는 정치효용만이 중요하였습니다. 반탁은 반공이데올로기처럼 면죄부
역할을 하는 측면이 있었지요. 반탁투쟁에서는 국민운동의 실행방법
으로, "연합국에 임시정부 즉시 승인을 요구함"을 첫번째로 내세우
고, "신탁통치 절대 배격"을 두번째로 내세우면서, "신탁통치 배격운
동에 협력치 않는 자는 민족반역자로 규정한다"고 하였습니다. 반탁
투쟁의 첫번째 요구사항이 반탁이 아니라 중경임정 추대라는 것에도
크게 주목해야겠지만, 반탁세력이 모스크바 3상회의 지지자는 매국
노, 민족반역자라고 주장했던 데 특히 주목할 필요가 있습니다. 좌익
일부에서 주장하던 무조건 찬탁도 물론 문제가 아주 많은 것이었고
극우세력이 공산당을 매국노로 몰아붙이는 데 호재가 되었습니다만,
한국문제는 국제적인 합의가 대단히 중요하고 모스크바 결의의 핵심
은 첫번째가 조속한 민주주의적 임시정부 수립이기 때문에, 단독정부
를 원한다면 몰라도 통일민족국가를 수립하려면 모스크바 결의를 주
체적으로 수용하여야 한다는 주장까지 매국, 민족반역으로 몰아쳤던
것입니다. 곧 "반탁을 하지 않는 자는 매국노요 비국민이다. 반탁을
하는 자는 애국자다"라는 흑백논리가 횡행하기 시작했던 것입니다.
이것은 반공이데올로기가 갖고 있는 흑백논리와 똑같은 논리입니다.
다시 말해서 그때까지 친일파 노릇을 했건, 협잡꾼 노릇을 했건, 해방
직후 많았던 모리배 —해방 직후 모리배 때문에 얼마나 고생을 많이
했습니까 —노릇을 했건, 무슨 짓을 했건 간에 반탁만 주장하면 그때
까지의 죄악은 싹 씻겨지고, 대신에 반탁을 하지 않는 자, 반탁을 비
판하는 자, 모스크바 3상회의 결의에서 가장 중요한 핵심인 민주주의
적 임시정부 수립을 성사시키기 위해 총력을 기울이고 신탁통치는 받
지 않도록 좌우가 단결해야 한다는 주장을 하는 자들은 비국민 —이
말은 일제시대 때 일제에 대한 비협력자에게 사용했던 것이지요—,

용납받을 수 없는 자, 민족반역자, 매국노가 되었습니다. 그래서 이때 부터 좌익은 우익을 보고 매국노, 민족반역자, 파쇼분자라고 욕을 하고, 우익은 좌익을 보고 비슷한 소리를 하게 되었습니다. 무엇 때문에 민족반역자가 되었는지, 무엇 때문에 매국노라고 불리게 되었는지를 깊이 생각해보기도 전에 서로 상대방을 비난하는 선전문구로 정치적으로 활용되기 시작했습니다.

사태가 이렇게 된 데는 공산당측의 비정치적, 비현실적인 소아병적 원칙 주장에도 잘못이 많다는 점을 비판해야 할 것입니다. 반탁운동은 1945년 12월 24, 25, 26일경에는 반소반공운동으로 시작되어 27, 28일경에는 반소반공적인 반탁이 주조가 되고, 29, 30, 31일에는 중경 임정 추대를 정면에 내세운 반소반공 반탁운동이었다가, 그 이후에는 반소반공의 정치효용성이 가장 부각된 운동이었는데, 종합적으로 볼 때 반탁운동은 해방 이후 극우반공운동의 기점을 이루었고, 그것은 친일파를 애국자로 둔갑시키는 손오공의 여의봉 같은 괴력을 지닌 무기였습니다.

반탁투쟁과 함께 반소반공운동, 단정운동이 활발히 전개되어 끝내 단정이 수립되고 한국전쟁 이후 극우반공체제가 미국의 세계정책 아래 확립됨으로써 친일파는 탄탄한 재생산구조를 갖게 되어 오늘에 이르렀습니다. 이승만의 북진통일론, 박정희의 극단적인 반공논리에 감히 맞선다는 것이 어떠한 결과를 가져왔는가에 대해서는 더 얘기할 필요가 없겠습니다. 장면도 부통령으로 있으면서 용공세력으로 몰렸고, 미군정 3년 동안 경무부장으로 서슬 퍼런 극우반공의 보도를 휘둘렀던 극우 중의 극우 조병옥도 1953년 반공포로 석방문제에 이의를 제기했다가 테러를 당해 한때 반신불수가 될 정도였고, 1958, 59년에는 국회에서 용공분자로까지 몰렸습니다. 극우반공체제 속에서 민중은 수십 년간 핍박받고 움츠러들어 참으로 슬픈 일이지만 자폐증환자처럼 속마음을 닫아놓을 수밖에 없었고, 그러다가 자신도 모르게 반공주의자가 되거나 보수주의자 또는 이기주의자가 되기도 했습니다.

어언 반세기 가까이나 상황이 이러했기 때문에 비판적인 정치세력은 존재하기가 어려웠으며, 민주주의가 피어난다는 것은 대단히 어려울 수밖에 없었습니다. 이런 것은 모두 다 친일파문제와 깊이 관련이 있다는 것을 처음에 말씀드렸지만, 다시 한번 결론으로 말씀드렸습니다.

그리고 꼭 덧붙이고 싶은 말은, 이 강연에서 사용한 친일파라는 말은 대체로 극우반공독재체제에 관련된 악질적인 친일파를 가리키고 있습니다. 친일파 중에는 양심은 있었지만 어쩔 수 없는 사정으로 관공서 등 하위직에서 일한 사람들도 많습니다. 이런 사람들까지 친일파로 볼 수는 없다고 생각합니다. 해방 후 소수의 악질친일파는 철저히 징치하고, 반민족행위의 죄질이 약한 친일파들은 참회하고 반성하여 새롭게 민족의 일원으로 탄생할 기회를 준 이후에 그들의 능력에 따라 공직이나 사회적 활동을 하게끔 하였더라면 우리나라는 크게 달라졌을 것입니다. 그러나 그렇게 되지 못하니까 오히려 양심이 있었던 상당수의 친일파는 숨어지냈던 데 반해, 소수의 악질친일파가 미군정기와 그 이후에 도량(跳梁)하여 이 사회를 전도된 사회로 만들고 민주주의와 민족국가 건설을 만신창이로 만들었던 것입니다. 감사합니다.

질의 응답

질 각계각층에 친일파가 많다고 하셨는데 대학교수 중에는 친일파가 없었습니까?

답 아까 말씀드린 것처럼 학계에도 친일파가 적잖이 있었습니다. 학교 설립자들은 일제 때 학교를 운영하자니 그렇게 되었다고 주장을 합니다만, 대개가 황국신민화운동에 앞장섰던 친일파였고, 1950년대, 1960년대에 대학총장으로서 명망가였던 유진오, 백낙준, 김활란, 임영신도 친일행위를 했습니다. 교수들 가운데서도 친일파가 있었죠. 제일 유명했던 친일 교수로는 연세대와 한양대 영문학 교수였던 최재서를 들 수 있습니다.

질 친일파를 나쁘다고 생각지 않는 국민들도 있는데, 거기에 대해서는 어떻게 생각하시는지요?

답 그런 사람들은 두 부류로 나누어서 생각할 수 있는데, 우선 한 부류는 일제 때 교육을 받은 사람들입니다. 우리는 교육을 통해서 근대적 민족의식을 가질 기회가 별로 없었습니다. 한말까지 우리 역사나 근대적 학문을 배울 기회가 없었고, 일제 때는 우리말, 우리 역사, 우리 문화를 배울 기회가 없었습니다. 특히 1930년대 이후부터는 초등학교 교육 이상을 받은 사람들은 철저히 황국신민으로 단련될 것을 요구하는 민족말살교육을 받았기 때문에, 이런 사람들 중에는 더더욱 민족의식이 없는 사람이 많습니다. 지금 박정희, 전두환 같은 사람들 세대가 거기에 들어가는데, 이 세대 중 초등교육이라고 배운 사람들일수록 어렸을 때부터 학교에서 일본말로만 생활하다시피했고, 일본 사람의 무사정신이라든가, 군국주의정신, 한마디로 박정희, 전두환이 갖고 있는 정신이야말로 가장 훌륭한 정신이라고 생각하는 면이 있습니다. 그래서 그런 식으로 교육을 받은 사람 가운데는 친일파가 뭐가 나쁘냐고 생각할 수 있고 일본에 대해서도 좋게 생각하는 사람들이 있습니다.

그 다음에 첫번째 관념을 가진 사람들과 연관되는 것이라고 저는 봅니다만, 일제에 대한 향수를 가진 사람들이 일부 있습니다. 그 중에는 이승만정치나 박정희정치는 부정부패가 너무 심하다, 그러나 일제 때는 부정부패가 없었지 않느냐, 그래서 일제시대가 지금보다는 낫다는 식의 주장을 하는 사람을 어렸을 때부터 간간이 본 적이 있습니다. 이런 사람들을 빼놓고는 한국인들의 대다수가 친일파에 대해서는 상당히 나쁜 감정을 갖고 있습니다. 시골에 가면 지금도 왜정시대라고 말하고, 왜놈들이라고 얘기하지요.

질 아까 최재서씨가 친일학자라는 말씀을 하셨는데, 저도 그 사람이 일제시대에 국민문학이라는 것을 해서 친일했다는 것을 알고 있습니다. 얼마 전에 서정주씨가 『시사저널』에 쓴 글을 봤더니 일제시대 때 최재서씨가 『국민문학』의 기자로 같이 일하자고 하면서 처자식들을 먹여살려야 할 것 아니냐고 해서 같이 일하기로 했다고 하더군요. 그리고 한번은 최재서씨가 서정주씨를 붙잡고 엉엉 울면서 자기의 민족적 설움, 인간적 설움을 얘기하더래요. 저는 이 서정주씨의 글을 아주 감명깊게 읽었습니다만…….

답 서정주씨의 글은 친일파의 자기 변명이므로 사료가치가 거의 없다고 역사학자는 평가할 테지만, 문제는 정도의 차이에 있다고 봅니다. 일진회의 이용구나 이완용, 송병준에 관한 기록을 보면, 그들도 민족의식이 있었다는 얘기가 나옵니다. 완전히 민족의식이 없는 한국인이란 생각하기 어렵고, 또 어떤 분위기에서는, 예를 들면 역경이나 불만이 있을 때는 친일파도 일제에 대한 불만을 믿을 만한 친구에게 털어놓았을 거예요. 아무리 더러운 친일행위를 열심히 해도 한국인이라고 일본인한테 많이 당했고, 억울한 일도 적지 않았어요. 문제는 자기 자신을 변명하려고 하는 데 있다고 봅니다. 자기 자신을 비판하고 후회하여 그 뒤부터 떳떳한 일을 했다면 그런 사람은 당연히 용서해주어야지요.

그런데 서정주씨는 별로 안좋은 사람 같아요. 왜냐하면 그는 일제 말에 별로 높은 지위에 있지 않았기 때문에 일제에 아부하지 않아도 괜찮았고 집안이 고부 김씨 일가의 마름을 했기 때문에 그렇게까지 굶주릴 정도는 아니었을 터인데, 젊은 사람이 친일행위를 했단 말이에요. 그가 이승만전기를 쓴 것을 지적하는 사람도 있는데, 광주참극을 저지르고 전두환정권이 들어섰을 때 이를 지지할 필요까지는 없지 않았겠어요?

최재서의 경우도 마찬가지입니다. 최재서는 영문학자로서 경성제국대학에서 우수한 두뇌를 인정받았습니다. 그 당시 경성제대나 일본제국대학의 학내에는 상당히 자유로운 분위기가 있었습니다. 그래서 최재서 같은 사람이 그렇게까지 악질적으로 친일행위를 하지 않아도 괜찮았죠. 또 최재서는 4·19 이후에 일어난 학생들의 학원정화운동을 비난한 대표적인 교수였어요. 젊은 교수들이 4월혁명 정신을 이어받기 위해 학원정화운동을 벌이자, 이를 맹렬히 비난하여 시인 박두진 씨와 격론을 벌인 적도 있지요.

김구노선을 어떻게 보아야 할 것인가

질 저희들이 민족의 지도자로서 추앙해 마지않던 김구 선생을 테러와 관련지어 설명하시는 데는 적잖은 충격을 받았습니다. 우선 김규식 선생님에 대해서 알고 싶습니다.

그리고 친일파문제는 결코 개인에게 화살이 맞춰져서는 안되고, 그것이 만들어지고 배태된 사회적 조건들이 중요한데, 선생님은 그런 것이 극우반공이데올로기와 맞물린다고 말씀하셨습니다. 그렇다면 이데올로기적인 측면에서 친일문제를 극복하는 것이 곧 반공이데올로기를 극복하는 것이냐, 과연 그 반공이데올로기는 순수한 이데올로기적인 관점에서 극복될 수 있는가, 그렇게 만들어진 사회적 조건 자체가 변화되어야 하지 않는가, 조봉암의 진보당사건이나 그 이전과 그 이후에 제기되었던 사회변혁과 관련된 세력관계들 전체가 변화되지 않고 순수한 부분에서 친일파문제나 극우반공이데올로기문제가 극복될 수 있을 것인가 묻고 싶습니다.

답 후자의 경우는 질문하신 분이 대답까지도 다 해주셨네요. 다만 전체적인 사회적 조건이 변화되어야 극우반공이데올로기를 극복할 수 있다고 얘기할 수만은 없고, 민주민족교육의 강화, 민주화·자주화운동의 다변화 등 복합적인 방법으로 극단적인 극우반공이데올로기문제나 친일파문제가 극복되도록 노력하여야 할 것입니다.

그리고 김구, 김규식 두 분은 해방 이전에는 사이가 아주 나빴습니다. 왜냐하면 김규식은 중경임정 내에서도 진보적 민족주의를 대표했고, 김구는 보수적 민족주의를 대표했기 때문에도 그랬고, 노선으로 봐서도 김규식은 항상 좌우연합적인, 민족통합적인 입장에 선 데 비해, 김구는 우익보수세력 중심으로 일을 해나가고 조직을 묶어내려고 했습니다. 그러나 해방 이후에는 두 사람 사이가 좋은 편이었어요. 그러면서도 노선상으로는 아까 말씀드린 것처럼 김규식은 중도민족주의 세력으로 좌우합작과 진보적 개혁을 중시했던 데 비해, 김구는 중경임정 추대운동을 강력히 벌였지요. 두 분의 노선에 관해서 볼 수 있는 책으로는 제가 쓴 『한국현대민족운동연구』를 참고하시는 것이 어떨는지요.

질 김구 선생은 독립운동가라고 해야지 테러리스트라고는 안했으면 좋겠습니다. 사실 현재도 그렇잖아요? 진짜 테러리스트가 권력을 잡았을 경우 살상을 마구 하면서도 테러리스트가 아니라고 하는데, 식민지에서 독립운동을 하면서 폭탄 하나 던진 것을 갖고 테러리스트라고 하면 그건 잘못된 것 아닙니까?

그리고 친일파와 이승만만 비난한 것 같은 인상이 드는데, 사실 일본도 태평양전쟁 때 필리핀에 들어갔을 때는 친미파를 이용했고 진짜 독립운동을 한 민족주의자들은 고용을 안했습니다. 또 베트남에 미국이 진주했을 때는 친불파를 썼고, 일본사람이 베트남에 들어갔을 때도 친불파를 쓴단 말이에요. 민족주의자를 써서는 말을 안 듣거든요. 그러니까 그 사람들을 조종한 세력이 있어서 그런 것이지 독자적으로 이승만과 뭘 같이했다는 얘기만 해서는 안된다고 봐요. 상황이 죽게 끔 되었기 때문에 자기 자신이 살기 위해서 어쩔 수 없이 그렇게 하게 된 것을 생각하지 않고 친일파가 독자적으로 그랬다는 데에는 별로 공감이 안 가는군요.

그 다음에 친일파를 처단해야 한다고 하는데, 사실상 김구 선생은 같은 동족을 처단하기가 참 어려우니까 차후에 높은 자리에 못 가게 하고 등용을 하지 않는 방법으로 해결하려 했다고 봅니다.

답 선생님 말씀에 경청할 바가 있다고 봅니다. 그러나 미국이 우리나라를 지배했으니까 친일파를 쓴 것은 당연하잖느냐, 친일파가 등용된 것이 어째 친일파 잘못인가, 그러니까 친일파 처리를 주장하지 말아야 한다는 식의 논리는 문제가 많다고 봅니다. 친일파 처리를 주장하는 것은 민족해방운동과 연장선상에 있는 문제이고, 그것은 민족자주화운동, 통일된 민족국가 건설운동의 일환이며, 반외세운동의 한 형태입니다. 질문자 말씀이 외세를 절대적으로 보고, 그러니 어쩔 수 없다는 의미라면 그것은 잘못된 사고구조에서 나온 것이 아닐까요? 다시 말해서 상황에 모든 책임을 돌려 친일행위가 어쩔 수 없었고, 김구 암살도 어쩔 수 없었다고 하는 것은, 그러면서 그 상황에 비판적이지 않고 체념으로 받아들인다면, 한 면만 지나치게 보는 것이라고 생각합니다.

그 다음 일제 때 테러가 독립운동의 한 방법이었다는 말씀에는 동의합니다. 너무나 당연한 말씀이지요. 다만 한가지 지적할 것은, 1920년대에 가장 저명했고 일제에게 가장 두려웠던 존재는 의열단이었습니다. 의열단처럼 테러를 많이 한 단체는 없었지요. 이 의열단이 1920년대 중반부터는, 한편으로는 테러활동을 진행하면서 다른 한편으로는 보다 조직적인 무장투쟁을 중시하여 장개석이 교장으로 있던 황포군관학교에 김원봉을 포함해 다수가 들어가서 정식 군사훈련을 받습니다. 다시 말해서 테러만 가지고는 조국을 해방시킬 수 없다, 보다

조직적인 무장활동을 벌여야 한다는 생각이었죠. 그 다음에 1920년대 말부터 의열단은 좌우연합적인 민족통일전선을 중요한 민족해방투쟁의 동력으로서 제기하고 있는 것을 볼 수 있고, 1930년대 이후에도 그것을 실천하기 위해서 진력하는 것을 볼 수 있습니다. 따라서 테러라는 것이 갖는 정치적인 효과도 우리는 의열단, 민족혁명당과 관련하여 생각해볼 필요가 있다는 것입니다.

다음에 친일파 처단에 대해서 말씀드리겠습니다. 처단이라는 말은 친일파가 친일행위를 하지 못하게 하고 민족 앞에 속죄하게 만든다는 뜻으로 사용되어야 할 거예요. 일제 때 면서기 노릇을 했다거나 경우에 따라서는 경찰관을 했더라도 다 악질적이었던 것은 아닙니다. 따라서 악질적인 친일파를 소수로 국한하여 사회에서 격리하고, 그 시대를 살면서 어쩔 수 없이 친일적인 활동을 한 사람 중에서 행위의 경중에 따라 잘못이 거의 없는 자는 경미하게 다루고 죄가 있는 자는 민족 앞에 속죄하도록 해야 한다, 그래서 일정 기간 공민권을 제한한다든가 하는 방식을 취하자는 것입니다. 그래서 그 당시 여러가지 논의가 있었습니다.

사회주의자들과 친일파문제

질 해방 이후에 사회주의운동 진영에서는 친일파문제를 어떻게 해결하고자 했었나요.

답 해방 후 사회주의 진영에서 친일파문제를 본 시각도 강경파와 온건파 두 가지로 나누어 생각할 수 있습니다. 강경파에서는 친일파 처단을 한층 광범위하게 많은 대상을 집어넣어서 하자고 했고, 여운형 등 온건파는 친일파 처단을 많이 하자고 주장할 경우 오히려 반동진영, 반민족진영을 강화하는 결과를 가져올 수 있고 또 일제 때의 상황을 이해해야 할 점이 있기 때문에, 뚜렷하게 악질적인 죄상이 드러나는 자에 한해서 처벌을 해야 한다는 두 개의 주장으로 나누어져 있었습니다. 사회주의자들은 대체로 친일파 처단을 강력하게 주장했다고 볼 수 있습니다.

질 선생님은 친일파에 대해서 언제부터 연구를 했으며 그 동기가 무엇이었는지, 그리고 아직까지 친일파에 대한 연구가 미미만 수준밖에 못 올라왔는데 거기에 대한 개인적인 반성과 앞으로의 연구과제와 연구방향을 말씀해주시기 바랍니다.

두번째로 지금 일본의 지식인들은 친일파문제를 어떻게 바라보고 있는지 알려주십시오.

답 저는 대학 다닐 때 선생님들께 이런 얘기를 했습니다. "제가 어렸을 때 반일사상을 배우고 민족의식을 알게 된 것은 만화책에서였지 제대로 학교에서 가르쳐준 적이 없습니다. 선생님들도 그것을 가르쳐준 적이 있습니까"라고요. 아직은 저 자신이 근현대사 공부가 충분히 안되어 있듯이 이 친일파문제에 대한 연구도 제대로 되어 있지 않습니다. 연구자들이 친일파문제에 좀더 비중을 두어야 한다는 것을 강조하고 싶고, 오늘 이런 대중강좌가 열린 것도 그런 것의 하나로 볼 수 있습니다.

일본인들의 경우는 참 독특한 문화가 있습니다. 과거 일제시대 일본제국주의자들이나 군국주의 파시스트들이 가졌던 기본적인 이데올로기나 인적 관계가 크게 깨지지 않은 상태로 지금 자민당체제에 연속되는 면이 다분히 있습니다. 신사참배문제가 계속 일어나고 군국주의가 부활하는 것이 아니냐 하는 경계가 생기고 있는데, 일본의 지식인들도 대개는 비슷한 것 같아요. 한말 일본인들이 한국을 침략할 때 가지고 있었던 식민사관, 한국인을 깔보고 나쁘게 생각하는 것들, 너희가 잘못 해서 이렇게 되었다는 생각은 일제시대 내내 일본인들이 가졌던 것인데, 지금도 일본지식인 다수가 그렇게 생각하는 것 같습니다. 정말로 침략을 반성하는 사람은 소수 같아요. 그래서 자민당 관계자나 지식인들 다수는 한국의 친일파들은 자기들과 뗄 수 없는 관계에 있는 사람들이라고 생각하고 있습니다.

질 서울대 입시과목에서 일본어를 제외하였는데 이 문제는 고려해야 할 것 같아요. 이웃나라로 일본이나 중국이 있는데, 사실상 우리가 일본을 들여다보려면 일본어를 알아야 하고, 또 앞으로 우리가 중국으로 진출하려면 중국어를 알아야 할 텐데, 일본어, 중국어를 배운다고 해서 친일을 한다, 친중국을 한다는 것은 아니거든요. 사실상 현재 단계에서는 연구분야에 관련된 모든 지식이 일본에서 제일 많이 들어오고 있습니다.

답 외국어 공부 내지 해외유학은 꼭 필요하지요. 그러나 경우에 따라서는 그것이 침략의 형태를 띠고 있기 때문에 양자의 관계를 어떻게 조정해야 할 것인가 깊이 생각해보아야 합니다. 서울대에서 일본어를 입시과목에서 제외한 것은 일부 언론에 난 것처럼 서울대가 편파적으로 처리했다고 봐서는 안될 것입니다. 왜냐하면 일본어는 저도 조금 봅니다만, 구태여 제2외국어로 해서 대학교 입시에까지 보지 않아도 서울대 오는 학생 실력이면 3개월이나 6개월만 공부하면 기본적인 책은 다 볼 수 있어요. 그렇기 때문에 굳이 일본어를 제2외국어로 하게 하는 것이 학문의 질을 높이는 데 꼭 필요한 것인가에는 저 또한 회의적입니다. 그래서 교육지책으로 서울대가 그렇게 했던 것 같고요. 그 다음에 전체 고등학교 중에서 과반수가 현재 가르치기 쉽다고 해서 일본어를 가르치고 있다고 하는데, 그 가운데는 일본측의 보이는, 보이지 않는 사주가 작용했다는 얘기도 있습니다. 이 점도 생각해봐야 할 것 같아요.

'친일파 문제는 지금도 살아 있다'

질 프랑스나 유럽에서는 반민족행위자들을 어느 정도 처벌했습니까?

답 여러분 중에 20년 전쯤에 상영된 '파리는 불타고 있는가'라는 영화를 보지 못한 분이 많을 것입니다. 그 영화를 보면 레지스탕스의 영웅적 투쟁이 감명을 주고, 르 끌레르 장군이 프랑스군대를 이끌고 당당히 파리에 입성하는 모습이 웅장하게 화면에 펼쳐집니다. 프랑스는 제2차 세계대전 초기에 독일군한테 그렇게 무참히 참패를 당했습니다만, 드골 장군이 이끄는 '자유 프랑스'가 선전을 해서 프랑스는 승전국이 되고, 파리에 연합군이 진격할 때는 맨 앞에 서서 들어왔어요. 또 공산주의자들은 레지스탕스를 조직해서 영웅적으로 싸웠고요. 나치에의 패배로 프랑스사람들은 한때 크게 열등감에 사로잡혀 있었다고 합니다만, 그 영화를 본 프랑스사람들은 누구나 뿌듯한 자부심을 느끼게 될 것입니다. 그런데 이 영화에서도 독일군에 협조한 사람들이 당하는 모습이 많이 나오지요. 술시중을 들었던 여자들이 붙잡혀와 머리를 깎이기도 해요.

프랑스는 4년밖에 나치치하에서 신음하지 않았지만 나치협력자들을 사정없이 응징했습니다. 2,071건의 사형이 선고되었고, 39,900명이 징역형을 받았는데, 그 가운데는 제1차 세계대전을 승리로 이끄는 데 기여하여 구국의 영웅으로 찬사를 받기도 했던 페탱 원수도 포함되어 있었습니다. 드골은 페탱의 부관이었지만, 위대한 프랑스의 명예와 자존심을 위해서, 다시 말해서 조국을 외국에 판 자들이 영원히 다시 나타나지 않도록 경고하기 위해서, 페탱에 대한 사형선고에 동의하였습니다. 소국인 벨기에에서도 나치협력자로 55,000건의 징역형 판결이 내려졌고, 네덜란드에서도 비슷한 건수의 판결이 있었습니다.

질 친일파가 그렇게 잘살았다고 하였는데, 독립운동가는 어떠했습니까?

답 현대사에서도 가장 비통한 모습 중의 하나가 바로 그 문제예요. 해방 직후 서울 남쪽에는 해방촌이 있었고, 서쪽에는 창녀촌이 있었는데, 그 해방촌에 거적대기를 둘러쓰고 산 사람 중에 독립운동가나 그 가족들도 꽤 있었다고 해요. 자유당정권 때 중경임정계 등 독립운동가들은 이승만정권으로부터 감시받고 박해받으며 굶주렸고, 자식을 가르치기가 참 어려웠어요. 1970년까지 3·1절에는 3·1운동 시위에 참여한 사람의 가족들이 얼마나 굶주리는가, 8·15광복절에는 독립운동가나 그 가족이 얼마나 고생하는가가 종종 보도되었습니다. 일제 때 독립운동가들은 자신의 재산을 다 민족해방운동을 위해 바쳤거니와 ─탕진했다는 말을 많이 썼어요─ 그들의 자식들은 고아나 반고아처럼 되어 부모 옥바라지도 제대로 못한 채 일제한테 감시를 받고, 동족한테 따돌림받고 해서 공부를 제대로 할 수 없었어요. 그래서 1970년대, 1980년대에 '원호처'에서 그들을 취직시킨 곳이 대개 수위직이었습니다. 친일파의 호화주택이나 아파트, 빌딩 등등에 독립운동가 자식들이 수위생활을 했으니, 세상에 이런 역설이 어디 있습니까?

질 친일파문제는, 특히 저같이 젊은 사람의 입장에서 볼 때 이미 지나간 일, 즉 처단의 때를 놓쳤고, 그들은 수명과 권력을 누릴 대로 다 누렸고, 또 그들에 의해서 역사나 사회는 왜곡될 대로 왜곡되었으나, 친일파문제를 제대로 안다는 것은 우리 젊은 사람으로서 지나간 역사에 대한 정확한 역사인식을 한다는 것이라고 생각합니다. 그 외에 선생님이 생각하시는 다른 의미가 있습니까?

답 그것에 대해서는 제가 서두에서 아주 길게 얘기해서 시간을 많이 빼앗겼는데, 만일 친일파문제가 해방 이후에 해결되었다면 우리가 구태여 심각하게 생각할 필요는 없을 거예요. 그런데 해방 이후 한국 사회에 친일파문제가 지대한 영향을 끼쳤기 때문에, 다시 말해서 친일파의 재생산구조가 분단체제, 극우반공독재체제하에 자리를 잡아서 그것을 유지 내지 극대화하는 작업을 해온 것이 바로 친일파였기 때문에 분단체제를 극복하고 극단적인 극우반공체제를 지양해서 민주적인 사회를 건설하려면 친일파문제, 친일파의 재생산구조를 정확히 봐야지요. 그래서 그 재생산구조를 단절하고, 민족자주와 민주주의를 유린한 자들을 심판해야 하고, 다시는 그러한 독재정권이 나타나지 않게 하는 것도 친일파문제와 깊이 관련되어 있습니다. 5·16쿠데타세력에 의해서 최인규만 희생양이 된 채, 친일파들로 구성된 독재정권의 앞잡이이자 하수인인 자유당 원흉들에 대한 처단이 유야무야되고, 오히려 공화당정권에 자유당인사가 꽤 많이 참여하였지만, 그래도 4월혁명으로 자유당인사들이 어느 정도는 단죄받았습니다. 또 10·26이 변칙적이었고 12·12쿠데타가 일어나 유신독재를 자행한 박정권이 단죄를 받지 못했으나, 6월항쟁으로 5공청문회가 열려 미약하나마 전두환 추종자들은 단죄받고 전두환씨가 백담사로 '귀양'간 것도 크게는 같은 맥락에서 봐야 할 것입니다. 그래서 친일파문제는 민족자주국가의 건설과 민주주의의 실현을 민족적 지상과제로 하고 있는 우리에게 지금도 살아 있는 문제이지 죽은 문제가 아니라고 거듭 강조하고 싶습니다. (서중석)

영원히 씻을 수 없는 매국노의 오명

– 이완용과 송병준 –

구한말 친일파 군상

　지금 이 자리에서 구한말의 친일파에 대해 다 얘기하려면 시간이 짧을 뿐만 아니라 범위도 넓어서 혼란을 가져오기 쉬우므로 대표적인 사람을 골라 그 사람에게 초점을 맞춰서 이야기를 하고, 그 주변 사람들에 대해서는 필요할 때 곁들여 이야기하도록 하겠습니다.

　이완용(李完用 : 1858~1925)과 송병준(宋秉畯 : 1858~1925?)은 친일파의 제2기에 해당하는 인물입니다. 이완용의 생몰연대는 확실합니다다만, 송병준의 생몰연대는 상당히 불확실합니다. 태어난 해가 1858년이라고 했는데 그 이후의 현실적인 문제에 비춰보면 맞지가 않습니다. 죽은 연대가 1925년이라고 씌어 있습니다만, 1924년과 1926년이라는 두 가지 설이 있습니다. 이렇게 확실하지 않은 원인은 이완용은 양반 출신에다 글도 잘 쓰니까 문집도 남기고 후대사람들이 글도 써주고 해서 정확하지만, 송병준은 제가 알기로는 문집이라든가 일대기를 써놓은 것이 없기 때문입니다. 역시 그 당시에 아무리 친일파 노룻을 했어도 글줄이나 하는 양반 출신과는 아무래도 다른 것 같습니다. 하여튼 이 두 사람은 대표적인 친일파이지만 성격이나 활동에서는 상당히 대비가 되는 인물들입니다.

친일파 제1기는 1894년 경복궁쿠데타 이후 이루어진 김홍집(金弘集) 내각에 참여한 일부 인사들을 말하는데, 이 김홍집 내각은 연립정권의 성격을 띠고 있었어요. 일제가 자기들 구미에 맞는 사람들만으로 내각을 내세우기에는 그 당시 여러가지 조건이 합당하지 않아서 여기저기서 사람들을, 즉 전통적인 양반세도세력들에서부터 나중에는 대원군까지 끌어들여 이를테면 '잡탕내각'을 만들었던 것인데, 그 중에서 친일세력이 중심이 되어왔던 것이죠. 따지고 보면 제1기에 해당하는 친일파들은 일본의 꼭두각시 노릇을 하다가 어떤 경우는 죽임을 당하고, 어떤 경우는 버려지고, 또 어떤 경우는 망명하기도 했습니다. 죽임을 당한 사람은 김홍집, 정병하(鄭秉夏), 어윤중(魚允中)인데, 일본세력이 꺾이자 이 사람들에 대해 체포령이 내려졌어요. 이들은 결국 체포를 당해서 죽은 것이 아니라 일반 민중에게 맞아죽었습니다. 그리고 일본에 망명한 사람은 박영효를 비롯한 몇몇 사람이었습니다.

그런데 나중에 보면 결국은 죽은 사람들이 더 나았다고 말할 수 있어요. 죽는 데도 때를 잘 타야 합니다. 오래 살아서 더러운 짓을 하는 것보다는 적당한 선에서 죽어주는 것도 역사에서 보면 상당히 의미가 있습니다. 제가 흔히 얘기합니다만 전봉준이 더 살아서 이용구(李容九) 짝이 났다면 우리 역사는 너무도 비극적이겠지요. 그러나 죽는 시기를 잘 선택했기 때문에 우리 역사에 훌륭한 유산이 될 수 있었던 것이죠. 김홍집이 이때 죽지 않고, 또 어윤중 같은 사람이 죽지 않고 살아 있었더라면 이완용 짝이 나지 않으리라고는 누구도 보장 못합니다. 그렇기 때문에 그 정도로 끝내고 죽어주는 것도 좋을 수 있다고 봐요. 저도 아직 예순이 되지 않았습니다만, 언제 어느 때 죽어야 제대로 잘 죽는 걸까 하고 생각해보기도 합니다. 역시 잘 죽는 것은 역사적으로 봐서 대단히 중요합니다.

제2기에 오면 이들은 주변 인물이 되어 친일파의 중심역할을 하지 못하게 됩니다. 박은식(朴殷植)은 『한국통사(韓國痛史)』에서 이렇게 쓰고 있습니다. "일본이 한국을 도모하려는 생각을 오랫동안 해왔는데 ─이것은 물론 개항 이전부터 일어난 정한론을 말하는 것이죠─ 한국인 중에서 앞뒤로 이용할 자로 세 부류를 뽑았습니다. 첫째는 이강(李堈), 이준용(李埈鎔) 등 왕의 근친으로 일본에 가 있는 자요, 둘째는 갑신정변의 박영효(朴泳孝)나 갑오개혁 당시의 여러 국사범으로 일본에 가 있는 자요, 셋째는 이른바 일진회의 두령 송병준, 이용구 등이다"라고 말했습니다. 여기서 이강이라는 사람은 바로 고종의 아들입니다. 나중에 전주 이씨, 특히 왕실에 관계되는 인물들은 적극적인 친일파로 거의 다 돌아섰습니다. 일제가 회유와 함께 많은 혜택을 주었기 때문에 주로 많이 넘어갔는데 그 중에서 쓸 만하다고 생각되는 사람, 자기 나름대로 지조를 지키면서 살아간 사람은 그래도 이강이에요. 이 사람은 이강공이라고도 부르는데, 나중에 상해임시정부에 합류하기 위해서 망명하다 신의주에서 잡혔죠. 핍박도 많이 받았어요. 이준용은 대원군의 손자로 고종의 조카인데, 이 사람은 대단히 적극적인 친일파일 뿐만 아니라 을사조약이나 한일병합에서도 중심적인 역할을 했어요. 그는 을사조약을 맺고난 다음에 "나는 과거 병자호란 때 척화파와 주화파로 갈렸을 때 주화파의 최명길 같은 역할을 해냈다"면서 자기 나름대로의 궤변을 늘어놓은 사람입니다.

두번째에 속하는 박영효는 몇 차례 망명했다가 다시 들어와 결국 일제 때 친일파가 되고 말았지만, 이 사람도 철종의 부마였기 때문에 왕실에 속하는 인물이었습니다.

앞의 두 부류는 양반, 신진관료, 왕실세력이었지만 세번째에 속하는 인물은 그때 당시 말로 재야에 속하는 인물들이었어요. 그런데 재야라는 말은 맞지 않다고 봅니다. 하여튼 재야세력이고 어떻게 보면 민중세력입니다. 그래서 이 세번째 부류가 나중에 또다시 크게 이용당하는 모습을 보여주고 있죠. 이들이 바로 친일파 2기에 해당합니다.

강을 빼놓고 모두 적극적 친일파로 놀아났지요. 여기에 이완용의 이
름이 빠져 있으나 그는 송병준, 이용구와 같은 범주에 들었던 인물입
니다.

친일파의 대명사 이완용의 출신배경

이런 친일파 군상의 현실대응 양상과 친일행각을 알아보기 위해 편
의상 여기에서는 이완용과 송병준에 초점을 맞춰보기로 합니다.

이완용은 경기도 광주군 낙생면 우봉 이씨 가문의 가난한 선비 호
석(鎬奭)의 아들로 태어났습니다. 낙생면은 백현이라고 지금은 성남
시로 편입된 곳이지요. 그런데 그 주변 사람들도 이 사실은 잘 몰라
요. 왜냐면 한도 뒤에 여러 얘기가 나오고 그의 묘와 함께 출생지, 생
가가 철저하게 파괴되고, 나중에 민중의 지탄을 받는 대상이 되었기
때문에 서로 숨기고, 그 지방사람들도 자기 고장의 불명예라고 해서
별로 알리지 않으려고 하는 분위기 때문입니다. 하여튼 이 집안은 신
임사화 때 강경파 소론에게 몰려 죽은 이만성(李晩成), 그리고 조선후
기 성리학의 대가로 일컬어지는 이재(李縡)의 후손으로 노론계열이었
으나, 19세기에 들어와 별로 관계(官界)에 진출하지 못하고 낙백(落
魄)하고 있었습니다. 우봉 이씨가 조선시대의 양반계보로 따져 양반
이라고, 하더라도 거기에는 보잘것없는 파도 섞여 있어요. 가령 광산
김씨라고 하면 1급 양반이기는 하지만 그 중에도 역시 그렇지 못한
파가 있게 마련이지요. 우봉 이씨의 경우, 전반적으로 수가 적기도 하
고 서로가 별로 처지지 않는 양반 수준에 속한다고 말합니다. 더구나
이만성은 신임사화 때 영조를 보호하기 위해 싸우다가 노론으로 몰려
죽었는데, 바로 이 사람이 노론이 다시 집권할 때 '불천지조(不遷之
祧)'가 되었던 사람입니다. 원래 제사는 고조까지밖에 못 지내는 것인
데, '불천지조'라는 것은 제사를 영원히 지내준다는 것입니다. 이 얘기
를 왜 하느냐면 뒤에 이것과 연관되는 얘기들이 다시 나오기 때문입

니다. 특히 이재는 자기 삼촌인 이만성이 그렇게 죽임을 당하자 벼슬
에 뜻을 버리고 용인에 은거하면서 성리학을 공부했는데, 이분이 이
후에 얼마나 큰 영향을 끼치느냐면 『사례편람(四禮便覽)』이라고, 우
리나라의 기본 관혼상제의 예를 모아놓은 책을 쓰지요. 노론계에서는
이재가 지은 이 『사례편람』을 그대로 이용하고 따르고 있어서 이후
에 크게 영향을 끼쳤습니다.

이완용은 열 살 때 이만성에서 갈라진 호준(鎬俊)에게 양자로 들어
갔습니다. 호준의 가계는 연이어 양자로 이어진 탓에 당내(堂內)에서
는 양자감을 구할 수 없었던 모양입니다. 원래 양자는 조카나 가까운
일가에서부터 순서대로 구하는데, 어떻게 된 노릇인지 조선후기에 들
어오면 전주 이씨의 왕가를 비롯해서 양반들이 정통의 손으로는 별로
대를 잇지 못합니다. 가정에서도 정통을 중시해서, 서자는 아무리 많
이 있어도 가계를 잇지 못하게 되어 있죠. 그런데 이런 양반의 후예
라는 가문은 왕가를 비롯해서 제대로 장자상속이 안돼요. 그래서 여
기저기서 꾸어다가 양자만 삼아대었지요. 어느 성씨가 그랬다고 내가
지적하면 혹시 그쪽에서 공격이 들어올지 모르겠습니다만 우리나라
명문집들을 찾아보면 대개 다 그렇습니다. 나는 성쇠론이라든가 역사
의 순환론이라는 것을 별로 중시하지 않지만, 하여튼 조선후기에는
그랬다는 것입니다. 운명적으로 얘기하면 몰락의 조짐이 보인다고나
할까요. 호준은 호석과 달리 처가가 민씨였던 탓으로 전라감사라는
고관의 자리를 얻었습니다. 호준은 이완용만은 못하겠지만 수완이 대
단히 좋았던 것 같아요. 우봉 이씨가 몰락을 하고 낙백을 할 시절에
민씨에게 장가를 들었으니까요. 호준의 장인이 호조판서를 지낸 민영
효(閔泳孝)라는 사람입니다. 호준은 민씨를 이용하고 자기 수완도 발
휘해서 계속 고관의 자리를 누렸고, 양자로 들어온 이완용도 그런 대
열에 끼도록 막후 로비를 벌였던 것 같습니다.

이완용은 호준의 총애를 받았으며, 임오군란 진압을 경축하기 위해
실시된 과거에 합격하였고, 이어 특진을 거듭했습니다. 그때 그는 수

구파 또는 척사파의 소장으로서 개화파를 공격하고 나섰습니다. 이완용은 호준의 양자였지만 호준에게는 이윤용(李允用)이라는 첩의 아들이 있었지요. 이윤용도 역시 적극적으로 친일을 한 사람이었지만 칭찬해도 될 만한 대목이 하나 있어요. 그것은 양자 동생인 이완용에게 철저하게 협조하고 끌어주었던 점이에요. 혹시 갈등관계가 있었나 하고 자료를 찾아봤지만 거의 없을 정도로 형제간의 우의가 두터웠어요. 서자로서 가계를 잇지 못한 질투도 있었을 텐데 그런 것은 거의 찾아볼 수 없고 참으로 서로가 도와주는 모습을 보여주고 있습니다.

이완용은 물론 과거를 보기 전까지 대단한 재주꾼으로, 경서도 다 읽었고 주역에도 상당한 일가견을 갖고 있었으며 —나중에 주역적인 발언을 많이 합니다만 —글도 잘 짓는 등 재주가 뛰어나서 인재났다고 할 정도로 칭송을 받았죠. 이완용이 얼마나 호준의 마음에 들었던지 명필들을 골라 글씨선생도 따로 두고 글선생도 따로 두면서까지 유교적인 전통교육을 받았기 때문에, 젊었을 때는 민씨세력의 일부이면서도 척사파, 즉 서양세력을 철저하게 배격하고 주자학적인 사상체계를 지키는 인물이었습니다. 이때 수구파라는 말은 민씨세력이었다는 말이고, 척사파는 이념적으로 배타적인 분위기를 지녔다는 것을 말합니다. 그래서 갑신정변 이후 그 잔당으로 신기선(申箕善) 같은 사람이 아직도 국내에서 목숨을 부지하자 이들을 철저하게 가려내어 엄중하게 문초하라고 요구하고, 나중에 그 자신이 문사낭청(問事郎廳), 즉 젊은 나이에 심문관으로 등장해서 이들을 철저하게 공격하고 탄압하는 데 앞장섰습니다.

이완용은 1886년에 정부에서 육영공원을 세워 양반 자제들에게 서양 언어, 서양 학문을 가르칠 때 여기에 뽑혀 들어갔습니다. 그런데 사실은 뽑혀 들어간 것이 아니라 자발적으로 들어간 것이라고 뒷날 자신의 글에 쓰고 있습니다. 육영공원에서 영어를 배운 그는 다음해 미국 전권대신 박정양(朴定陽)의 밑에 참찬관으로 부임했고, 잠시 귀국했다가 1888년에 다시 미국 대리공사로 부임했습니다. 박정양은 미국에 가서 청나라를 배격하고 일본 편향을 보였다가 청나라의 강력한 항의를 받아 결국은 그 자리에서 쫓겨났습니다. 또 박정양이 쫓겨난 데는, 우리나라는 청나라의 속국이기 때문에 우리 사신을 한 급 낮은 자리에 두어야 하는데 동격으로 두었다는 항의도 작용을 했습니다. 이완용은 약 2년간 미국에 있었는데 이때부터 친미파로 변신했습니다. 그 후 귀국하여 육영공원 등 이른바 개화문물과 관련되는 곳의 책임을 맡아왔습니다. 즉 오래 하지는 않았지만 무역관계라든가 체신 관계 등의 일을 맡았는데, 육영공원에서는 1년간 수학을 했고 미국에 가서 2년 동안 있었습니다. 기억력이 뛰어난 이완용은 영어 실력도 상당 수준이 아니었을까 생각합니다. 어떤 기록에서는 아주 뛰어나게 영어를 구사했다고도 합니다. 1894년 민씨정권이 타도되고 나서 일본 전권공사에 임명되었으나 사양하고 곧이어 외무협판이 되었습니다. 김홍집 내각이 물러나고 박정양 내각이 들어서자 학부대신이 되었고, 을미사변이 일어나자 미국 공사관으로 몸을 피했습니다. 이외에도 다른 이야기가 많습니다만, 이쯤에서 넘어가겠습니다.

변신의 귀재 송병준의 친일행각

송병준은 함경남도 장진 출신입니다. 여러분이 다 아시다시피 조선시대에는 서북, 관북 사람들은 거의 인재 등용이 되지 않았습니다. 과거에는 합격해도 중앙의 실제적인 직위를 주지 않았어요. 그러나 19세기 개항 이후부터 신분제도가 전반적으로 문란해지면서 이들이 여러가지 경로를 통해 중앙 정계에 진출합니다. 이들 중에 대표적인 사람이 송병준, 이용익(李容翊) 등 여러 사람이 있습니다.

송병준의 집안 내력은 잘 알려져 있지 않으나 본관이 은진이요, 또 송시열의 후손인 송병선(宋秉璿), 송병순(宋秉珣)과 함께 병자 돌림의 이름을 지니고 있습니다. 송병선은 순국을 했고 송병순은 아주 철저하게 일제와의 타협을 거부하면서 살았습니다. 그래서 이들은 조금

특별한 인물들입니다.

19세기 중반 이후 서북지방이나 관북지방 출신들 사이에는 관계(官界)가 문란해진 틈을 타서 서울 세도가의 식객이 되어 버슬자리 하나얻으려는 풍조가 만연해 있었습니다. 그는 어떤 연줄을 댔는지 아무튼 민영환(閔泳煥)의 식객이 되었습니다. 송병준만이 아니라 그때 서북지방 사람들은 안동 김씨 등 서울 세도가의 식객이 되어서 때로는글도 가르치곤 했지요. 가령 이제마(李濟馬) 같은 사람은 서울에 와서식객 노릇을 하면서 글도 가르치다가 나중에 한 자리 얻어 출세한 경우지요.

하여튼 민영환의 식객이 된 송병준은, 1872년 ─이 연도는 후의 나이에 비춰보면 맞지 않습니다만─무과에 급제해서 수문장, 훈련원판관, 오위도총부 서사, 사헌부 감찰을 지냈어요. 여기서 사헌부 감찰을 빼면 그는 무과 출신으로서 무장의 직위를 얻고 있었죠. 그리고1876년 일본과 강화도조약을 맺을 적에는 접견사의 수행원으로 참여하기도 했습니다. 이런 인연으로 해서 일본인 거물급 군납상인인 오쿠라(大倉喜八郎)와 사귀어 부산에 상관을 열었으나 민중의 습격과오쿠라의 죽음으로 실패했습니다. 부산의 상관은 군납상인과 결탁해서 열었는데, 실제로 민중이 습격했던 것은 송병준을 대상으로 한 것이 아니라, 개항장을 중심으로 한 일본 상인들의 횡포가 심해지니까그들을 대상으로 습격한 것으로 보입니다. 이 당시까지는 아직 송병준의 이름이 별로 알려져 있지 않았습니다만, 1882년 임오군란 때는송병준의 집이 불태워져서 그는 남대문 밖 한 농가의 쌀뒤주 속에 숨어 목숨을 부지했다고 합니다. 이런 것을 보면 그의 친일행각은 이때널리 알려진 모양입니다. 1884년 갑신정변 때도 그의 집과 재물이 불탔는데, 이는 아마도 일본인 여자를 구해준 사실 때문인 듯합니다. 갑신정변 때는 서울에서 일본인들이 잡히면 다 죽임을 당했는데, 그는일본인 모녀를 잘 보호해주었고, 나중에 그 덕을 보게 되는 것입니다.이때부터 그는 계속 빛나는 출세의 길로 치달아 빠른 눈치로

한국을 방문한 일본 황태자와 영친왕, 송병준(2열 왼쪽), 이완용(2열 왼쪽에서 두번째)

교제 범위를 넓혀갔습니다.

그리고 그 다음해 일본에 망명해 있던 김옥균의 동정을 살피고 그를 암살하라는 밀령을 받고 가게 됩니다. 김옥균(金玉均)을 죽이려고 여러 차례 암살자들을 보내기도 했지요. 그는 민씨와 끈이 닿아 있었기 때문에 이런 역할도 받았을 것입니다. 그러던 그가 오히려 김옥균의 감화를 받아 동지가 되었고, 1886년 귀국해서는 김옥균과 밀통했다고 하여 일시 투옥되었습니다. 그러나 민영환의 주선으로 곧 풀려났고 그 후 민비의 총애를 입어 흥해군수, 양지현감을 지내고, 1891년 장위영 영관으로 출세했습니다. 이때 흥해군수나 양지현감을 지냈다는 것은 무과 출신으로서 출세를 보장받은 것으로 봐야겠지요. 그 당시 지방 수령으로 나갔다는 것은 대단한 의미를 갖는 것입니다. 비록 품계는 높지 않더라도 앞으로 고관 대열에 설 수 있는 계기를 잡았다고 할 수 있죠. 특히 장위영 영관은 중간급 지도자인데 실제 장위영은 우리나라에서 1894년 농민전쟁 때도 중심세력으로서 농민군을 타도합니다. 또 농민전쟁 때는 민씨의 밀정으로 농민세력의 동정을 살

펴 보고했지요. 이때 민씨들은 실제 많은 밀정을 파견했고 이를 토대
로 만든 책이 오늘날 전해지는 『동비토록(東匪討錄)』같은 것입니다.
그 자료가 상당히 정확하여, 그들의 요구가 무엇인지, 숫자가 얼마나
되는지가 전부 보고되어 나와 있습니다. 지금도 그 책의 일부가 남아
있지만, 그 저자가 누구인지는 밝혀지지 않고 있는데, 확실한 증거는
없습니다만 송병준이 아닌가 싶어요.

그러다가 김홍집 내각이 들어서자 민씨세력으로 지목되어 그에 대
한 체포령이 내려졌습니다. 그는 재빨리 몸을 피해서 일본에 건너가
그곳의 명사들을 두루 사귀고 노다(野田平治郎)라는 일본이름을 사용
하고 일본인으로 행세하면서 양잠, 염직기술을 익혀 야마구치현(山口
縣)에다 양잠강습소를 열었습니다. 이때 조선인 학생, 청년들을 모아
서 양잠기술을 가르치곤 했다는 것입니다.

이완용의 곡예 - 친러에서 친일로

이 당시 이완용은 새로운 음모를 꾸미고 있었습니다. 곧 친일내각
의 손아귀에 있는 국왕을 러시아공사관으로 빼돌리는 일이었습니다.
그는 이범진(李範晉), 안경수(安駉壽)와 함께 일을 추진했으나 안경수
의 배반으로 실패하고 미국, 러시아의 보호를 받으며 서울에 숨어 지
냈습니다. 그는 다시 러시아공사나 이범진과 일을 진행시켜 1896년
마침내 황제와 태자를 러시아공사관으로 빼돌리는 데 성공했습니다.
이렇게 해서 친러정권이 성립되었는데, 그는 이때 학부대신과 농상공
부대신 자리에 앉았고, 그의 형 이윤용은 군부대신과 경무사를 겸했
습니다. 친러정권은 친일내각의 김홍집, 어윤중, 정병하 등을 포살하
라는 명을 내려 이들은 민중의 손에 죽임을 당했고, 유길준(兪吉濬),
장박(張博) 등은 일본으로 망명했습니다. 유길준은 미국에 갔다와서
나중에 그 유명한 『서유견문(西遊見聞)』을 썼지요. 이 사람도 역시 훗
날 친일파로 전락합니다. 장박은 바로 전봉준의 재판을 담당했던 인

물이죠. 이완용은 농상공부대신 서리로 운산금광 채굴권과 경인선 철
도부설권을 미국에, 울릉도 등 산림벌채권을 러시아에 넘겨주었는데,
이것 때문에 그에게 많은 비난이 퍼부어졌습니다. 이때부터 이완용은
실권이 있는 정부 자리에 앉아 그렇게 이권을 넘겨주고 떡고물을 얻
어먹었는지 알맹이째 걷어먹었는지 모르겠지만, 아무튼 굉장히 재산
을 늘리게 되었습니다. 이것이 나중에 문제가 되지요.

　이해 7월에 독립협회가 조직되고 이어 독립문과 독립관이 건립되었
는데, 여기에서는 온건개화파들이 주동이 되어 활동했습니다. 이때 그
는 정동구락부의 관료대표로 창립총회 위원장으로 추대되었습니다.
여기서 보면, 그가 이리저리 눈치를 잘 보면서 어디에 끼어야 자기
입지에 알맞을까 하고 살피는 데 탁월한 재능이 있다는 것을 알 수
있습니다. 독립협회 초기에는 상당히 협조하는 척하지요. 물론 여기에
서 독립협회 얘기는 길게 할 필요가 없겠습니다만, 독립협회가 외국
의 이권침탈과 대신의 이권개입 ── 이권개입을 했던 대신에는 이완용
도 포함되어 있죠 ── 을 규탄하는 등 차츰 정부의 정책을 신랄히 비판
하자, 이완용은 독립협회를 탈퇴했고 정부에서도 고문 서재필(徐載
弼)을 해고하고 『독립신문』을 폐간하는 조치를 내렸습니다.

　이 무렵 고종이 러시아공사관에서 나오고 일본세력이 커지기 시작
하자, 그는 전라북도 관찰사로 나가 있기도 하고 양부의 3년상을 치
르기도 하면서 약 1년 반 동안 정세의 추이를 관망하였습니다. 그의
아버지도 전라북도 관찰사를 지낸 적이 있었는데 전라북도는 얻어먹
을 것이 굉장히 많은 곳이었어요. 조선시대에는 평안감사와 전라감사
가 가장 좋은 자리라고 할 정도였죠. 그는 여기서 이권을 챙긴 것은
말할 것도 없거니와 중요한 일을 한 가지 벌입니다. 그는 여러가지로
관심범위가 넓고 재주도 많아서 풍수설에서도 상당한 지식을 가지고
있었습니다. 그래서 그때 경상도의 유명한 풍수쟁이(地師)를 골라서
자기 묘자리까지 익산군(益山郡) 낭산면(朗山面)에 잡았던 것입니다.
이 얘기는 뒤에 가서 다시 하도록 하고, 여기서는 이완용이 전라도에

서 언제 어떻게 다시 중앙으로 와 친일파로 변신하는지 보도록 하죠.

1904년 2월 일본은 영일동맹을 맺고 나서 러일전쟁을 도발했습니다. 그리고 러일전쟁을 벌이면서 대한제국의 한러조약을 파기하고 한일협약을 강제로 체결하여 고문정치를 단행했습니다. 드디어 이완용에겐 새로운 시대가 열렸습니다. 이해 12월 이완용은 오랜 잠복기를 벗어나 궁내부 특진관으로 나가면서 친일파로 변신하기 시작했습니다.

일진회의 발족과 친일논리

한편 송병준은 10여 년을 일본에서 떠돌면서 낙백한 생활을 했습니다. 그는 양잠강습소에 조선인 남녀학생을 불러 기술을 가르치기도 하고 일본 고위층과 교제를 넓히기도 했습니다. 1904년 당시 수상인 가쓰라(桂太郎)를 만났는데 가령 가쓰라가 대한제국을 병합하려면 돈이 필요할 텐데 얼마쯤 있어야겠느냐고 물었더니, 송병준은 곧바로 "1억 엔을 내야 한다. 그러면 내가 책임지고 병합을 무난히 진행시켜 보겠다"고 기염을 토했습니다. 이때 러일전쟁이 발발하자 그는 병참감 오타니(大谷) 소장 또는 일본공사 데라우치(寺內正毅) 등의 고정 통역관으로 조선에 나왔고, 전쟁이 진행되는 과정에서는 군납상인으로 이권을 챙겼습니다. 이완용이 영어를 잘해서 행세를 한 반면, 송병준은 일찍부터 일본어를 출세의 도구로 삼은 것입니다.

이때 친일단체로 윤시병(尹始炳)등이 유신회를 조직하여 그를 끌어들였고 일본의 회유에 넘어간 동학의 이용구는 진보회를 조직하고 있었는데, 일본 군부는 이 두 단체를 병합하여 일진회(一進會)를 만들도록 했습니다. 일진회가 출발하자 회장에는 이용구가 추대되었고 송병준은 평의원회 의장, 지방총대장, 그리고 기관지인 『국민신보』 대표 등을 맡아 맹렬히 활약했습니다. 진보회와 유신회가 일진회로 합해지는 데는 일본의 다케다(武田範之)라든가 우치다(內田良平) 같은 승려 또는 천우협(天佑俠) 계통의 낭인들이 참여하였죠. 이들은 을미사변에서 민비를 죽이는 일에도 앞장섰을 뿐만 아니라 실제 뒤에서 송병준과 이완용을 지휘하였습니다.

사이토문서에 따르면, 송병준은 이때 일진회를 조직해서 일본의 이익에 해를 입힌다고 여겨지는 사람에게 테러를 가하고 돈을 뜯어내는 등 갖가지 나쁜 짓을 저질렀고, 러일전쟁 때는 농민을 강제동원해서 거액을 축재하였다고 합니다. 곧 일진회 회원들이 러일전쟁에서 양곡운반 등 노역 동원을 하고 경인선 철도부설에 노동자를 동원했는데, 이때 그가 부정행위를 한 것으로 보입니다. 그는 또 일본여자를 첩으로 삼아 저동에 요릿집 '청화정'을 열어 우치다 등 일본 낭인배와 일진회 간부들의 밀회장소로 활용했다고 합니다. 청화정을 밀회장소로도 활용했지만 그때 실제로 서울에 좋은 요릿집이 몇 개 없었기 때문에 외국상인들도 많이 들어오고 일본상인들도 많이 들어오는 데서 나온 장사 수완으로 보입니다. 그래서 일제시대에는 남산 밑에 요릿집들이 몇 개 있었는데, 그 중에서 회현동 일대를 요릿집 골목으로 만들어낸 사람이 바로 송병준이었습니다. 이곳은 일본인 거류지역이 명동, 충무로 일대였기 때문에 가까워서 이용하기도 좋았을 것입니다. 우리 역사문제연구소가 있는 필동 일대에는 총독부 정무총감 관사를 비롯해서 고위 관리들이 많이 살고 있었습니다.

1904년 겨울부터 일진회는 대한제국의 내정, 외교를 일본에 넘겨주어야 한다고 주장하기 시작했습니다. 러일전쟁이 끝나자 일제 군부는 송병준 등에게 별다른 관심을 보이지 않았습니다. 그러나 이제 송병준이나 이용구는 다른 길을 갈래야 갈 수가 없는 완전히 버린 몸이 되었습니다. 즉 실제로 일제 군부는 러일전쟁에서 일진회 회원들을 이용하고, 그 다음에 보호조약, 을사조약을 맺자 결국 두 사람을 쓸모없게 취급해서 일시 소외시켰습니다. 그런데 한일합병 이후에도 관계됩니다만, 이용구의 아들 이석규(李碩奎 ; 뒤에 大東國男으로 창씨개명)가 쓴 『이용구의 생애』라는 전기가 있는데 거기에 다음과 같은 얘기가 있습니다. 중국에서 한나라를 세울 때 장량(張良)을 잘 이용해 먹었는데 한신(韓信)은 나중에 멋도 모르고 조정에 끼어들어 갔다가 역적으로 몰려 죽습니다. 그러나 장량은 벌써 알고 피해버렸는데 그때 하는 말이 "원래 개는 토끼를 잡고 난 뒤에는 주인에게 잡혀서 끓여먹히게 되어 있는 것이다. 그렇기 때문에 끓여먹히는 대상이 되지 말아야 한다"고 했는데 바로 이 표현을 다케다가 이용구에게도 썼다고 되어 있습니다. 나중에 죽을 때쯤 해서 이용구는 상당히 소외되고 비참한 모습을 하고 있었죠. 일진회와 관련된 얘기는 하도 복잡해서 더 이상 하지 않겠습니다만, 아까 말한 다케다와 우치다 같은 사람들 ― 물론 다케다는 전봉준을 만나서 회유하려고 했던 사람이고, 전봉준에게 동조하면서 동양평화론 따위를 늘어놓았던 막후인물입니다 ―의 관계를 얘기하면서, 송병준은 일진회에서 여러 차례 탈봉건적인 문제들, 가령 서얼차별에 문제가 있다, 우리는 경제적인 상업을 중시해야 한다, 신분, 양반, 문벌을 타파해야 한다는 따위를 한편으로 깔고, 다른 한편으로는 일제의 대한침략을 늘어놓는 일련의 대중강연을 끊임없이 벌이는데, 이것은 약 3년에 걸쳐서 이루어집니다. 그런데 기본은 흥아론, 즉 "아시아가 일어나야 한다. 아시아가 힘이 부쳐 유럽에 처져서는 안된다"는 논리입니다. 그 다음에 "지금 백인들이 세계를 제패하려고 하는데 황인들이 더 우세해야 한다. 힘을 길러서 우리 황인들이 우위를 길러야 한다"는 따위를 늘어놓습니다. 그러면서 또 하나는 "동양평화가 중요하다. 그렇기 때문에 동양평화를 이룩하는 데 있어서 일본을 중심으로 뭉쳐야 한다"는 것입니다. 그 다음에 동양평화의 제1단계로 '일한합방'을 추진해야 한다는 것입니다. 나중에 병합으로 바뀌는데, 이건 사실 의미를 달리하고 있습니다. 합방은 일단 두 나라가 동등하게 합해 연방과 같은 국가를 만들 수 있으나 병합은 어느 한 쪽 나라가 완전히 다른 쪽 나라에 병탄(倂呑)되어 식민지가 되는 과정에 놓이는 것입니다.

그래서 이 두 가지가 동시에 추구되면서 끝내는 아시아의 대연방,

즉 일한, 만몽을 통합하여 연방을 만들어내서 그 연방을 기초로 중국을 무릎 꿇리고 그 다음에 세계화로 가자는 구도였습니다. 나중에 이 문제는 일제시대에 들어와서도 맥이 이어지고 있습니다만 이 정도로 말씀드리겠습니다.

이완용과 송병준의 결탁과 경계

이완용은 1896년 민씨정권이 타도되고 나서 일본 전권대사에 임명되었으나 사양하고 곧이어 외무협판이 되었습니다. 김홍집 내각이 물러가고 박정양 내각이 들어서자 학부대신이 되었고, 을미사변이 일어나자 미국공사관으로 몸을 피했다는 것은 앞에서 얘기했습니다. 그는 박정양의 뒤를 따라서 늘 출세했고 박정양의 추천에 힘입은 바도 많았지만 이 다음부터는 관계가 뒤집어져서, 박정양이 오히려 이완용의 '꼬붕'으로 전락하게 됩니다.

앞에서도 얘기했듯이 러일전쟁이 끝나자 일제 군부는 송병준 등에게 별다른 관심을 보이지 않았습니다. 그러나 이제 송병준이나 이용구는 다른 길을 갈 수가 없는 몸이 되었지요. 더욱이 송병준은 1904년 김옥균 암살의 연루자인 이세직(李世稙)을 숨겨준 탓에 일시 체포되었다가 풀려나는 곤욕을 치릅니다. 그들은 1905년 4월부터 독립관에서 계몽연설회를 여는 등 이른바 반봉건 개화운동을 벌입니다. 그러면서 친일정책을 펴나가는데 이때부터 일진회를 송신유혼(宋身劉魂)이라고 부르기 시작했습니다. 그것이 무슨 말이냐면 이용구에게 이론적인 토대를 제공하는 사람이 다케다였다고 하면, 송병준에게는 유맹(劉猛)이라는 사람이 그것을 제공했다는 것입니다. 이 유맹은 척사파로 민씨정부의 중간급 관료가 되었다가, 송병준에게 붙어서 연설문도 지어주고 필요한 글도 써주는 등 뒤에서 말을 이렇게 하라, 저렇게 하라고 일러주기도 하여 송병준은 유맹을 잘 이용해 먹었습니다. 요즘도 누구는 그런 말을 하지요. 자기가 다 알아야만 대통령을 하는 것이 아니고 무식해도 사람만 잘 쓰면 대통령도 할 수 있다고 요. 옛날에도 실제로 사람을 잘 써야 한다는 얘기를 많이 했습니다. 곧 일진회는, 송병준은 몸뚱이요, 유맹은 혼이라는 뜻입니다. 주도권을 송병준이 잡고 이용구와 세력투쟁을 벌인 것이요, 유맹이라는 이론가가 송병준을 도와 일제 침략정책의 기초를 제공한 것입니다. 일개 정상배(政商輩)인 송병준은 대중연설을 할 만한 학식이 없어서 선비 출신의 관리였던 유맹의 도움을 받았던 것입니다.

이럴 적에 이완용은 9년 만에 다시 학부대신이 되어 내각의 일원으로 활동하기 시작합니다. 그는 이지용(李址鎔), 박제순(朴齊純) 등과 함께 완전히 적극적인 친일파로 바뀌어 있었습니다. 이때 이토 히로부미는 중대한 음모를 꾸미며 서울로 들어왔습니다. 곧 대한제국의 외교권을 일차로 접수하려는 계획을 추진하는 것이었습니다. 이토는 버려두었던 일진회를 다시 활용하려 하였고, 내각을 완전히 친일로 만들어 보호조약을 체결하였습니다. 이토와 일본 낭인의 사주를 받은 일진회는 "대한제국은 일본의 지도와 보호를 받아야 한다"고 하기도 하고, "내치도 일본에 맡겨 조선신민이 일본신민과 같은 대우를 받아야 한다"고도 했습니다. 또 "우리의 자제를 교육하여 문명의 학술로 자립의 백성이 되어야 한다"고도 떠벌렸습니다. 그들은 반일인사나 정부요인의 집을 습격하기도 하고 지방 수령이나 관찰사를 파면하고 일진회 회원들을 등용하라고 주장하기도 하였습니다. 일진회 회원들은 'A'자 휘장을 단 사냥모자를 쓰고 두루마기를 제복으로 입고 다니며 특권의식에 사로잡혀 있었는데 자신들은 회원이 100만 명에 달한다고 주장하였습니다. 보호조약, 한일합방과 같은 것을 요구할 때 '일진회원 100만 명'이라는 식으로 얘기했습니다만, 실제로 알고 보면 1,000여 명, 그리고 러일전쟁에 동원될 때는 약 4,000명인데 그것도 다 일진회 회원은 아닙니다. 일반 노동자, 농민들을 동원했던 것이죠. 그리고 '을사조약'이 맺어졌을 때는 민중으로부터 지탄이 일어나니까 우르르 빠져 나가기도 합니다. 먹고 살기 위해서 들어갔다가 욕을 먹으면 나오고 하는 기회주의적인 모습을 전형적으로 보여주는 것이죠.

그런데 왜 일진회 회원들에게 많은 특혜를 주었다고 하냐면, 실제 경부선 철도를 놓을 때 임금을 3배나 주었습니다. 왕조시대에는 임금을 주는 것이 아니라 노역, 부역을 민의 의무로 했지요. 실제로 일본 노동자의 3분의 1에 해당하는 정도도 주지 않았지만 조선시대에는 주지도 않았던 것을 주니까 노동하는 입장에서 보면 아주 좋은 일이지요. 일본이 역시 괜찮구나, 잘해주는구나, 양반 상놈도 없다고 하지, 노동자, 농민들도 이렇게 위해주니 아주 근사하다고 느끼고 현혹되게 마련이죠. 그렇게 사전에 일진회를 통해 여론을 환기시킨 이토는, 내각을 일본공사관에 불러모으고 위협, 공갈로 외교권을 이양하는 조약 체결을 강행했습니다. 이때 참여한 모든 대신들이 절대 불가를 약속하였는데 이완용이 불쑥 "지난날의 모든 조약이 일방적으로 강요에 못 이겨 체결되었으며 그래서 우리나라는 늘 그 조약의 글자 수정을 못하여 후회하였다. 그러니 이번에 새로운 조약은 서로 변경할 수 있도록 하면 전혀 불가능한 것이 아니다"라고 하였습니다. 이토는 회심의 미소를 지었으나 한규설(韓圭卨)은 펄펄 뛰었습니다. 이토는 뜻대로 되지 않자 군대를 풀어놓고 어전회의를 열었는데, 이때 이완용은 또 "오직 불가라고만 말해서는 안된다. 조약문 중에 더할 것은 더하고 뺄 것은 빼서 제정해야 하니 3조에 있는 통감 밑의 외교 두 글자를 명언하지 않아 훗날 폐가 있을 듯하다. 외교권은 우리나라 실력이 충실할 적에 반환될 것이니 연한을 정할 필요도 없다"고 말했습니다. 이토가 이 조약을 강제로 체결하려 하자 이완용은 황실의 안녕 조항을 넣어 통과시키고자 했습니다. 이렇게 해서 5적이 나왔는데 그 중에 이완용과 이준용만이 처음부터 끝까지 불가를 말한 적이 없었고, 다른 대신들은 한두 번은 옳지 않다고 주장을 했습니다. 그러니까 이때 와서 이완용은 확실하게 "나는 친일파다. 어차피 넘어갈 나라이니 일본과 손잡고 희생을 줄여야 한다"고 궤변을 늘어놓습니다. 어차피 넘어갈 것인데 조금이라도 황실을 보호하고 이땅의 백성을 보호하기 위해서 내가 나섰다, 이를테면 그 자신이 십자가를 졌다는 소리를 계속 떠들어댑니다. 이렇게 해서 1905년 양력 12월 17일(음력 10월 20일), 외교권이 일본에 넘어가 실제적인 식민지가 되었습니다. 이 조약은 이토와 하세가와(長谷川好道)의 주도와 일진회의 송병준, 이용구의 지원과 내각의 이완용, 이준용의 야합으로 이루어진 것입니다. 즉 중앙 관료세력인 이완용, 이준용, 또 재야 친일세력인 일진회를 중심으로 한 세력의 지원에 의해서 이루어진 것이죠.

이권을 챙기는 이완용과 민중의 방화

그런데 송병준은 일진회 내부에서 이용구와 라이벌 관계에 있었고, 관계(官界)에서도 이완용과 송병준이 상당한 라이벌 관계에 있었다고 보입니다. 을사조약 체결 후 참정대신 한규설은 귀양살이를 떠났습니다. 이토는 이완용에게 새로운 내각을 조직하라면서 통감부 촉탁 조중응(趙重應)을 법부대신으로, 일진회 고문 송병준을 농상공부대신으로 끼워넣으라고 했습니다. 이 두 사람은 당시의 여러가지 조건으로 봐서 절대로 대신에 오를 수 있는 사람이 아닙니다. 왜냐하면 조중응은 조선시대의 낮은 관료였고 촉탁의 지위에 있었던 사람이었으며, 송병준은 일진회 고문이나 평의회 회장을 했지만 당시에는 절대로 대신이 될 수 없는 신분이었는데 순전히 이토의 추천에 의해서 대신이 될 수 있었지요. 송병준은 그의 후원자인 민영환이 자결하자 그의 재산 500석지기를 갈취했고 평양광업소 총재, 임시재실 및 국유재산 조사국 운영위원장을 역임하면서 막대한 재산을 긁어 모았습니다. 말하자면 민영환이 끊임없이 도와줬는데도 민영환이 죽자 오히려 그 재산의 일부를 갈취했을 뿐만 아니라 그가 농상공부대신으로 들어간 뒤 맡은 평양광업소 총재——이것은 개항 이전에는 금광개발을 막았는데 개항 이후 금광개발의 이권이 넘어가면서부터는 이권을 챙기는 자리였어요——와 임시재실 및 국유재산 조사국 운영위원장이란, 그 당시 막대한 황실재산, 국유재산을 일본이 조사하여, 경작권을 가지고 있는 농민들의 토지를 거의 빼앗다시피 총독부 소관으로 만들고 동양척식회사의 소유로 만드는 일을 하는 사람이었습니다. 이 일을 처음 송병준이 맡아서 하면서 막대한 이익을 챙긴 것이죠. 이완용이 아관파천 뒤에 이권을 챙겼듯이 송병준도 이 자리에 들어오자마자 막대한 이익을 챙겼던 것입니다.

1907년 헤이그밀사사건이 탄로나자 이토는 고종의 양위를 추진시킵니다. 이때 이완용과 송병준은 칼을 차고 궁궐에 드나들었는데, 이들은 칼을 빼들고 고종을 위협하여 끝내 양위를 성사시켰고, 이어 대한제국의 내정까지 넘겨주는 이른바 '정미 7조약'을 맺었습니다. 이리하여 다시 7적이 태어났습니다. 송병준은 5적에는 끼지 못했으나 7적에는 마침내 끼게 되었죠. 이 과정에서 두 사람은 라이벌 관계에 있게 됩니다만, 고종을 일본에 보내 일왕인 '천황'에게 사죄하게 해야 한다고 주장하는 데는 동의를 했지요. 다른 대신은 반대 또는 묵인했습니다.

이때 분노한 민중이 남대문 밖 약고개에 있던 이완용의 집을 불태워버리자 이완용은 재빨리 진고개의 송병준의 집으로 피신했습니다. 이완용과 송병준은 나중에 대종교를 창시한 나철(羅喆), 오기호(吳基鎬) 등과 같은 결사대들에 의해서 여러 번 죽을 고비를 넘겼습니다만 용케 살아남지요. 아무튼 약고개에 있던 이완용의 집은 민중이 지른 불로 완전히 타버려서, 신임사화 때 죽은 조상을 영원히 제사지내야 한다고 모셨던, 조상들의 위패가 깡그리 불타버렸습니다. 손자 잘못 둔 탓에 조상들이 완전히 욕을 먹었던 것이죠. 옛날 노인들을 만나면 그런 얘기를 많이 합니다. 그분들은 본인이 죽는 것보다도 조상들이 욕먹는 데 더 관심이 많거든요. 그래서 우봉 이씨들도 이 일을 큰 수치로 여겼어요. 이 신주라는 것은 금방 만들 수 없거든요. 왜냐하면 몇 년 동안 닭도 안 울고 개소리도 안 들리는 산골에 있는 밤나무를 깎아 만들어야 하니까요. 나중에 우봉 이씨들이 총동원되어 신주를 만드는 데 열중했다는 말도 떠돌았습니다.

하여튼 송병준은 이완용보다 신변을 보호하는 데 더 철저했기 때문에 이미 명동성당 근처 일본인 거주지역에 집을 마련해두고 있었습니다. 일본인 거주지역은 외곽에서 헌병이나 경찰이 보호하고 있었고 내부의 경비도 철저했습니다. 이완용은 마음이 내키지 않았겠지만 송병준의 집으로 가서 일시 피난을 했습니다. 송병준은 집안 경비에도 소홀하지 않아 어떤 점에서는 이완용이 송병준을 따라가지 못했습니다. 하지만 이완용이 계속 내각의 대신 자리를 지키고 있는 동안, 송병준은 내무대신, 궁내부대신 자리를 차지하고 있다가 예수교도들이 미국에 의지하여 일본의 구속을 벗어나려 한다고 떠들어댄 탓에 미국 영사의 항의를 받아 면직되었습니다. 이런 점에서는 이완용의 처신을 따라가지 못한 점도 있지요. 일제시대에 들어와서도 그랬습니다. 이완용은 워낙 정세를 잘 알기 때문에 말조심도 하고 그 관계에서는 교활한 모습을 보여주는 데 비해 송병준은 무지막지하기 때문에 기분내키는 대로 거만 떨고 입도 함부로 놀려서 책이 잡혀 곤욕을 당하곤 했습니다. 이때도 그는 마치 예수교도들이 친미적인 경향을 갖고 있으니까 이것을 욕한답시고 떠들어댔던 것입니다. 일본은 미국의 힘도 만만치 않았고, 또 계속 말썽을 부리면 이용가치가 적어지기 때문에 적당히 밀어냈다가 다시 이용하였죠. 송병준은 눈치코치가 없어서 중간중간에 여러 번 이런 꼴을 당합니다.

이토 암살과 한일합병

송병준은 1909년 대신 자리에서 쫓겨난 뒤 일본에 건너가 새로운 발판을 마련하려 했습니다. 마침 이해에 안중근이 이토를 처단하는 사건이 일어났습니다. 이때 이완용은 실성한 사람처럼 행세했고 정부 대표 조문사로 대련(大連)에 가기도 하고 서울 장충동에서 추도회를 주도하기도 했습니다. 이완용이 가장 존경한 인물은 이토였거든요.

'나의 영원한 스승'이라고 그의 문집에도 늘어놓고 있습니다. 그리고 "자기의 머리를 쪽지어준 사람은 이토이다"라고 말합니다. 그러던 그가 죽었으니 얼마나 슬펐겠어요. 앞으로의 처지를 생각해봐도 여러가지로 심각했겠죠. 이완용이 어떻게 된 속인지 흔히 말하는 세종대왕, 이순신을 존경한다는 말은 하지 않고 이토 히로부미만을 영원한 스승으로 받들었다는 것도 하나의 출세방편이었겠죠.

이때 일진회는 '합방선언서'를 발표하고 정부에 제출하였습니다. 그러나 이완용은 아직 시기가 이르다고 퇴짜를 놓으면서 한편으로는 그의 비서인 이인직(李人稙)과 민씨 잔당인 민영규(閔泳奎)를 시켜 원각사에서 국민대연설회를 개최했습니다. 여기에 4,000여 명의 인파가 몰려들어 합방을 주장하는 일진회를 규탄하는 연설을 듣고 열띤 박수를 보냈습니다. 황현(黃玹)은 이에 대해 이렇게 쓰고 있습니다. "일진회가 합방론을 정부에 바쳐 황제께 상주하기를 요구하자 이완용이 이를 물리쳤다. 이완용이 스스로 합방안을 제창코자 하였으나 일진회가 선수를 치자 이것을 질투하여 민영규 등을 꼬드겨 연설회를 개최하여 일진회의 건의를 물리쳤다." 조동걸 선생도 그 전에는 이 국민연설회가 일진회의 한일합방을 반대해서 꾸며진 것으로 보았지만 결코 그런 것이 아니었다고 쓰고 있습니다(조동걸, 「구한말 국민연설회 소고」, 『한국민족주의의 성립과 독립운동사 연구』, 지식산업사, 1989). 이때 우리나라 신문학의 기수라고 말하는 이인직이 이완용의 비서로 있으면서, 요즘 말로 하면 연설문을 써주는 역할을 했던 것 같습니다. 우리 신문학사에서는 이인직을 대단히 높게 치고, 또 연극활동에서는 원각사를 만들었다고 해서 공로자로 추켜세웁니다. 요새 원각사를 복원한다고 하죠? 원각사는 원래 서대문 밖에 있었는데 정동 쪽에다 복원한다고 하더군요. 아무튼 원각사는 이완용의 지원을 업고 이인직의 활동에 상당한 도움을 준 것으로 보입니다. 신문학사에서 이인직을 얘기할 때 그의 친일성을 얘기하곤 하지요. 하여튼 이인직이라는 자는 그 나름대로 이완용에 붙어서 살아갈 방도를 개척한 사람입니다.

이완용은 이해 12월에 명동성당에서 열린 벨기에 황제 추도식에 참석하고 나오다가 이재명(李在明) 의사에게 칼을 맞았습니다. 이재명은 미국에도 갔다온, 그때로서는 개화청년인데 이재명 혼자 한 것이 아니라 몇 사람의 결사가 있어서 같이했습니다. 이완용이 명동성당 문 앞에서 나올 때 인력거가 있고 순사가 그 뒤에 서 있었습니다. 이재명 의사가 재빨리 달려들어 인력거꾼을 먼저 거꾸러뜨리고 곧바로 이완용에게 달려들어 세 군데를 칼로 찔렀는데, 목숨이 얼마나 질겼는지 젊은 청년이 세 번이나 찔렀는데도 살아남았습니다. 물론 나중에는 이 일이 원인이 되어 죽기는 했지요.

그 일을 당한 후 온양에서 후유증을 치료하던 이완용은 데라우치가 새 통감으로 부임했다는 소식을 듣고 채 낫지 않은 몸을 이끌고 상경합니다. 일진회 쪽에 공을 뺏기면 안되었거든요. 데라우치는 그에게 '한일합방'안을 제시하고 내무대신 이완용, 외무대신 박제순, 탁지부대신 고영희, 농상공부대신 조중응의 동의를 손쉽게 얻어 통과시켰습니다. 이들은 데라우치에게 조선 귀족을 예우해야 한다는 조건을 달았을 뿐입니다. 을사조약에서 황제를 양위할 때 이완용이 단서를 달아 주장한 것은 황실을 보호한다는 것이었습니다. 그래서 나중에 그는 이렇게 떠벌리죠. "내가 황실 보호를 했노라"고. 그러나 이것은 이완용의 입지를 만들어주려고 다 짜고 한 짓이었죠. 이때 와서는 또 이런 식으로 단서를 달기도 했습니다. "농사를 짓는 사람은 농사를 지어서 먹고 살고, 장사 하는 사람은 장사를 해서 먹고 산다. 우리는 벼슬살이를 해서 먹고 사는데 벼슬자리가 떨어지면 무엇을 먹고 사느냐? 그러니 우리가 먹고 살 길을 터 달라." 그래서 귀족을 보호해 달라고 요구해서 귀족령이 생겼고 나중에 작위와 은사금도 주어졌는데, 그것은 일본이 이미 갖고 있던 기본구도였어요. 이것을 이완용이 마치 자기가 만들어낸 것처럼 떠벌려댄 것이죠.

을사조약 때는 반대가 아주 심했는데 이때는 오히려 손쉽고 간단했습니다. 다 넘어간 것인데 하고 자포자기한 탓도 있지만 반식민지상태여서 이미 내각 자체가 친일적인 인사로 채워져 있었으니까요.

한일합병의 공을 다투는 송병준과 이완용

이때 송병준은 일본에서 새로운 공작을 벌이느라 한일합병에서는 큰 공을 세우지 못했습니다. 박은식은 이렇게 쓰고 있습니다. "처음 이토가 이완용, 송병준을 끌어내어 하수인으로 삼고 이들 둘이 서로 세력을 다투게 했다"고. 아무튼 이 두 사람은 이토에게 아첨하여 국권을 팔아넘기기에 온갖 기술을 다 부렸기 때문에 이토는 뜻을 이루기가 더욱 쉬웠습니다.

그 다음 단계에서는 법부대신으로 들어간 조중응이 이완용과 손발을 척척 맞추어서 나라를 팔아먹었습니다. 이때 송병준은 실직하여 동경에 있으면서 늘 불만에 차서 이완용을 원망하는 말을 늘어놓았습니다. 여기에서 우리가 분명히 알아야 할 것은 합방이 아니라 합병조약입니다. 이 두 단어의 개념이 어떻게 다른지는 이미 얘기했습니다. 이때 이르러 데라우치는 합병을 결행할 계획을 세우고 이완용을 재촉하는 한편 동경에서 송병준이 온다고 여러 차례 전보가 왔다고 했습니다. 이완용은 이 말을 듣고 송병준에게 자리를 뺏길까 두려워서 급하게 '조약'을 체결했습니다. 이렇듯 일본은 ─일본만의 수법은 아니겠지만 ─사람을 써먹고 적당히 버리고 또 써먹고 싶으면 적당하게 등용해서 써먹고 이렇게 자꾸 돌려가면서 이용하고, 또 그들을 부추겨서 더 주구가 되게끔 하는 심리전 수법을 썼던 것이죠.

강동진이 우리나라 최초로 『일제의 한국침략정책사(한길사, 1980)』라는 책을 썼습니다. 거기에 보면, 친일파를 만드는 방법으로 일본에 망명해 있던, 조선 조정에서 소외된 사람들 또는 초기부터 일본에 유학을 보내고 일본의 은전을 입은 세력들을 키우는 것, 그리고 약간의 정치적인 범죄자들을 키워서 친일파로 쓰는 것이 있습니다. 이때도 이완용과 송병준을 이용하였는데, 이용구의 전기를 보면 그가 을사조

약 때 정말로 큰 공헌을 했고, 또 '한일합병조약' 때도 큰 노력을 해서
오히려 그것 때문에 병을 얻었다고 해요. 그래서 개는 토끼를 잡고난
뒤 주인에게 잡아먹히는 법이라고, 다케다가 얘기한 대로 이용구는
대단히 소외를 받았습니다. 그러면 송병준은 소외를 안 받았을까요?
당시에는 송병준이 별 시세가 없이 일본에 가 있을 때인데 그를 써먹
을 수 있는 상황이 되니까 한편으로는 이완용을 내세워 을사조약을
추진하고 다른 한편으로는 일본에서 송병준을 키웠습니다. 그래서 송
병준에게 "마지막으로 가라"고 말했다고도 합니다. 심지어 어떤 기록
을 보면, 남산 일대에 송병준 세력을 숨겨놓고 을미사변 때처럼 내각
에서 말을 안 들으면 송병준이 궁궐을 점령해서 이완용까지 쓸어내버
리려는 준비까지 했다고 합니다. 이 얘기는 임종국 선생이 쓴 기록에
서 본 것 같은데 ─제가 확인은 못했습니다만 ─그것은 떠도는 얘기
이고, 실제로는 일본에 있었던 것이 맞는 것 같습니다.

　그래서 결국 나라는 합법적으로, 그리고 완전한 식민통치로 들어가
게 되었죠.

일본귀족이 된 62명의 친일거두

　마지막으로 일제의 조선강점이 이루어진 후 조선인으로 일본의 귀
족이 된 친일파는 62명이었습니다. 원래는 75명 정도에게 이 특전(?)
을 주었는데, 이 작위와 은사금이 주어질 적에 어떤 사람은 거절을
했고, 어떤 사람은 은사금만 받고 작위는 거절하여 62명만이 정식 귀
족이 된 것입니다. 일본귀족이 될 수 있는 신분적인 조건은 거부하면
서 돈만 챙긴 사람도 있었습니다. 또 어떤 사람은 "좋다. 내가 작위는
받아들이겠다. 그러나 나는 물욕 때문에 작위를 받는 것이 아니므로
돈은 안 받겠다"고 하면서 작위만 받기도 했습니다. 그 사람은 먹고
살 만해서 그랬겠지요. 한규설(韓圭卨) 같은 사람은 둘 다 거절했지
요. 또 작위가 주어질 적에는 적당히 넘어갔다가 나중에 3·1운동이

하오리 하카마를 입은 송병준(왼쪽)과
일진회 배후조종자 다케다(가운데),
일진회 회장 이용구

일어나자 김윤식(金允植)처럼 작위를 반환한 사람도 있었습니다. 가만히 생각해보니까 죽을 나이는 닥쳐오는데 역사를 생각하니 무섭거든요. 그래서 작위를 거절했다는 소리라도 들어야겠다고 생각해서 작위를 거절하고는 신문기자들한테 적당히 조선자치권이니 뭐니 하고 떠들기도 했던 거지요.

이때 작위를 받은 사람들 중에는 세월이 지나면서 작위를 받은 당사자나 그 아들들이 돈을 펑펑 쓰고 기생집에 드나들면서 탕진해버려 나중에는 품위를 지키지 못하기도 했어요. 품위도 돈이 있어야 지킬 수 있는데 흥청망청 써대다가 결국에는 돈이 없어 품위를 지키지 못하게 되니 나중에는 이 작위도 유명무실하게 되는 경우가 많이 생겼습니다. 아무리 일제가 보호해준다고 했어도 끝까지 먹여살리는 것은 아니죠. 물론 연금이 지급됐습니다만, 작위를 받은 사람 중에는 성공한 경우가 많지 않았습니다.

이용구의 경우만 하더라도 그래요. 그는 가난하게 태어나서 농민전쟁에 참여하여 반봉건 침략항쟁을 위해 열렬하게 투쟁했다가, 최시형이 잡힐 무렵에 함께 잡혀서 사형언도까지 받았지만 탈옥을 했습니다. 그 뒤 일본에 갔다가 일본의 회유에 말려 진보회를 만들고, 일본의 사주에 의해서 일진회 활동을 벌였지만, 이 사람은 작위를 거절했습니다. 일진회는 나중에 은사금 15만 원에 팔아넘겨진 것이 아니라 해산당하게 되는데, 이 15만 원을 송병준이 거의 다 챙겨 먹었습니다. 그러니까 이용구는 돈 한푼 못 벌고 몸만 버리고, 말년에는 만신창이가 되어서 폐병에 걸려 1912년에 죽었습니다. 결국 한만 남기고 죽은 것이지요. 물론 장례는 용산에서 5,000명이 모여 성대하게 치렀다고 하지만 장례가 성대한들 뭐합니까? 이용구의 아들은 일본의 낭인 계통에서 거두어 키웠는데 지금은 죽었는지 살았는지 어떻게 되었는지 모르겠습니다만, 하여튼 빌빌거리고 숨어살았을 것입니다. 나중에 소설가 이병주씨가 다이토(大東國男)라고 창씨개명한 아들을 만나봤더니 그는 그래도 자기 아버지가 훌륭했다는 얘기를 늘어놓더라고 합니다.

이 귀족직 수여에서 이완용은 공·후·백·자·남 중에 세번째인 백작을 받았다가 나중에 후작으로 승진합니다. 송병준은 자작이었다가 나중에 백작의 지위에 오르게 되죠. 이완용은 많은 은사금을 받았고 이어 조선총독부 중추원이 발족되어 식민통치를 할 적에 부의장을 맡게 됩니다. 초대 부의장은 김윤식이었고, 이완용은 처음에는 고문이었다가 나중에 부의장이 되었습니다. 송병준은 고문이 되었죠. 두 사람은 일제시기에도 일제에 적극 협력하여 큰 재산을 모았고 대지주가 되었습니다. 그리고 친일단체를 움직여 나갔는데 이완용은 대정친목회의 고문 등 크고 작은 감투를 쓰고 활약했습니다. 물론 일제시대 때 친일단체야 무수하게 많았지만 특히 정우회를 조직하여 ―일본에도 정우회가 있습니다―정치활동을 하면서 나중에 조선자치권 따위를 늘어놓았죠. 송병준은 대정친목회의 간부를 지냈고, 조중응이 『조선일보』를 경영하다 실패하자 이를 인수하였으나 그도 역시 실패하였습니다. 그리고 3·1운동 이후에는 조선소작인상조회(朝鮮小作人相助會)를 만들어 그 자신이 대지주로서 소작쟁의를 미리 방지하거나 파괴하기 위한 활동을 벌였습니다. 여기에는 그의 아들 송경원도 가담합니다. 그는 작위를 자식에게까지 세습으로 물려주었는데, 이렇게 한 예는 이완용이 아들 이항구에게 물려준 것과 송병준의 경우뿐이지요. 이런 점에서 그들은 작위를 받은 사람들 중에서 상당히 성공한 예라고 얘기할 수 있겠습니다.

동화정책에 앞장선 송병준의 친일논리

송병준이 소작인단체를 만들어서 발표한 글을 보면 양두구육(羊頭狗肉)이 따로 없습니다. 소작인들이 얼마나 가난하고 헐벗고 못 사느냐, 그러니 우리가 이런 단체를 만들어서 이들의 복리를 증진시키고 생활향상을 도모해야 한다는 취지문을 근사하게 밝혔습니다. 앞에서 말했듯이 일진회의 매국을 깨기 위해서 국민연설회를 연다고 하니까 서울시민들이 멋도 모르고 몰려와서 박수를 치고 난리를 쳤죠. 그런 식으로 몇 달 후면 마각이 드러날 것이 뻔한 수작인데도, 소작인회를 만들어서 취지문을 반포하자 일부 소작인들은 감탄했습니다. 송병준이 우리를 위해서 진짜 하는구나 하고 기대를 해봤던 것이죠. 그러나 결국 이것은 1920년대부터 1930년대 초까지 전국적으로 일어난 소작쟁의에 찬물을 끼얹기 위한 하나의 꿍꿍이였던 것임은 말할 필요도 없습니다.

하여튼 3·1운동이 일어나자 이완용은 세 차례에 걸쳐 포고문을 냅니다. "청년, 학생들은 부질없이 생명, 재산을 잃지 말고 자중해서 실력양성을 기다려라." 그러니까 실력양성을 하고 난 뒤에야 독립을 할 텐데 실력양성이 안된 바탕에서 괜히 떠들고 다니면서 퇴학당하거나 목숨을 잃지 말고 가만히 있으라는 말이죠. 꼭 요사이 누가 하는 소리하고 같죠. 역사란 그 구조야 다르지만 비슷하게 흘러갑니다. 『순국』이라는 잡지에 이때 이완용이 발표한 포고의 전문을 번역해서 게

재한 것을 본 적이 있는데, 꼭 이런 식으로 떠들어서 야합을 하지요. 송병준은 일본의 조선통치가 진정한 합방이 아니라고 비판합니다. 이 때 그가 말한 진정한 합방이 아니라는 말은, 합방이란 두 민족이 같은 조건, 같은 권리와 의무를 부과받아야 하는데 우리는 차별정책을 받고 있다는 의미에서 쓴 것이에요. 이것은 이용구가 떠든 것이기도 합니다. 합병이라는 것과는 의미가 다르죠.

물론 이것은 국제법이니 하는 기준을 가지고 말한 것이 아니라 제 개인의 견해를 말한 것인데, 합방이라면 진정한 동격으로서의 합방인데 왜 차별대우를 받느냐 하는 식으로 떠들어대는 것이죠. 송병준이 초기에는 막무가내로 설쳐댔는데 나이가 들어 가만히 보니 이용당하는 부분도 있으니까 거꾸로 볼멘 소리도 해가면서 이용당하자 하는 것도 심리적으로 내재되어 있었겠죠. 이런 소리를 떠들어대도 그때 이완용은 그를 내버려두었습니다. 그러나 일제의 입장에서는 3·1운동이 일어나자, 송병준을 이용할 가치가 또 있었던 것이죠. 소위 문화정치를 표방할 적에도 송병준은 이용가치가 있었던 겁니다.

이런 분위기를 송병준이 놓칠 리 없죠. 송병준은 일본의 조선통치가 진정한 합방이 아니라고 주장하면서 뒤꽁무니로는 동화정책을 강화해야 한다고 열을 올립니다. 그래서 그들은 때로는 동양평화, 때로는 황실보호, 때로는 인민의 생명과 재산보호, 때로는 고유문화의 증진, 때로는 실력양성, 때로는 물산장려를 떠들어댔으나 어느 것 하나 일제의 대한정책에 동조하지 않은 것이 없었으므로, 그 내용을 새삼 부연설명할 필요는 없습니다.

이들을 두고 우리는 직업적 친일파로 규정하죠. 그들은 어디까지나 개인의 영달과 재산갈취를 위해 친일부역배 또는 매국노가 되었던 것입니다. 사실 직업적 친일파라고 학술적으로는 얘기할지 모르겠지만, 그것은 너무 점잖은 표현입니다. 친일파라는 말도 요즘은 바뀌어야 한다고 하지만 너무나 굳어져버렸기 때문에 그대로 쓰기는 합니다. 하지만 친일파도, 직업적 친일파도 온당한 말은 못됩니다.

친일파의 최후와 그 후손들

이제 마지막으로 이완용이 어떻게 죽었는지 얘기해보도록 하죠.

물론 이완용은 일제시기에 관료출신으로서, 아까 강동진씨가 조사한 것을 보면 세금을 제일 많이 내는 대지주였습니다. 다른 사람은 탕진을 했지만 이완용은 그렇게 함부로 재산을 탕진하지 않았습니다. 그는 소작인들에게도 적당하게 먹을 것 먹여주고 인심을 쓰는 척하기도 하면서 재산관리를 아주 잘했습니다. 그런데 그는 3·1운동 이전부터 겨울이 되면 해소병, 즉 마른 기침을 하는 병으로 고생을 했는데, 아까 말했던 이재명 의사가 칼로 옆구리, 어깨, 허벅지를 찔렀을 때, 그 중의 하나가 폐를 찔러 그 부작용으로 겨울만 되면 계속 기침을 하게 되었다고 합니다. 1925년쯤에 오면 그는 앞에서 말한 대로 여러 가지로 재주도 많고 미국 물도 먹고 일본 물도 먹어 세상 일을 아주 잘 알았어요. 그래서 그는 조카에게 이렇게 말했습니다. "나는 시세를 봐서 여기저기 붙는데, 친미파, 친러파, 친일파로 계속 변신했다. 앞으로는 구미세력이 일어나서 미국 중심으로 번질 테니 그쪽으로 가려고 관심을 두는데 너는 과연 그렇게 되는가 잘 살펴보아라." 그렇게 되었던가요? 이완용의 말이 딱 맞았죠. 결국은 태평양전쟁이 끝나고 일본놈은 다 죽고 미국세력이 등장하지 않았습니까? 역시 이완용이 보는 눈이 정확했던 겁니다. 또 이 사람이 자기 나름대로 예술적 취미가 있고 색깔에 대한 감각도 있어서 "조선사람은 어떻게 된 것인지 흰색을 너무 좋아한다. 흰색은 마땅치 않다. 그렇다고 여자들처럼 알록달록한 색도 천하다" 해서 선택한 색깔이 회색입니다. 회색이 제일 아름답고 멋지다고 생각해서 회색옷만 계속 입었다는 것이죠. 요즘 회색분자라는 말을 쓰는데, 어쩌면 그렇게 비슷한지, 색깔을 고르는 것도 그랬던 것 같습니다.

이렇게 많은 재산과 작위를 갖고 영광을 누렸지만 사후가 문제 아니겠어요? 별의별 소문이 그에게 씌워져 있지만 한 가지만 얘기하겠습니다. 그의 며느리가 임씨인데, 그 아들이 동경으로 유학을 갔어요. 그 사이에 그가 며느리를 건드렸던 모양입니다. 여자가 많았을 터인데 설마 며느리를 건드렸겠냐 하는데 그건 그렇지 않습니다. 맘에 드는 여자가 중요한 것이지 많은 것이 중요합니까? 돈만 주고 산다고 다 여자가 아니죠. 아무튼 며느리를 건드렸는데 하루는 아들이 와서 안방문을 열어보니 제 마누라가 시아비를 무릎에 눕히고 새치를 뽑아주고 있더라는 것입니다. 하도 기가 막혀서 이 아들이 문을 닫고 나와 "나라도 망하고 집도 망했으니 나는 죽어야겠다" 하고는 자살했다는 거예요. 제가 조사한 바에 의하면 큰며느리가 임씨였다는 것, 아들이 죽은 연대와 동경유학을 간 연대가 다 맞아떨어지고, 다만 자살했다는 것만은 확실치 않습니다. 자살했느냐, 정말 며느리를 건드렸느냐, 그리고 아들이 죽자 며느리를 첩처럼 데리고 살았다고 하는데, 아무래도 그건 믿을 수가 없습니다만, 하여튼 이런 말들이 떠돌았습니다. 얼마나 미웠으면 이런 말이 떠돌았겠어요?

그리고 이 얘기는 정확한 사실입니다. 틀림없다고 얘기하는 것은 강조하기 위해서예요. 이완용은 전라감사로 있을 때 자기 묘자리를 익산군 낭산면 낭산리에다 잡아두었어요. 그리고 그가 죽자 그의 시체를 실은 특별열차가 강경까지 가서 거기에 묘를 썼습니다. 명정에는 총리대신, 학부대신 같은 것은 하나도 쓰지 않고 "조선총독부 중추원 부의장 이완용지구(李完用之柩)"라고만 썼다는 것입니다. 이것이 철저한 친일파의 모습입니다. 명정에는 보통 그 사람의 가장 주요한 직함을 쓰는데 조선총독부 중추원 부의장, 조선총리대신도 아니고 중추원 부의장직만을 집어넣었다는 겁니다. 그리고는 시멘트로 단단히 봉해둔 것입니다. 해방 직후에 낭산면 국민학교를 비롯한 주변의 학생들이 소풍을 갈 데가 없으니까 이완용의 묘로 가곤 했습니다. 하도 넓고 소나무가 많은 데다 잔디도 깔려 있어서 놀기가 아주 좋았거든요. 소풍 온 애들이 묘등에 올라가서 "이놈, 이 매국놈 뒈져라"고 발을 굴러댔답니다. 죽은 사람의 묘등에서 뒈져라, 뒈져라 하니까 그 자리에는 잔디가 자라지 않더래요. 그 소문을 듣고 미국에 있던 손자와 여기에 있던 손자들이 안되겠다 싶어 묘를 파서 시체를 화장했다고 합니다. 그때 묘를 파던 일꾼이 가만히 보니까 명정을 쓴 비단은 썩지도 않고 보존되어 있더랍니다. 명정이 습기가 차지 않고 건조하지도 않은 상태로 오래 보존되는 곳이니 얼마나 좋은 묘자리였겠어요? 게다가 워낙 단단하게 해놨기 때문에 명정이 안 썩었던 거예요. 그래서 그것을 불태우지 않고 둘둘 말아 집어넣어가지고 원광대학 박물관에 가서는 이완용의 묘에서 나온 것이라며 사라고 했더랍니다. 그래서 담당자가 가만히 생각해보고는 "그래요? 사야죠" 하고는 그때 돈 5만 원을 주었다고 합니다. 그때가 아마 1960년대 말이니까 5만 원이면 적은 돈이 아니죠. 5만 원을 주고 산, 내 키만큼 긴 명정을 박물관에 걸어두었더니, 우리나라의 유명한 국사학자로 이완용의 집안사람 되는 이모씨가 왔다가 본 모양이에요. 그 사람은 박물관장이 자기 제자니까 정년퇴직한 뒤에 강의하러 왔다갔다 했다지요. 관장에게 "어디서 났느냐"고 물어, 얘기를 해주었더니 "그것 내게 팔게" 하더래요. 박물관 소장품이지만 선생님이 그렇게 말씀하시니 어떻게 해요? 그래서 팔았다는 겁니다. 그는 그것을 사와서는 서울 동숭동 자기집 뒤꼍에서 성냥불로 불태워버렸다고 해요.

이 얘기를 나한테 전해준 사람의 말을 종합해보니까 그 일은 사실에 가까워요. 왜냐면 그 사람이 자료조사를 했을 리가 없는데 아까 말한 조선총독부 중추원 부의장 얘기, 그런 명정을 썼다는 얘기, 묘지 얘기가 전부 일치하거든요. 그래서 그 말이 아주 신빙성이 있구나 하고 생각했습니다. 또 근래에 조사해보니 묘를 파 없앤 사람은 미국에 사는 증손자 이석형씨라고 합니다. 장손이던 이석형씨는 자신의 사촌 되는 이윤형씨와 아무런 상의도 없이 묘를 없애버렸답니다. 좋은 묘자리를 구하려고 전국 곳곳을 뒤져 신경을 써서 구했는데 결국은 결과가 그렇게 되었죠.

아까 이용구는 죽을 때 비참하게 죽었다고 말했고, 송병준은 조사를 해보니까 아들한테 작위도 물려주고 재산도 물려주고 죽은 것으로 나타났습니다. 그의 농장집은 경기도 이천에서 6킬로미터 정도 떨어진 지점인 용인군 내사면 추계리에 있었는데, 그 주변에는 물론 농토도 많이 있었습니다. 집터도 정원까지 포함해서 수천 평이었답니다. 동네사람들은 그의 집에 가서 일도 해주고 소작도 부쳐 살았어요. 이 집에서 그의 외아들 송종헌(宋鐘憲)이 오랫동안 살았다고 하는데, 아마 송경원의 다른 이름인 듯합니다. 지금은 이 건물이 천주교 수양관으로 쓰이고 있다고 합니다.

송병준은 묘를 어디에 썼는지 모르겠지만, 이용구는 용산에 묘를 썼습니다. 왜냐하면 용산은 군주둔지역이고 특별보호지역이었으니 거기에 묘를 쓰면 안전하다고 보았던 거지요. 아마 송병준도 그쪽에 쓰지 않았을까 추정됩니다. 송병준의 죽음에 대해서는 정확하게 확인하지 못했지만, 그의 아들 송경원은 해방 후 반민특위에 체포되어 조사를 받은 적이 있습니다. 그렇지만 그 후 어떤 과정을 걸었는지에 대해서는 확인하지 못했습니다. 그의 손자들은 지금은 몰락해서 생계도 잇지 못할 정도이며 운전사 같은 일에 종사한다고 합니다. 따지고 보면 자손들이야 무슨 죄가 있습니까? 그래서 앞으로 자료가 입수되는 대로 확인해볼까 하는 생각을 갖고 있습니다.

하여튼 많은 친일파 군상이 있었지만 이 두 사람과 주변 사람들은 일단 당대에는 잘살았습니다. 특히 이완용의 경우, 그의 형도 철저한 친일파로서 함께 일을 벌였고, 그의 생질 김명수는 이완용의 비서노릇을 하면서 나중에 문집을 꾸며내는 일을 맡았으며, 또 이인직 같은 신문학의 일인자를 비서로 데리고 있었을 정도이니 뭐 말할 것도 없지요. 뿐만 아니라 그는 자신이 낙백한 집안에서 태어났으므로 온갖 양반들과 혼인을 했습니다. 그의 형인 이윤용은 대원군의 사위가 되었지요. 예전에는 서자는 서자끼리 혼인하는 풍속이 있었어요. 그래서 서자인 이윤용도 대원군의 서녀를 아내로 얻은 겁니다. 또 이완용의 생질 역시 한상룡(韓相龍)이라는 유명한 친일파였어요.

아무튼 이완용의 일가는 전부 친일파로 전락하여 그 당시는 떵떵거리고 살았지만 오늘날 그 자손들은 이름도 내지 못하고 살고 있습니다. 들리는 바에 의하면 이완용의 증손자가 서울의 어느 회사에 다니는데 40이 넘도록 장가를 가지 못하고 있답니다. 왜냐하면 얼굴도 잘 생기고 건실한 사람인데 양심적이어서 혼담이 이루어지면 마지막 단계에 가서 꼭 자기 아내 될 사람에게 자기가 누구의 증손자라고 얘기를 했답니다. 사랑을 했는지 안했는지는 모르지만 이 이야기만 나오면 다 가버린다는 거예요. 듣기에도 참 비참한 모습입니다. 또 근래 들으니 지금 캐나다에 살고 있는 장증손자 이윤형씨는 8·15 이후 자기 할아버지가 제대로 재산권을 행사하지 못해 땅의 소유권이 넘어갔다고 하면서, 특히 사학자 이병도(李丙燾)씨의 장손인 이기영씨가 서울대에 기증한 땅을 되찾으려고 소송을 벌이고 있다고 합니다.

송병준의 손자들은 아마 이완용의 후손들보다 더 비참하게 숨어 살 것이고, 결코 드러내놓고 살 수는 없을 겁니다. 이것이 하나의 역사의 거울이 된다는 얘기를 하면서 오늘 얘기를 마치겠습니다. 감사합니다.

질의 응답

질 선생님이 이름을 숨기고 있습니다만 명정을 태웠다는 이모씨를 알 사람은 다 압니다. 이병도씨가 아닙니까? 정확히 그 사람은 이완용과 몇 촌간이며 그의 행각에 대해 말씀해주십시오. 이것은 민족정기를 위해서도 똑바로 밝혀야 합니다.

답 질문자의 말이 맞습니다. 심증적으로 다 알 만하죠. 제가 군이 이병도 선생을 깎아내리려는 의도에서 하는 말은 아니고, 사실은 사실대로 밝혀야죠. 그래서 제가 말을 전해주었다는 사람도 만나보고 주변에 가서 얘기를 들어보기도 했는데, 그것이 확실하다고 느꼈습니다. 또 저에게 그 말을 해준 사람은 시인인 이정호씨로 그쪽 출신인데, 그분도 쓸데없는 말, 잘못된 말은 여과하고 알맹이만 얘기해주고, 자료도 전달해준다고 하다가 얼마 전에 돌아가셨어요. 그분은 이완용과 같은 우봉 이씨로, 그 집안에 양자로 들어왔습니다. 제가 사실 어제도 우봉 이씨 족보가 국립도서관에 있는 것 같아서 가보려고 했는데, 그것도 변조되지 않았을까 싶어요. 듣기로는 이완용이 이병도씨의 7촌 할아버지뻘이 된다고 하는데, 말만 들었지 자료로 확인해보지 않았기 때문에 확실한 것은 아닙니다. 조만간 족보를 찾아 확인해보려고 해요.

하여튼 먼 일가가 아니라는 것은 분명한 것 같고, 일제시대에도 그런 말이 많이 떠돌았습니다. 그것은 결국 그분이 실증사학을 했다고 해서 비난을 받는 것이 아니라, 평소의 행동이 꼭 적극적인 친일파는 아니지만 학자로서는 상당히 친일행각을 많이 한 것으로 나타나기 때문입니다. 제가 전에 『신동아』에서 명논설집을 만드는 일에 참여했을 때, 홍이섭(洪以燮) 선생한테서 이런저런 얘기를 많이 들었는데, 그분이 많이 알고 있었던 것 같아요. 논설집 만들 때도 이병도, 박종홍 등 몇 사람이 글을 잘 쓴다고 얘기가 나오면, 선생님은 "글과 행동은 같이 가야 하는데, 아무리 친일파들의 글이 좋다 하더라도 이것은 넣으면 안된다"고 말했지요. 그러면서 자기 아버지도 농촌계몽가였는데 자기 아버지 글도 넣으면 안된다고 주장했어요. 그 사람은 농촌계몽운동을 꽤 열심히 벌였지만 타협적인 노선을 걸었기 때문에 글을 넣어서는 안된다는 뜻이지요. 그렇게 그분은 아주 철저했습니다.

홍이섭 선생에게 중간중간 들은 바에 의하면, 이병도씨는 송병준과는 비교할 수 없으나 심정적으로 일제에 상당히 동조했습니다. 또 제가 근래에 들었는데 해방 이후에도 자기 반성이 구체적으로 거의 없었답니다. 친일파들의 속성이 원래 그렇지요. 해방 후에도 그 사람들은 반성하지 않았습니다. 잘 먹고 잘살 수 있고, 자리잡아 우선 편한데 뭐 그럴 필요가 있었겠어요? 김창룡(金昌龍)이 죽었을 때는 비문을 썼는데, 거기 보면 김창룡이 대단한 영웅인 것처럼 늘어놓고 있거든요. 이런 속성은 쉽게 버리지 못하는 것이 아닌가 생각합니다.

　질　일제의 정책은 첫째로 일본이 주도해서 흥아론(興亞論), 황인우월론(黃人優越論)에 입각하여 조선과 먼저 합방하고 이어 만몽(滿蒙)과 합방해서 거대한 제국을 건설하는 것이었습니다. 선생님의 말씀은 이 점이 불분명합니다. 그리고 중국과 연합해서 서양세력에 대항하는 것이었는데, 중국에 맞선다는 선생님의 표현은 잘못된 것이라고 생각합니다. 그리고 이완용은 일본정부쪽, 이용구는 천우협쪽, 송병준은 군부쪽이 밀었던 인물이었는데 이 점에 대한 설명도 미흡한 것 같습니다.

　답　지금 질문하신 분은 동경대학에서 이쪽 공부를 많이 하시고 자료도 많이 가지고 계신 배제대학 강창일 교수입니다. 지금 제가 미처 말하지 못한 것을 정리해서 분명하게 요약해주셨군요. 그 계통에 대해서, 즉 이완용은 이토 히로부미의 선, 이용구는 다케다의 선, 송병준은 군부의 선이라고 말할 수 있겠습니다. 그래서 제가 아까 말한 것은 여기서 중심되는 얘기가 아니기 때문에 편의상 적당하게 말한 것인데 강창일 교수가 분명하게 보충을 잘해준 것 같습니다.

　질　지금 과거의 이런 이야기가 현실문제에 무슨 유익한 점이 있다고 봅니까? 당면문제로 국제역학의 관계를 살펴보고 그들에게 배울 점도 찾아야 할 것입니다. 나무만 보지 말고 숲을 보아야 하지 않겠습니까?

　답　지금 질문하신 분도 미국에 가서 그쪽 사정에 대해서 공부를

많이 하신 분인데, 지금 우리가 이 문제를 이야기하는 것은 이것을
현실문제와 밀착해서 보자는 것이고, 우리가 이완용, 송병준 등 직업
적 친일분자들을 얘기하는 것은 과거의 역사를 놓고 반성의 자료로
삼자는 것이죠. 이런 얘기도 있었습니다. 먼저 정신대문제가 나오고
보상문제가 제기되면서 끝까지 보상을 받아내야 한다고 하니까 "우리
가 더 잘살고 이기면 그만이지 지금 와서 보상 같은 문제를 제기하는
것은 구질구질하지 않느냐?"고 하는 소박한 반론도 제기되었습니다.
또 실제 이완용의 말처럼 어차피 나라가 넘어가게 되어 있길래 나서
서 적당히 앞뒤로 무마하고 요리하려고 한 것인데, 왜 나를 그렇게
매국노라고 하느냐는 말도 나옵니다. 그가 억울하다고 여기는 점이
바로 이것이지요. 자기가 나서지 않았어도 일본에 넘어가게 되어 있
었다는 것이지요. 이것을 가지고 안 넘어간다고 발버둥쳐봤자 소용없
었다는 것이죠. 요즘도 그런 말을 하는 사람이 있죠? "발버둥쳐봐야
생명 잃고, 재산 잃고, 집안 망하고, 손해만 보고 있다. 이러니 나라도
나서야 할 것 아니냐? 내가 십자가를 진 사람이니 나한테 욕하지 말
라"고. 이건 궤변입니다.

　따라서 우리가 지금 친일문제를 놓고 얘기하는 것은 그런 문제의
전반적인 배경을 알고 이를 해결해보자는 노력의 하나입니다. 물론
남북분단을 비롯해서 일제 식민지가 된 것에 대해 지금도 학계에서는
내인론, 외인론이 맞서 있습니다. 그러나 제가 보기에 이 두 가지가
다 포함된다고 봐요. 조선후기부터 단결하고 국력을 키웠더라면, 또
일부 실력양성론자들이 말하는 것처럼 그렇게 했더라면 식민지가 안
되었을까요? 그렇지 않았겠죠. 한 민족에 대한 사상이나 정신사의 흐
름은 결코 그렇게 운명론적으로 해결되는 것이 아니지요. 제 말은 굳
이 막으려고 해보았자 소용없는, 부질없는 짓이었다고 하는 말이 아
닙니다. 그 속에서 저항을 키우고 그 정신을 길러서 오늘과 내일이
연결되게 하는 것이 우리의 역사적 과제라는 말씀을 드리기 위해서입
니다. 지금 질문하신 분의 말씀도 옳아요. 미국 문제도 잘 해결해야

하고 일본 문제도 잘 해결해야 합니다. 이것이 미래의 문제를 풀어나
가는 하나의 과정이죠. 그런 점이 서로 고민해야 하는 대목입니다.

질 오늘날도 그런 궤변으로 이권을 챙기며 나라를 팔아먹는 짓을
벌이는 공직자들이 많습니다. 그들에게도 어떤 이론이나 사상 같은
것이 있습니까?

답 오늘 주제와 간접적으로 연결되지만 적어도 현실과 결부시켜
이야기했다고 생각합니다. 아까 말한 일본의 대한정책이 소위 그들의
이념이라고 할 수 있을까요? 이데올로기와 같은 문제들에 천착한 것
이라기보다 이권에 더 관련이 있는 것 같아요. 돈 챙겨서 떵떵거리고
잘살고 싶은 것이죠. 기본속성이 그런 부류들이라고 할 수 있죠. 그래
서 어쩌고 저쩌고 합리화하기보다 단순히 팔아먹었다고 말하는 것입
니다. 그것이 현재 공직자의 문제에까지 연결되는 것은 당연하죠. 그
러나 막돼먹은 인물을 놓고 근사하게 미화하고 ──미화라는 말도 마땅
치는 않지만 ──어쩌고 저쩌고 하는 것은 합당치 않은 것입니다. 근본
적으로 이들의 행태라는 것은 반윤리적이고 반인간적입니다. 이웃을
사랑한다거나 남을 위해주는 마음이 있지 않거든요. 결국 인간성의
문제, 그런 인간성을 토대로 한 천박한 행동거지를 가진 부류들 중의
하나가 이들이라고 생각합니다.

질 어떤 공직자 출신이 친미·친중·친소가 필요하다고 말합니다.
그 점을 과거 일과 비추어 어떻게 생각합니까? 신제국주의와도 연결
된다고 말하는데…….

답 지금 말씀하신 분의 뜻은 짐작할 만합니다. 그러나 역사적 조
건이 다르다는 것은 중요합니다. 개항 이후에 우리가 준비가 됐건 되
지 않았건 그들이 노린 것은 궁극적으로 이땅에 대한 경제침략을 어

떻게 할 것인가였고, 그것이 궁극적으로 식민지 지배로 연결되지요. 호혜평등의 관계가 이루어지지 못하더라도 최소한 상대를 알고서 우리도 대처해야 한다든가 또는 상대를 미리 알아서 우리가 그들을 이용해야 한다든가 하는 수준과는 다른 역사적 조건에 처해 있다는 말입니다. 현대에 와서도 우리가 강대국 얘기를 하지만 그것은 개항 무렵과는 여러가지로 역사적 조건이 판이합니다. 그 사람이 한 말의 깊은 내용은 모르겠지만, 분단을 앞둔 여러가지 국제정세하에서 소련도 알고 일본도 알고 중국도 아니까, 이 파 저 파가 있어야 한다는 뜻일지 모르겠습니다. 그러나 그 당시에 친러파니 친일파니 하는 것은 완전히 속성을 달리하고 있습니다. 또 아까의 말이 실질적으로 전문가를 양성해야 한다는 뜻인지 아니면 그것을 국제정치에서 적당하게 이용하고 활용해야 한다는 뜻인지 명확하지 않습니다. 단순하게 얘기한다면, 오늘날 친미파나 친일파 문제가 옛날과 똑같은 속성을 갖고 있는 것은 아니지만 상당히 미묘한 점을 내포하고 있다는 것도 경계해야 할 것입니다. 요즈음 사회과학 쪽에서 제기하고 있는 신식민지국가독점자본주의 문제에 주목할 필요가 있겠습니다. 그것이 현실을 정확하게 분석해서 도출된 이론인지는 잘 모르겠습니다만 시대가 달라도 여전히 패권주의와 민족주의는 갈등과 대립을 겪고 있다는 것이 엄연한 사실일 것입니다. (이이화)

친일을 애국으로 착각한 지식인들

- 이광수와 최남선 -

일제 잔재 청산 못한 부끄러운 현실

제가 오늘 맡은 강의 주제는 이광수(李光洙)와 최남선(崔南善)의 친일문제입니다. 웬만한 사람들은 이 두 천재의 친일을 익히 알고 있기 때문에 어떤 면에서는 이 강의가 쉬울 것 같기도 하지만, 오히려 너무 잘 알기 때문에 더 어려운 강의가 되지 않을까 생각합니다. 그래서 저는 오늘 이 사람들의 일화나 생애를 중심으로 이야기하기보다는 좀더 근본적으로 우리나라 근대문학사에서 왜 이런 친일적인 사상을 가진 사람들이 나오게 되었으며, 그런 사상적인 맥락이 어디에 있는지가 더 중요하다고 생각하여 거기에 주안점을 두고 얘기하고자 합니다. 왜 그러냐면 친일행위, 예를 들어 한 경제인이나 정치가가 친일을 했다고 하면 치유는 간단합니다. 경제인이 친일했다면 재산을 압수해버리면 끝나는 것이고, 정치인이 친일했다면 일단 정치활동을 못하게 해버리면 그만이죠.

그러나 문학인이나 사상가의 경우는 다릅니다. 최남선이나 이광수가 친일을 했다고 해서 그들의 저작이 영원히 나오지 못하도록 하거나 읽히지 못하게 할 수는 없지 않습니까? 그런 분서갱유(焚書坑儒)는 자유주의 사회에서는 불가능하고, 더구나 우리나라처럼 일제잔재 ― 김종필은 유신잔재가 아니라 유신본당이라고 합니다만 ― 가 아니라 '일제본당'들이 그대로 있는 사회에서 그들의 책을 없앨 수도 없습니다. 그렇기 때문에 이것은 두 사람 개인의 문제가 아니라 당시 이 두 사람을 필두로 해서 90% 정도의 우리나라 문학인들이 직접 간접으로 가담했던 친일행위의 사상적인 맥락이 무엇인지 밝혀내지 않으면 안된다고 봅니다.

그래서 저는 고 임종국 선생이 『친일문학론』을 낼 때의 자료섭렵 과정과 그 작업의 선구성과 위대성을 인정하지 않을 수 없습니다. 아직까지 우리 젊은 세대가 그 이상을 보충하지 못하고 있는 것을 안타깝게 생각합니다. 지금까지도 우리는 겨우 일제잔재의 친일행위를 하나 찾아서 신문에 떠드는 정도에 머무르고 있으니까요. 이것은 제 자신을 포함해서 우리 모두가 부끄러워해야 할 일입니다.

프랑스 대독협력자 처리가 우리에게 주는 교훈

저는 이 강의 주제를 '민족개량주의 문학론과 친일파'라는 제목으로 바꾸어도 좋을 듯합니다. 사실 우리가 요사이 '민족개량주의'라고 부르는 부류들은 일제하에서 대부분 친일로 가거든요. 그래서 저는 우선 문학에서, 특히 소위 근대문학을 선도했다고 하는 유명한 두 인물이 어떻게 해서 친일파가 될 수밖에 없었는지를 밝히고자 합니다. 그 점을 밝히면 아마 여러분들이 오늘의 사회에서도 이러이러한 사람들이 민족개량주의에 속하는 사람들이구나 하는 것을 금방 알 수 있지 않을까 해서 사상적인 문제를 먼저 말씀드리려고 합니다.

제가 이런 방법론을 처음에 암시받은 것은 프랑스의 유명한 사상가 싸르트르의 글에서였습니다. 그는 1945년 전쟁이 끝나자마자 「협력자란 무엇인가」라는 글을 썼습니다. 프랑스가 독일에 점령당한 기간은 — 관점에 따라 다르지만 — 대략 1940년 6월 14일 독일군의 파리 무혈입성 때부터 1944년 4월 25일 연합군의 파리해방까지 3, 4년간으로 볼 수 있습니다. 그때 프랑스에서도 대독협력자, 우리나라 말로 하면 민족반역자가 나왔습니다. 싸르트르는 이런 사람들을 다룬 이 글에서 대단히 중요한 문제를 제기했습니다. 독일이 점령한 뒤에 나치에 협력한 사람들의 면면을 살펴보니 싸르트르 자신이나 프랑스 지식인들이 1920년대나 1930년대에 그냥 지나쳐버렸던 조그마한 일들, 즉 그 사람들의 작품세계, 조그만 수필 조각, 신문인터뷰 때 했던 말 한마디 속에 이미 독일 나치에 협력할 만한 소지가 충분히 있었다는 겁니다. 무슨 말이냐면 관찰만 잘 했다면 이 사람들은 친나치파라고 예언할 수 있었는데도 그것을 프랑스 지식인들이 못했는데, 나중에 보니 그 사람들이 모두 다 친나치파가 되어 있더라는 것입니다.

그러면서 싸르트르는 친나치 대독협력자의 기원을 1789년 프랑스 대혁명 때까지로 소급해 올라갑니다. 프랑스대혁명 때 혁명에 반대하고 왕정을 주장했던 사람들, 귀족정치를 주장했던 사람들, 카톨릭 집권을 주장했던 사람들이 독일이 점령해오니까 결국 다 대독협력자가 되어 있더라는, 말하자면 민주주의, 자유민주주의, 민족주의 의식이 없는 사람들은 하나같이 외국군대가 오면 협력하더라는 뜻의 말을 하고 있습니다. 여기서 그가 대독협력의 중요한 이념적 바탕으로 들었던 몇 가지 조건을 보면 국수주의, 반공주의, 반유대주의 — 반유대주의는 우리에게는 해당하지 않죠 — 그리고 의회주의와 프랑스혁명사상에 대한 반대였습니다. 이런 이념의 소유자들이 결국 나치가 들어오니까 다 협력하더라는 것이죠.

저는 이 글을 보면서 우리나라의 친일파도 충분히 잘 뜯어보면 예언할 수 있었겠다고 생각했습니다. 그래서 오늘 저는 최남선이나 이광수가 친일했던 것 자체보다도 그들이 민족운동가나 애국계몽운동가로서 초기에 나타났을 때 그 속에 이미 친일을 할 수 있는 싹이 보였다는 데 대해 중점적으로 이야기하고자 합니다. 그 이야기를 들으면 그 비슷한 싹이 지금 우리나라 동시대의 문학 속에도 얼마나 있는지 알 수 있겠지요. 3, 4년이라는 이렇듯 짧은 대독협력 기간에 대해서 연구하는 프랑스의 자세에서 우리는 배워야 할 점이 많다고 봅니다. 우리나라에서는 아직까지 그런 식으로 연구하는 사람이 없어요. 방법론에서 한 가지만 더 참고로 말씀드리면, 프랑스의 장 드쁘란느라는 역사학자가 『대독협력의 역사』라는 책을 썼는데, 이 책은 주로 협력하는 명분이 무엇이었는가에 초점이 맞추어져 있습니다. 그는 협력의 명분이 바로 프랑스문학의 퇴폐성에 있다고 봤습니다. 퇴폐 때문에 프랑스가 패전을 했으니 패전에 대한 책임을 먼저 물으라는 것이고, 그러한 명분이 대독협력의 동기였지요. 이 동기가 대단히 중요한데 우리나라도 똑같았습니다.

대독협력의 동기를 좀더 자세히 살펴보면, 첫째는 열광주의입니다. 그들 협력자들의 정치적 신념, 세계관, 인생관이 독일 나치의 세계관, 인생관과 너무나 똑같이 나타납니다. 어떤 사람들이 열광했느냐면 바로 반공주의자들이었죠. 프랑스의 풍토는 자유주의적이어서 공산당도 있고 사회당도 있는데 이것이 못마땅하다고 무조건 잡아넣을 수도 없는 터에 나치군이 들어와 그들을 일망타진하니까 열광하였던 거지요. 그야말로 춤출 듯이 열광적으로 나치에 협력하게 됩니다. 반유대주의도 이러한 열광주의에 해당한다고 볼 수 있어요.

두번째 동기는 인종(忍從)을 최고의 미덕으로 여기는 세력이라 볼 수 있는데, 여기에 해당하는 제일 큰 세력이 카톨릭 교도, 사제, 주교들이었다고 분석하고 있습니다. 점잖게 사제복을 입고 진리가 어떻고 신이 어떻고 얘기했지만, 무력 앞에서는 얼마나 비굴하게 참고 자기 생명을 아끼면서까지 많은 신도들 앞에서 거짓으로 설교했는가를 말해주고 있죠. 더럽지만 무력 앞에서는 견디자는 것이지만, 견디는 것을 세 번 정도만 넘기면 그것을 믿어버리게 되니 그게 문제죠. 자기도 모르는 사이에 가끔은 공범자가 되어버리는 것입니다.

세번째 동기로는 사욕을 들고 있습니다. 욕심, 물욕과 같은 것으로 주로 기업인들이 여기에 속하는데 이들은 나치와 타협해 장사를 해서 돈이나 벌어보자는 부류들이죠.

네번째 동기는 일상성으로, 처음에는 협조인지도 모르고 직업상 매일매일 일을 했는데 서너 달 지나다보니까 자기도 모르게 친나치파가 되어 있더라는 거예요. 예를 들면 기자가 맨날 기사를 쓰는 일이나 관리가 매일 관청에 출근해서 일하는 것이 되겠죠.

이상 네 가지인데, 우리나라의 경우도 이런 식으로 분류해보면 거의 포괄될 수 있을 것입니다. 이 네 가지에 다 해당하는 사람도 있고, 세 가지에만 해당하는 사람도 있고, 하나만 그런 사람도 있겠지요. 서로 정도의 차이는 있지만 식민지에서 종주국에 협력하는 동기를 이렇게 네 가지로 분류할 수 있는데, 그 나름대로 타당성이 있다고 생각해서 먼저 소개드린 것입니다.

또 『대독협력의 역사』에는 협력 규모도 나오는데, 이것이 우리나라와는 대조적이에요. 전쟁이 끝난 후 프랑스에서 유죄판결을 받은 사람은 16만 명으로, 전국민의 0.5%에 달한다고 해요. 그 중에는 총살당한 사람도 많았어요. 프랑스가 피점령상태로 있었던 기간은 우리나라의 9분의 1 정도밖에 안되는데도 이만한 규모였어요. 우리나라에서도 8·15 이후에 '반민족행위처벌법'을 만들어서 민족반역자를 추산했는데, 여러가지 수치들이 많지만, 그때 밝힌 숫자가 대략 25만 명이라고 합니다. 이것만 봐도 우리나라가 얼마나 민족반역자 처단에 관대했는지 알 수 있을 것입니다. 프랑스의 경우에는 조그마한 사례도 다 찾아서 엄격하게 역사적 비판을 했거든요. 왜 제가 프랑스 얘기를 하느냐면 친일행위자 문제를 다루면서 우리가 지금부터 해야 할 일은, 친일 반역행위의 원인을 찾고 그 근본적인 병소(病素)를 제거해야 한다는 뜻에서입니다.

피히테의 게르만민족주의 사상과 민족개량주의

오늘 제가 말씀드릴 첫번째 내용은 민족개량주의에 대한 것인데, 이 민족개량주의라는 게 참 묘한 거예요. 이 비슷한 용어를 다른 나라의 예에서 찾아보려고 했지만 아직 수집을 못했어요. 혹시 여러분 중에 민족개량주의에 대해 다른 나라에서 나온 이론을 아는 사람이 있으면 저에게 알려주세요.

우리나라 사람들이 머리가 좋은 것은 세계적으로 알려져 있는데, 민족개량주의 사상을 창안한 것도 대단히 머리좋은 이광수나 최남선, 안창호(安昌浩) 같은 사람들에 의해서였어요. 우리나라처럼 그렇게 정확하고 교묘하게, 민족 전체를 호도하기 위해 모호하고 몽롱한 이론을 만들어서 이끌어간 창시자의 예는 다른 나라 어디에도 없어요. 그것을 보면 일본은 대단히 운이 좋은 나라예요. 머리좋은 조선의 몇몇 사람을 내세워서 식민지를 잘 이끌 수 있었으니 말입니다. 그리고 해방된 이후까지도 계속 그 사람들을 존경하도록 만들고 결국은 재침략하기 좋도록 해놓았으니까요.

그들 논리의 핵심인 민족개량주의라는 것도 아직은 막연하게 말만 하지 정립된 개념어가 아니예요. 그래서 제 나름대로 일곱 가지로 개념을 정립해봤습니다. 즉 민족주의의 변형, 자본주의화 혹은 근대화론이라는 대명사, 민족적 허무주의의 한 요소, 지식인·중산층·자산가 등을 역사의 주체로 설정, 피식민지적 입장, 진화론에서 적자생존론 주장, 사회주의의 수정주의가 그것입니다. 민족개량주의를 주장한 사람들의 글 속에 나오는 공통분모를 찾아서 정리해본 것인데, 앞으로 더 연구해보려고 합니다. 마지막 것을 보면, 흔히 사회주의의 개량주의와 혼동해 비슷한 것으로 착각하는 수가 있는데, 이 둘은 완전히 다른 것입니다.

우리나라 개량주의의 특이성을 알기 위한 다른 예는 독일의 유명한 피히테에게서 볼 수 있습니다. 그는 『독일국민에게 고함』에서 민족주의 개념을 쓰면서, 가장 원시적인 민족주의사상으로 민족혼, 민족정기를 주장합니다. 이것은 1807년 12월 13일부터 1808년 4월 20일까지 매주 일요일 12시부터 1시까지 14회에 걸쳐서 행한 강연으로, 이때는 나폴레옹이 쏜 대포의 파편이 떨어지면 숨었다가 다시 나와서 하곤 했던 역사적인 강연이었죠. 그런데 우리가 왜 이것을 참고해야 하느냐면, 민족이라는 이름을 가지고 어떤 일을, 얼마나 할 수 있는가를 보기 위해서입니다.

민족이라는 이름을 걸고 좋은 일도 할 수 있고 나쁜 일도 할 수 있는데 피히테의 경우는 이렇게 봤습니다. 그는 세계의 역사를 5단계로 구분했는데, 그 1단계는 죄가 없는 자연상태의 역사, 2단계는 인간의 죄가 시작되는 단계, 3단계는 모든 죄가 만연된 단계, 4단계는 이성이 싹트는 단계, 5단계는 완전히 이성이 정화되어서 죄를 정화하는 단계로서, 이 5단계를 이상적인 사회로 보고 있죠. 그리고 19세기 초를 3단계, 즉 죄가 만연된 단계로 파악하고 있습니다. 그러니까 강연 당시의 독일도 마찬가지로 죄가 만연된 상태였습니다. 그는 독일패망의 원인을 독일국민의 이기심 때문이라고 합니다. 아까 식민지 협력자들의 동기 중에서 사욕을 얘기했는데, 이 사욕을 극복하기 위해서는 교육이 필요하다, 그래서 민족공동체 의식을 심어주어 이기심을 추방하는 교육을 시켜야 한다, 말하자면 이것이 독일국민에게 고하는 가장 중요한 요체입니다. 이기심을 쫓기 위한 교육을 강조하고, 그것을 통해 민족혼, 민족정기를 기르는 민족주의를 강조한 것이죠. 그래서 그때까지 독일 민족성에 내재해 있던 이기심을 쫓아내는 교육으로 바꿔야 한다는 것입니다. 이것은 어떻게 보면 우리나라의 최남선이나 이광수가 했던 주장과 똑같은 것이고, 부르주아적 국수주의입니다. 결국 이 사상이 나중에 독일 민족성, 가치에까지도 간접적으로 일조하는 국수적인 상태가 되기 때문에 이것은 민족개량주의의 한 원형이 되지 않을까 생각합니다.

러시아 서구파와 슬라브파가 근대화에 끼친 영향

두번째는 러시아의 관제국민성 이론입니다. 러시아의 관제국민성 이론은 민주화 열기를 억누르고 독재를 강화하기 위하여 주장했던 그리스정교, 황제에 대한 복종, 러시아 국민성(농노제) 이론으로 이루어져 대단히 재미있고, 어떤 면에서는 우리나라 민족개량주의 이론의 원형이 되는 이론인데, 우바로프라는 문교부장관 — 1833년에 장관이 됩니다. 이게 러시아혁명사에 유명한 사건인데요 — 이 주장한 것이에요. 러시아의 이상은 뭐냐? 러시아의 평화이다. 그러면 러시아 최고의 이상은 뭐냐? 그리스정교, 황제 짜르에 대한 무조건 복종 그리고 러시아 국민성이다. 여기서 러시아 국민성이라는 것은 바로 농노제로 농노들은 영원히 농노라는 것을 인정하는 것이죠. 노예근성이 아니라 완전히 자기 천직이 농노다 하는 것이 러시아 국민성의 바탕이라는 것입니다. 이 세 가지가 잘 지켜져야 러시아에는 평화가 오고 러시아의 이상이 달성되고, 러시아가 가장 잘사는 사회가 된다는 주장을 한 것이 바로 우바로프의 관제국민성 이론이죠.

이 이론을 반박하고 나온 것이 소위 러시아혁명사에 나오는 유명한 서구파입니다. 이 서구파 이론은 대단히 복잡한데 러시아사상사나 러시아문학사상사 혹은 러시아혁명사를 보면 서구파에 대한 이론이 나옵니다. 서구파 이론의 요지는, 관제국민성이 러시아 인민에게 행복을 가져다주는 것이 아니라 러시아 인민의 행복은 오히려 그것을 다 부수는 것이다, 농노제를 타파해서 농노를 해방하고, 짜르에게 복종하는 것이 아니라 짜르에 저항하는 것이고, 그리스정교를 믿는 것이 아니라 무신론이 나와야 한다는 것입니다. 그런데 왜 이 사람들을 서구파라고 불렀느냐면 그 당시 독일 관념론철학과 프랑스 혁명철학을 러시아에 들여와서 — 이때 독일 관념론철학이란 우리가 흔히 비판적으로 말하는 관념론만이 아니라 상당히 헤겔적이고 혁명적인 의식을 가진 철학을 말합니다 — "러시아를 변혁시키는 데는 러시아국민의 중요한 특성을 살린 바탕 위에 일반적인 휴머니즘을 살려야 한다"는 것이 서구파의 중요한 논리가 되었기 때문이죠. 이 논리는 문학평론가 벨린스키에 의해서 널리 퍼졌고, 나중에는 러시아혁명의식으로 발전하는데, 이 사상이 나오는 것과 동시에 슬라브파라는 것도 나왔어요.

슬라브파는 "토착적인 러시아공동체를 살려야 한다. 역시 농노는 해방시켜야 하지만 토지공유제, 즉 러시아적인 농민공동체 위에서 의회주의와 모든 것을 살려야 한다"고 해서 슬라브파라고 칭하는데, 이 슬라브파와 싸우면서 서구파도 많이 발전합니다. 서구파가 완전히 진보적인 맑시즘을 그대로 받아들이게 된 것은 슬라브파와의 논쟁에 의해서입니다. 처음에는 그렇게 혁명적이지 않았는데 나중에 슬라브파로부터 공격을 받으면서 점점 혁명적이 되어 나중에는 완전히 맑시즘으로 발전하게 되는데, 사실 서구파 자신들은 "우리를 서구파로 보는 것은 잘못이다. 서구파로 보지 말고 러시아적인 휴머니즘파로 불러야 한다"고 고쳐 말했습니다. 우리나라로 치면 외세의존적인 개화파가 아닌 자주개화파적인 논리가 아닌가 생각합니다. 러시아에서 속칭 서구파와 슬라브파는 매우 중요합니다. 그래서 지금도 스탈린주의와 강경노선, 당내 보수파를 슬라브파의 후계로 잡는 데 비해서, 레닌, 고르바초프는 서구파의 후계로 잡는 이론도 있을 만큼 러시아사상사에서 서구파와 슬라브파는, 우리나라의 개화파나 위정척사파 또는 동학교단처럼, 러시아의 근대화 과정에서 매우 중요한 역할을 한 것으로 보고 있습니다.

개량주의적 입장을 배격한 중국공산당

세번째는 중국인데, 중국은 우리들이 상식적으로 알고 있기 때문에 간략하게 요점만 말씀드리겠습니다. 물론 중국에서는 노신(魯迅)도 민족개조론을 주장했습니다. 그러나 노신이 주장한 것은 이광수나 최남선이 주장한 민족개조론과는 매우 다릅니다. 중국에서 제일 재미있게 본 것은 곽말약(郭沫若)이 쓴 『맑스의 공자방문기』라는 글입니다. 가상소설 형식으로 씌어진 이 책은, 맑스가 공자묘를 방문해서 공자 제자인 안회(顔回) 등 몇 사람과 대화를 나누는 내용이에요. 그 중에 재미있는 부분이 여러가지 있는데 결론만 얘기하면 이렇습니다.

공자가 "우리 사상이나 우리나라 전통사상은 근본적으로 선생 — 맑스 — 과 똑같습니다. 요컨대 우선 산업을 발전시켜야만 비로소 재산을 균등하게 분배할 수 있기 때문에 재물이 땅에 떨어지는 것은 필요하지만" 하고 말하는 대목이 나오는데, 이 말이 어떻게 나온 것이냐면, 맑스가 공자에게 공자의 이상향은 공상적 사회주의 단계밖에 안된다고 하니까 공자가 이에 반론을 펴는 등 재미있게 토론을 하다가 막판에 가서 내린 결론은, 중국의 전통적인 사상 속에는 역시 맑스와 똑같은 점이 있다고 하는 부분입니다. 이것을 저는 매우 중요하게 봤습니다. 왜냐하면 프로문학을 하는 우리나라 사람들은 맑스주의와 우리의 전통사상을 접맥시키지 못했거든요. 일본도 성공하지 못했다고 봐요. 그런데 중국은 거기에 성공을 했습니다. 러시아도 맑시즘을 러시아화하는 데 성공했고, 그래서 혁명이 성공했죠. 중국은 물론 문화혁명이나 그 뒤에 임표(林彪)를 공자와 같이 봐서 비판하긴 하지만, 혁명 초기단계에서는 곽말약 같은 탁월한 사람이 나와서 전통사상과 맑시즘을 접맥시키죠. 노신도 그랬어요. 제가 노신의 민족개조론이 최남선의 민족개조론과 다르다고 한 것은, 노신은 중국 국민성의 단점을 얘기하면서도 긍정적인 요소는 기꺼이 받아들여 중국 국민은 성장할 수 있다는 낙관론을 폈는 데 반해 최남선이나 이광수는 완전히 달랐기 때문입니다.

1910년대에는 원세개(袁世凱)가 있었고, 만주지방에는 장작림(張作霖)의 군벌이 있었는데도, 1922년 5월에는 중국의 유명한 근대화론자인 채원배(蔡元培), 호적(胡適) 등이 우리나라의 이광수와 똑같이 민족개량주의를 주장하는 문서를 발표합니다. 그 문서는 「우리들의 정

치주장」이란 것으로 채원배, 호적이 중심이 된 당시 저명한 10여 명
의 지식인이 발표한 성명서였습니다. 당시 중국은 맑시즘에 바탕을
둔 혁명운동이 초창기로 돋아나는 상태였지만, 군벌이 북경을 중심으
로 있었고, 만주지방에는 다른 군벌이 있어서 도저히 혁명세력이 성
공할 것 같지 않은 상태에서도 당시 가장 유명했던 이 사람들이 주장
한 개량주의적인 내용입니다. 만주 청나라 군벌들에게는 차마 자기네
한족(漢族)을 맡길 수 없으니 북경의 군벌정권에게 올바른 민주헌정
질서에 의한 정부를 유지할 수 있도록 건의하자는 것이 바로 이 「우
리들의 정치주장」이라는 것이죠. 즉 이 주장의 세 가지 요체는 헌법
정부, 계획정부, 공개정부를 만들라는 것입니다. 이해 6월에 중국공산
당에서는 「시국에 관한 중국공산당의 주장」이라는 글을 내어, 채원배
를 중심으로 한 저명인사들이 낸 성명서는 우리 민족을 위한 올바른
민주주의혁명이 되지 못한다는 반론을 폈고 그 뒤에 중국은 우리가
아는 것처럼 그렇게 변해왔습니다.

　이들 일련의 외국 민족개조론은 우리나라 민족개조론과는 다릅니
다. 부르주아를 위한 민족의 이익이든지, 다른 변혁을 위한 민족의 이
익이든지 최소한 자기 민족의 이익을 목적으로 한다는 점이 분명히
드러납니다. 그런데 우리나라 민족개조론자들은 세계사에서 아주 독
특한, 아까 제가 말씀드렸듯이 다른 나라 지식인들이 흉내낼 수 없는
독특한 민족개조론을 폈습니다. 그러면 지금부터 우리나라 민족개조
론을 보기로 하죠.

'남의 종이 되어도 좋으니 잘살고 보자'는 개화파의 논리는 잘못

　다소 도식적이 될지 모르겠지만, 저는 우리나라 근대화론에서 민족
개량주의의 시작을 개화론에서 봅니다. 우리나라 역사를 보는 관점으
로는 여러가지가 있겠지만 쉽게 얘기하면 우선 못 살아도 좋으니까
민족독립을 하고 보자, 즉 거지가 되어도 좋으니까 우리가 주체적으

로 살자는 주장이 있고, 남의 종이 되어도 좋으니까 잘살고 보자는 주장이 있습니다. 남의 종이 되어도 좋으니까 잘살고 보자는 이 주장이 바로 개화론입니다. 그래서 저는 개화론이란 것이 어떻게 보면 대단히 미화되었다고 보는데, 이 내용을 하나하나 뜯어보면 왜 이런 얘기를 하는지 알 수 있을 것입니다.

앞에서 민족주체적인 자주개화와 외세의존적인 개화를 구분하자고 말했는데, 외세의존적인 개화론의 족보를 캐보면 윤치호(尹致昊), 서재필(徐載弼), 이승만(李承晩)을 비롯해 안창호, 이광수, 최남선 등으로 이어집니다. 이 중에서 저는 안창호, 최남선, 이광수계열을 중시하는데, 안창호를 모르고는 최남선과 이광수 사상의 흐름이나 지향점을 알 수 없다는 생각 때문입니다. 일반인들이 잘 보지 않는 책 중에 『육당 최남선 선생 탄신 100주년 기념문집』이라는 것이 있습니다. 이 책 제일 뒤에 「육당 최남선 선생의 진면목」이라는 좌담이 있는데, 전 국무총리 강영훈, 고려대 민족문화연구소장을 지낸 홍일식, 김붕구 등 기라성 같은 사람들이 여기에 참석했어요. 제가 보기에 이 좌담에서 제일 중요한 말은 도산 안창호의 1대 비서가 육당이고, 2대 비서는 상해시절의 이광수라는 사실입니다. 이 사실은 오늘의 민족개량주의를 논하는 자리에서 중요한 점이에요. 안창호 이전 세대인 유길준(兪吉濬)이나 윤치호 등은 개량주의 전기로서 서투른 개량주의이고, 안창호에 이르러 과도적인 개량주의 후기로 들어섰고, 이광수에 와서 비로소 민족개량주의가 식민지와 완전히 밀착하는 단계로 승화되었죠. 이 분야의 전공자가 서중석 선생인데, 그 논문 중에 「한말 일제침략하 자본주의 근대화론의 성격」(『손보기 박사 정년기념 한국사학논총』, 1989)이라는 것이 있습니다. 이 논문이 우리나라 개화파의 본질을 파악하고 그 본질이 결국 민족개량주의라는 것을 파헤친, 역사학계에서는 아마 처음 나온 중요한 논문이 아닌가 생각합니다.

위에서 언급한 것과 같이 저도 외세의존적인 족보를 그렇게 봤습니다. 왜 이렇게 얘기할 수 있느냐면 윤치호가 이런 얘기를 하고 있거

상해임정 사료조사편찬부 사람들. 앞줄 중앙이 이광수, 뒷줄 중앙이 안창호

든요. "기독교는 조선의 구원이요, 희망"이다. "기독교화 다음엔 일본화가 조선에 가장 큰 축복"이다. 설마 그런 말을 했을까 싶지요? 그런데 분명 그는 이런 말을 했고, 이렇게 말하는 사람이 친일파가 되는 것은 당연한 일 같지 않습니까? 이런 사람들을 우리는 여태 개화파라고 불러왔어요. 우리 민족이 잘살기 위해서는 전부 예수 믿고, 전부 일본사람처럼 되는 것, 이것이 조선민족의 최고 행복이라는 것이 윤치호의 주장입니다. 또 "가장 비열한 일본인도 보드카를 마시는 정교도 러시아인에 비하면 신사요, 학자일 것"이라는 말도 했어요. 러시아사람을 얼마나 깔보는 말입니까? 이런 사람이니 지금 살아 있었다면 어떻게 되었겠어요? 이런 사상적 맥락에서 위대한 도산 안창호 선생이 나온 것 아닙니까? 혹시 여기 흥사단에서 오신 분이 있으면 저한테 화를 내실지도 모르겠는데, 저는 흥사단을 일방적으로 비판하려고 그러는 것이 아니라 다만 우리의 민족개량주의를 올바르게 알고 고칠 것이 있으면 고쳐야 하지 않겠느냐 하는 뜻에서 말씀드리는 겁니다.

안창호의 호인 도산(島山)의 뜻이 뭔지 아십니까? 하와이라는 말이에요. 배를 타고 태평양을 건너가다가 아름다운 하와이섬을 보고는, 그 섬을 산이라고 생각해서 붙인 호가 바로 도산이에요. 적어도 민족해방운동을 한다는 사람이 자기 국토, 예를 들어 백두산 아래의 평범한 범부라는 뜻인 '백범' 정도라면 몰라도 아무리 남의 나라 국토가 아름답기로서니 그것을 호로 만드는 사람에게 과연 얼마나 민족의식이 있었겠어요. 이것만 봐도 그가 주장하는 개화가 무엇을 위한 개화인가 하는 것이 금방 드러납니다. 안창호가 한 말 중에는 이런 것도 있습니다. "미국의 문명은 기독교와 민주주의를 기초로 한 문명이라 30년 이래 — 1870년대부터죠 — 한국인에게 신문명을 준 자는 미국인이다." 그러니까 미국에 대해서 황홀해했던 것이죠. 안창호의 글 속에는 비판할 것이 많은데 그 중에서도 제가 보기에 가장 문제가 있는 것은 "조선은 부모형제간의 정의도 없는 지옥 같은 세상이다. 그러나 서양은 정의가 있는 사회이다"라며 조선을 무정한 사회라고 얘기한 부분입니다. 서양보다 우리나라가 부모형제간의 정의가 없는 사회라는 게 맞는 말입니까? 서양사람들의 부모형제간 정리와 우리나라 사람들의 부모형제 정리는 비교도 안되지요.

오늘 강의대상은 어쨌든 최남선과 이광수니까 이전 세대인 안창호에 대해서는 이 정도로만 말씀드리겠습니다. 안창호는 사실 문학인이 아니기 때문에 저는 잘 모르지만 이 사람이 후에 문학인에게 영향을 준 하나의 뿌리이기에 참고로 말씀드린 것입니다.

민족개량주의는 다이쇼데모크라시의 산물

이제 최남선의 민족개량주의를 본격적으로 다루겠습니다.

우선 개량주의라는 것이 어떠한 시대적인 배경에서, 어떻게 나왔는가가 중요합니다. 그런데 이 점은 모두들 별로 언급하지 않았습니다. 개량주의도 우연히 나온 것이 아니에요. 물론 이광수가 본처를 버리고 한국 제일의 여의사 허영숙과 바람을 피웠다는 얘기들도 있지만, 여기에는 그것보다 더 중요한 시대적인 배경이 있습니다. 일본이 우리나라에 민족개량주의를 심어야겠다고 생각한 필연성과, 일본 국내에서 개량주의가 나올 수밖에 없었던 역사적인 필연성이 있는 겁니다. 1920년대 사이토 총독이 조선에 내세운 네 가지 중요한 정책은 "정치선전을 강화한다, 친일세력을 육성·보호·이용한다, 참정권문제와 지방제도를 개선한다, 그리고 계층의 분열에 따른 분할통치를 한다"는 것이었습니다. 이 네 가지 중에서 친일세력을 육성·보호·이용한다는 것과 참정권과 지방제도를 개선한다는 것이 딱 맞아떨어져서 자치운동이다, 외교운동이다 하는 여러가지가 나오는데, 그 즈음인 1918년에 일본에서 유명한 쌀소동이 일어나서 조선총독을 지낸 데라우치 내각이 붕괴하고 하라다카시(原敬) 내각이 성립합니다. 이 무렵이 일본 근대사에서 유명한 소위 다이쇼(大正)데모크라시의 전성기입니다. 요시노(吉野作造)라는 일본 동경제국대학의 유명한 정치학 교수는 1916년에 「만한(滿韓)을 다녀와서」라는 글을 『중앙공론(中央公論)』 6월호에 발표합니다. 이 글에서 요시노는, 일본은 만주와 한국을 식민지로 만드는 데 너무 무력(武力)적이고 강압적이다, 적당히 풀어주면서 동화하도록 해야 하는데 이것을 못하고 있다면서 그 당시의 무단통치에 대해서 비판하였어요. 그때 이광수나 최남선은 이런 잡지를 다 봤을 터이고, 특히 이 무렵 이광수는 일본에 유학하고 있었거든요. 안창호가 "너 개량주의 해봐라"고 말했다고 해서 불쑥 그럴 만큼 이광수가 바보일까요? 이광수가 홍명희(洪命熹), 최남선과 더불어 우리나라 3대 천재라는 사람 아닙니까? 최남선이 연전(延專)에서 강의할 때 국사 강의를 들었던 어느 영감님한테서 들었는데, 얼마나 머리가 좋은지 완전히 질려버렸다고 해요. 그때 최남선이 맡은 강의는 한국민속에 관한 것이었는데 책도 없이 빈손으로 들어와서 강의를 하는데 그 내용을 모두 줄줄 외더라는 거예요. 가령 무당이 굿하는 사설을 얘기할 것 같으면, 무슨 도 무슨 군 무슨 면에 가면 어떤 동네가 있는데 그 동네에 가면 이런 무당이 있고, 그 무당이 어느 집에 가서 하는 사설은 이렇다 하면서 그 사설을 다 외고, 그 무당이 어느 부잣집에 가서 굿을 했는데 그 사설은 이러했다면서 또 그 사설을 다 외웠답니다. 이렇게 해서 한 학기가 끝났는데도 그 면(面)의 사설도 다 못할 정도였다는 거예요. 학교도 별로 다니지 않았고 와세다대학에 가서도 석달 만에 퇴학당하고 돌아왔는데, 기억력이 아주 뛰어났던 모양이에요. 그래서 기억력이 좋은 사람을 좋아했는지 김관식 — 서정주 시인의 동서입니다 — 이라는 시인이 육당 최남선에게 한문을 배웠는데 하도 총기가 있어서 수제자로 삼았답니다.

하여간 일본 정세가 이러했기 때문에 이광수, 최남선 같은 사람들은 일본 다이쇼데모크라시의 분위기를 알았던 거예요. 혹시 일본이 조선에 자치권을 주어 인도처럼 될 가능성을 봤지 않았을까 생각됩니다. 이것말고 이광수가 민족개조론을 내세운 심리적인 동기가 설명되지 않아요. 오늘날 제일 중요한 문제가 그것입니다. 왜 이 사람들이 그 좋은 머리로 이런 짓을 했는가? 당시 일본 내의 상황은 다이쇼데모크라시 후기로서 최전성기였습니다. 이 무렵 일본에 유학했던 사람들은 그 분위기를 아니까 우리나라에서도 행여나 하고 기대했을 수 있지요. 지금도 우리나라에서는 윌슨의 민족자결주의의 영향만 이야기하는데 그건 별 의미가 없어요. 왜냐하면 그 당시에도 일본이 이러니까 우리가 무엇을 해보자는 말은 차마 못했을 것 아닙니까? 기록만 보면 제5공화국의 전두환이 가장 민주적입니다. 맨날 민주주의 하자고 했잖아요. 이것도 마찬가지라고 봐요. 그러니까 역사 하는 사람들이 기록만 보고 해석하면 잘못이 있기 마련이에요. 그 당시 사람들도 일본 분위기는 알았지만 요시노가 이런 글을 썼다, 하라 내각이 어떻다, 다이쇼데모크라시가 어떠니까 이럴 가능성이 있다는 등의 생각을 마음속에 품었겠지만 내놓고 말할 수는 없었겠죠. 그러니까 이것은 후세의 우리들이 꿰어맞춰야 하는 것입니다. 그렇기 때문에 윌슨의 말 한마디만 믿고 촐랑촐랑 나설 최남선이나 이광수는 아니었다고 생각합니다. 그래서 저는 민족개량주의의 근본 바탕을 일본이 상당 부분 제공해주었다고 봅니다. 그리고 민족개량주의를 시작하면서부터 본격적으로 개화파 문학의 시대로 들어갑니다.

일본에 대한 무장해제를 재촉한 신소설

그러면 개량주의는 이광수가 처음 한 것일까요? 그 이전에 개화파들이나 개화파사상에 의한 개화파문학, 즉 이인직(李人稙), 이해조(李海朝), 안국선(安國善), 최찬식(崔瓚植) 등은 개화라는 이름을 빌려 친일적인 글을 남겼습니다. 우리는 개화소설이라면 무조건 다 좋은 것으로 알고 있는데 사실은 그렇지 않습니다. 개화기 신소설에는 일본을 찬양하는 대목이 수도 없이 많습니다. 예를 들면 우리가 국문학사에서 근대소설로 제일 처음 배우는 것이 뭡니까? 이인직의 『혈의누』 아닙니까? 저는 왜 자꾸 그런 소설이 시험에 나오는지 모르겠어요. 참 부끄럽다고 생각해요. 왜냐하면 『혈의누』를 보면 평양성 안에 살던 김옥련이라는 처녀의 어머니 최씨부인이 청일전쟁으로 쑥대밭이 된 시내를 헤매다가 어떤 남자한테 겁탈당하려는 찰나에 일본헌병이 이 부인을 구해주는 내용이 나옵니다. 소설을 그냥 읽으면 아, 참 재미있다, 일촉즉발의 위기에서 여자가 구해졌구나 하고 박수를 치겠지요. 그런데 그것은 다 의도된 내용이에요. 왜 다른 사람도 많은데 하필 일본헌병이 구해주느냐 말입니다. 이것은 일본에 대한 적대감을 무장해제시키는 거예요.

그 다음에 그 딸 김옥련이 어머니, 아버지, 가족을 다 잃고 헤맬 때 이를 구출해주는 사람도 역시 일본 군의관입니다. 일본 군의관이 데려다가 친딸처럼 잘 대해줍니다. 제가 생각하기에 일본 군의관이 데려갔으면 첩으로 두었겠지 친딸처럼 대했겠어요? 그런데 이 소설에서는 어쨌든 친딸처럼 교육을 받으며 자라지만 그가 죽자 그 부인의 학대를 받으며 혼자 어렵게 있다가 나중에 미국인 선교사에게 발탁되어 미국유학까지 갔다옵니다. 결국 이 소설에 깔려 있는 요점은 평양성의 백성들이 크게 고생하는 것은 다 나라가 부강하지 못한 탓이라면서 나라를 원망하고 비판하는 것이죠. 그러니까 우리나라보다도 일본에 의해 구조받거나 미국에 의존하는 식으로 이야기가 전개되어 있지요.

이인직의 소설 중에는 『은세계』라는 것도 있는데, 여기에는 개화파 운동을 하다가 희생된 최병도라는 사람의 자녀들이 미국유학을 갔다가 귀국한 뒤에 산에서 폭도를 만나는 대목이 나옵니다. 이때 폭도가 누구냐면 바로 의병입니다. 신소설에서는 의병을 다 폭도라고 썼습니다. 의병을 폭도로 보는 시각이니 문제 아닙니까? 소설에서는 그 폭도들한테 주인공이 일장연설을 하는 대목이 나옵니다. 도대체 지금이 어느 땐데 총을 들고 설치느냐, 고종을 폐위시킨 것은 근대개혁으로 아주 잘한 일이라는 식으로 얘기하고 있어요. 개화기 때의 신문에도 개화파 지식인을 높이 평가하고 충군의식은 있었어요. 그런데 신소설에서는 우리나라 전통은 다 시시하다, 무조건 개화해서 서양문물을 받아들여야 한다는 식으로 그려져 있습니다.

그리고 『대한매일신보』라는 신문도 있었죠. 영국사람 베델이 낸 건데, 참 묘한 것은 이 신문에는 충군의식이 없다는 거예요. 지식인에 대해서도 그리 과대한 기대를 하지 않고요. 이 점이 다른 신문과 완전히 달랐어요. 이 신문은 전통을 긍정하고 의병을 인정할 뿐 아니라 의병이라는 칭호를 공공연히 쓰면서 친일내각을 오히려 '폭도'라고 부르고 있습니다. 베델에 대해서는 외국어대학 신문학과에 있는 정진석 교수가 영국에서 자료를 많이 가져와서 연구를 했어요. 이 베델의 정체는 무엇일까요? 영국사람이 이국에 와서 멸시와 탄압을 받으면서까지 일본을 비판하고 내각을 폭도라고 했으니, 왜 그랬는지 궁금하지 않습니까? 베델이 왜 그렇게 했을까요? 그건 바로 1905년 일본과 영국이 맺은 동맹(영일동맹) 때문이에요. 일본과 영국이 국가단위에서 동맹을 맺어 식민지를 서로 용인해주기로 한 조약이었는데, 사실 영국정부의 속셈은 다른 데 있지 않았나 싶어요. 영국은 한반도가 최소한 중립으로 남아 있기를 바랐고, 그것이 당시 영국을 비롯한 유럽 제국주의의 바람이었어요. 이런 논조는 그 일환으로 나오지 않았을까 하고 해석할 수 있습니다.

다시 본론으로 돌아가 개화기 소설에는 지금 말씀드린 대로 개화사상이라는 사탕 속에 일본을 받아들이고, 일본에 대해 존경심과 친근감을 느끼게끔 하는 의도가 배어 있고, 두번째로는 기독교를 받아들이자는 주장이 숨어 있습니다. 아까 윤치호도 그런 얘기를 했다고 말씀드렸지요? 기독교를 받아들인 예는 『몽조(夢兆)』라는 소설에서입니다. 이것은 1970년대에 발굴되어 애국계몽사상을 퍼뜨린 소설이라고 평가되었는데, 정말 코미디 같은 내용이에요. 한대헌이라는 한 개화파 인사가 사형을 당하는 장면을 설정하여 개화파들이 정권에 의해 탄압받는 것으로 그렸습니다. 왜냐하면 탄압받는 것처럼 그려야 일반 민중에게 동정심을 얻고 공감대를 형성할 수 있기 때문이지요. 그 부인이 남편 죽은 뒤에 맨날 우울하게 지내고 있는데, 어느날 전도부인이 찾아와서는 기독교를 믿으라고 하여 예수를 믿었더니, 그 다음부터는 편안한 마음을 가지고 살 수 있게 되었다는 얘기입니다. 이렇게 줄거리만 얘기해도 이때의 소설에 기독교가 얼마나 호의적으로 받아들여져 있는가를 알 수 있을 것입니다.

요컨대 개화기 소설의 가장 큰 두 가지 맥은 '일본에 대한 무장해제'와 '기독교에 대한 호의'입니다. 그외에 미신타파니 풍속개량이니 하는 것이 많지만 고등학교 문학사에서 배웠을 테니 빼버리고 개량주의와 연관시켜 보면, 이 두 가지가 개화기 신소설에서 중요한 초점이 되지 않겠는가 생각합니다.

친일의 싹 보인 이광수와 최남선의 초기 작품

이제 최남선과 이광수에 대한 얘기로 들어갑시다. 개화기문학의 제

1단계를 지나면 바로 최남선이 나옵니다. 최남선은 〈경부선철도가〉를 비롯해 신체시를 많이 썼는데, 이때 최남선 문학의 대부분은 문명을 찬양하는 내용으로 되어 있습니다. 지금 생각하면, 그랬으니까 결국에는 친일로 갈 수밖에 없었다는 생각이 들어요. 제가 그때 살았다면 이 사실을 알았을까요? 당연히 몰랐겠죠. 여러분도 이런 점으로 미루어 오늘의 시인들을 예의 주시해보세요. '아, 저 사람은 나중에 일본과 우리나라 사이에 전쟁이 일어나면 일본 편을 들 사람이구나' 하는 것을 알 수 있을 겁니다. 물론 대놓고 말은 못하지만, 저는 이제 조금 알 것 같아요.

　〈해에게서 소년에게〉 그게 뭡니까? 신체시의 효시라고 떠들어대고 대학입학시험을 위해 달달 외워야 하는데, 이 강의를 위해서 최남선의 글을 탐독해봤더니 뭘 전달해주고자 하는지 그 구체적인 실체가 하나도 없어요. 이승만이나 케네디가 명연설가로 알려져 있지만 뜯어보면 국민들에게 한 약속이 아무것도 없듯이 최남선의 글이 꼭 그래요. 그 점이 개화파의 뛰어난 재주 같아요. 「예술과 근면」이란 글도, 봄날이 되어 한반도 산천에 잎이 나고 꽃도 피고 하는 식으로 시작되고, 논설을 봐도 별이 어떻고 하면서 휘황하게 쓰여 있지만 보고나면 무슨 얘기를 했는지 알 수가 없어요. 나중에 얘기하겠지만 '조선심(朝鮮心)'이니 하는 것도 다 이런 재주가 있어서 그렇지 별 내용이 없어요. 〈해에게서 소년에게〉도 보십시오. "처얼썩 처얼썩 척 쏴아아 / 따린다 부순다 무너버린다" 하고 읽고는 파도가 뭐다, 소년이 뭐다 하는 식으로 말할 뿐이지 정작 그 시의 의미를 정확히 해석하는 사람은 지금 우리나라 문학사에 한 사람도 없습니다. 잡지이름에도 '아이들보이'라는 것이 있는데, 그게 무엇을 뜻하는지 모르겠어요. '아이'가 영어로 '보이(boy)'니까 '아이들'이면 복수형 s자를 붙여야 하는데 이게 없으니까 아닌 것 같고, 영어로 'idle'은 '게으르다'는 뜻인데 '게으른 소년'이라는 뜻이냐, 아무리 국학을 한다는 사람이 잡지이름을 영어로 했겠느냐, 그것도 '게으른 소년'이라니 말이 안돼죠. 지금도 그 뜻을 모르겠어요. 좌우간 다른 사람들이 잘 모르게끔 만드는 데는 천재적인 사람이 육당 최남선입니다. 『백팔번뇌』란 시조집에 대해서도 님이 어떻고 하며 육당에 대해 논한 글이 많지만 뜻이 와 닿지 않습니다. 그런 글을 보면 문학평론가들이 참 불쌍하다는 생각이 듭니다. 말도 안되는 소리를 가지고 찬양하니까요. 제가 보기에 이런 것은 잘 모른다고 일소에 부쳐버리는 것이 제일 나을 것 같은데요.

아무튼 최남선은 부잣집에서 태어난 덕분에, 활동에 필요한 돈은 아버지가 다 대어줄 정도였어요. 그는 일본에 유학 갔다가 그곳에서 열린 모의국회에서 '한일합방'안이 상정되자 울분에 차서 단상에 올라가 탁상을 뒤엎었는데, 그때 항의했던 유학생들이 전부 퇴학을 당했어요. 최남선을 좋아하는 사람들은 최남선만 퇴학맞은 것처럼 쓰는데 사실 그때 엄청난 수의 조선유학생들이 퇴학당했습니다. 그래서 석 달인가 다니다 돌아오는 길에 일본 인쇄공 다섯 명을 데리고 들어와서 인쇄소하고 잡지사를 만들었어요.

최남선에 비하면 이광수는 아주 가난하게 자랐습니다. 어렸을 때 어머니, 아버지 다 돌아가고, 여동생 하나를 자기가 먹여살리면서 간신히 유학할 정도로 어렵게 지냈기 때문에, 아부나 친일을 할 때도 최남선이 추상적이고 관념적인 데 비해 이광수는 확실하게 합니다. 최남선보다 훨씬 현실적이었죠. 최남선은 초기에는 친일할 것이라고 분명히 알 수 없었지만 이광수의 경우에는 백발백중 친일할 것이라는 점을 알 수 있습니다. 그런데 이것에 대해 아무도 연구하지 않았어요. 이광수 작가론을 쓴 사람들은 보통 초기의 이광수는 대단히 민족의식이 있고 좋았는데 후기에 가서 친일했다고 합니다.

그런데 안태정씨는 1986년에 석사학위논문 「1920년대 이광수의 민족운동론의 성격」(고려대대학원)에 이광수에 대해서 제가 생각하는 것과 똑같이 잘 써놨어요. 거기에서는 이광수의 생애를 네 단계로 나누고 있는데, 첫째 단계는 1919년 초까지로 이광수가 2·8독립선언서를 쓰기 전까지를 잡고 있습니다. 둘째 단계는 1919년 2·8독립선언서를 쓴 후 1921년 5월까지인데, 이때는 상해에 있던 시절입니다. 2·8 독립선언서를 쓰고는 바로 상해로 망명하여 『독립신문』 주필이 되고 임시정부에서 활동하다가 이 시기의 끝에 애인과 몰래 빠져나와 국내로 돌아오게 됩니다. 셋째 단계는 1921년부터 1939년까지이고, 넷째 단계는 1939년 이후부터 죽을 때까지입니다. 그런데 이 논문에서 필자는 네 단계 중에서 두번째 단계, 즉 2·8독립선언서를 쓰고 상해임정에 가서 활동할 때만이 유일하게 반일세력이었고, 그외 시기에는 시종 친일사상으로 일관했음을 증명하고 있어요.

자유연애와 농촌계몽이 이광수 소설의 주제

저는 그 시각이 옳다고 보는데, 그렇게 얘기하면 이광수를 너무 편파적으로 몰아넣는 것이 아닌가 하고 생각하는 사람들이 있을 것 같아서 증명해보이겠습니다. 이광수 작품 중에 「대구에서」(1916)라는 기행문이 있습니다. 물론 그 이전에도 이광수는 짧은.소설을 잘 썼는데, 소설의 내용은 대개 자유연애가 주종을 이루고 있습니다. 그런데 초기소설 「사랑」(1909)인가에 이미 친일적 요소가 나와요. 이 소설은 한 조선인 소년이 일본인 미소년을 사모하는 동성애적 내용을 담고 있어요. 이광수는 고아로 자라서인지 애정문제가 매우 복잡한 데 비해 최남선은 유복했던 탓인지 애정관계가 별로 없습니다. 그래서 이광수는 계속 자유연애를 했고 1920년대에 쓴 글을 보면 민족의식이니 하는 것은 이미 없습니다.

「대구에서」나 「농촌계발」(1916)에 대해서 집중적으로 말씀드리면, 이 「대구에서」는 총독부에서 나오는 기관지 『매일신보』에 발표된 글로서 대단히 중요한 역할을 합니다. 1917년에 『무정』을 발표했으니까 『무정』을 발표하기 이전입니다. 보통 문학평론가들이 『무정』에도 민족의식이 있는 것으로 평가하는데 저는 그렇지 않다고 봐요. 아까 제가 1916년에 요시노의 「滿韓을 다녀와서」라는 글에 쌀소동으로 인한

하라내각의 문제, 다이쇼데모크라시의 분위기 등이 있었다고 하지 않았습니까? 이광수가 두번째로 일본에 간 것이 이 무렵이었어요. 이때 이광수는 일본을 보고 도저히 우리나라는 독립이 되지 않겠다는 것을 깨달았고 일본의 다이쇼데모크라시 분위기처럼 우리나라도 뭔가 좋은 방법이 없을까 하고 생각했다고 볼 수 있습니다. 1916년에 쓴 「대구에서」라는 글을 보면 그것을 잘 알 수 있어요. 그 글에서 제일 중요한 한 구절만 들어볼까요.

"일찍 해외에 있어 격렬한 사상을 고취하던 자가 동경에 와서 2, 3년간 교육을 받노라면 번연 인구몽(引舊夢)을 버려 이전 동지에게 부패하였다는 조소까지 듣게 되는 것을 보아도 알지라."

해외에서 무장독립운동을 한 사람들이 동경에 와서 2, 3년간만 교육을 받으면 아이고, 우리가 무장독립운동을 하는 것은 다 허사이고 이제는 일본을 받들어야겠구나 하는 것을 깨달아서 이전 동지들로부터 부패하였다는 조소를 받을 것이라는 얘기입니다. 이것은 무장투쟁을 해서는 도저히 일본을 당할 수 없으니 독립운동은 할 필요가 없다는 뜻이에요. 이런 내용의 글이 총독부 기관지에 실렸던 거예요. 그외에 출세지향적인 글이 한 편 더 있는데, 그 글에는 대구에 갔을 때 어떤 범죄사건이 있었다는 얘기가 나옵니다. 그 범죄사건이 무엇인지는 역사학 하시는 분들이 조사하면 이광수사상을 연구하는 데 좀더 도움이 될 것 같은데, 아무튼 이 글을 보면 20여 명의 청년이, 그것도 청년회운동을 하던 유식자들이 대범죄를 저지른 것으로 되어 있습니다. 그런데 이 범죄가 뭐냐? 강도의 목적이 "정치적인 음모에 자(資)하려 함"이었다는 내용으로 보아 정치적인 음모에 자금도 대고 무엇을 하려 했다는 것인데, 이 사건이 뚜렷하게 정치적인 결사에 의한 무엇이라면, 이광수는 우리들이 생각하는 것보다도 더 마음을 굳힌 친일파라고 볼 수밖에 없겠지요.

다른 글도 많지만 제가 왜 「농촌계발」이라는 글을 읽어보기를 권하느냐면, 이것이 이광수 농촌소설의 원형이기 때문입니다. 이광수는 초기에 한때 일본 대성학교를 다니고 돌아와서 오산학교에서 선생으로 있으면서 이승훈(李承薰) 부재시에 학교 일을 맡아보면서 그 동네 동장직까지 맡아 동네를 계몽한 적이 있습니다. 그 경험을 살려서 우리나라 농촌을 어떻게 할 것이냐 하는 것을 쓴, 전형적인 농촌계몽에 대한 글인데, 그 내용은 이렇습니다.

김일군이 동경 유학해서 법률을 연구한 뒤에 고시에 합격하여 모지방 판사로 있다가, 홀연히 판사직 사표를 내고는 어떤 동네에 들어가서 계몽을 하려는데 처음에는 잘 안되었다. 그래서 먼저 자기 자신부터 잘살게 해놓고, 나중에 먹을 것을 장만하여 동네어른들을 모시고 술대접 해가면서 잘살게 된 내력을 말하니까 그때서야 다 계도되어 자유연애까지 하게 되었다.

이광수의 글을 보면 처음에는 잘 나가다가 나중에는 꼭 자유연애 얘기가 나와요. 얼마나 하고 싶었으면 그랬을까요? 하기야 자유연애를 싫어할 사람은 없지요. 어쨌든 이 「농촌계발」은 『흙』의 원형이 됩니다. 앞서 얘기했듯이 제가 이 두 작품을 예로 든 것은, 이광수 문학의 싹이 여기서 나왔다고 보기 때문입니다. 문학사에서 개량주의의 초기, 즉 1910년대 초기는 이렇게 해서 이루어졌습니다. 이제 최남선을 보도록 하죠.

실체를 알 수 없는 육당의 '조선심'

최남선의 글 중에서 제일 먼저 친일의 싹을 볼 수 있는 것이 「예술과 근면」으로 1917년에 나온 것입니다. 이 글도 참 추상적이에요. "예술이라는 것은 아무나 하는 것이 아니"라 하여 예술의 귀족전유화를 주장하고, "모든 예술은 기교 — 지금으로 치면 모더니즘계열이죠 — 이다. 예술가가 되려면 의장(意匠), 기술이 있어야 한다." 말하자면 테크닉이 있어야 한다는 것이죠. 그리고 "예술의 효용이나 목적은 결론적인 것이다. 따라서 민족개량이니 하는 것은 전연 관계가 없다"는 얘기를 하고 있습니다. 이것만 봐도 이 사람이 민족운동과는 관계없는 사람이구나 하는 것이 드러나죠? 민족이나 사회문제와 관계없는 예술을 주장하는 사람을 어떻게 계몽주의자라고 부를 수 있겠어요?

또한 그는 우리 예술의 유산을 전부 부정합니다. 참 자가당착(自家撞着)이에요. 왜냐하면 나중에는 시조부흥론을 부르짖게 되거든요. 그 다음에 중요한 것이 다윈의 진화론을 설명하는 대목입니다. 진화론 중에서 약육강식은 개량주의로 이용되고 있거든요. 그 요지는 대충 서구 중심의 사관으로, 지금 세계는 문명의 세계로서, 문명이 강한 사람은 대우를 받고 문명이 약한 사람은 지배를 받는 것이 당연하다는 논리인데, 이건 완전히 서구 지향주의이고 일본의 침략을 미화하는 것이지요. 「예술과 근면」 제일 뒷구절을 보면 "근면하라! 근면하라! 근면하라!(work! work! work!)"라는 말이 나오는데, 세 번 쓴 것도 모자라서 세 번 다 느낌표를 꽉꽉 찍어놨어요. 이것은 부르주아적인 입장에서 침략주의자들의 이론을 합리화하면서 일만 열심히 하라는 말이에요. 착취이론까지도 합리화해버리는 글이 바로 이 「예술과 근면」이고, 이 글은 최남선의 역사적인 자세의 바탕이 되는 것이 아닌가 생각합니다. 1917년에 썼으니까 대단히 일찍 그런 글을 썼지요.

다음으로 민족성을 비판한 글이 있습니다. 「역사를 통하여서 보는 조선인」이라는 『조선역사』 서문격의 글에서 최남선은 "응집성과 결집력이 부족하다, 공적인 양심과 용기가 결핍되어 있다, 질서와 조직성이 부족하다, 뇌동(雷同)적이고 무관심하다, 불철저하다, 건망증이 많고 맹목적이다, 당론파쟁(黨論派爭)적이다, 그래서 조선역사의 칠할은 내분의 기록이다, 그리고 중국을 숭상한다"며 우리의 민족성을 혹평하고 있습니다. 좋은 것은 하나도 없어요. 이것이 최남선이 주장한 우리의 민족성입니다. 그때 민족성을 주장한 사람이 상당히 여러 사람 있었습니다만 제가 보건대 최남선이나 이광수만큼 우리 민족성 전체를 완전히 진흙탕 속으로 몰아버린 사람은 드문 것 같습니다.

　그 다음에 최남선의 이론 중에서 주축이 되는 것이 '조선심', '단군
론(壇君論)'인데 최남선이라는 사람은 참 특이해요. '조선심'이 도대체
뭘까 싶어 글을 읽어봤지만 아무리 봐도 '조선심'이 뭔지 나오지 않아
요. 아까 제가 최남선이 글을 추상적으로 쓰는 데 재주가 있다고 했
지요? 제가 머리가 둔해서 그런가 싶어 다른 사람의 평론을 읽어봤지
만 역시 나오지 않더군요. 그가 주장하는 조선심이 뭐고 단군론이 무
엇인지 여러분에게 얘기해줘야 할 것 같아서 아무리 캐봐도 알 수가
없었어요. 하다못해 조선심이라면 은근과 끈기이다라든가 뭐다 하는
말이 있어야 하는데 아무것도 없고, 그저 "조선심의 원천은 백두산이
다"라고만 하고 있어요. 그러면 백두산은 뭐냐? 그것도 모르겠어요.
사람 환장할 노릇이죠. "나라를 사랑해라, 백두산을 사랑해라"고 하
지만, 백두산의 천지를 사랑하라는 건지 백두산의 약초, 불로초를 사
랑하라는 것인지, 백두산의 무엇을 사랑하라는 것인지 도대체 모르겠
어요.
　그 속에서 제가 간신히 찾아낸 사실은, 최남선이 작정을 하고 '조선
심'과 '단군론'을 내세운 것이 1927년부터라는 것입니다. 이것은 두 가
지의 글로 나타나는데, 하나는 단군에 대해 연구한 것으로 「단군소
고」와 「불함문화론」이에요. 이 사람의 박식은 굿하는 것을 한번 듣고
다 외울 정도니까 더 말할 필요도 없지요? 「불함문화론」은 굉장한 언
어학적, 풍속적 학술논문이기는 합니다만 과연 그것이 얼마나 우리
민족성을 밝혔는가는 역시 의문입니다. 어쨌든 이런 「단군소고」나
「불함문화론」 같은, 역사적인 사실에 들어가는 계열의 논문들이 있고,
다른 하나는 전부 산을 돌아다니며 여행한 얘기입니다. 『백두산근참
기』는 1927년에 책으로 나왔는데, 백두산에 다녀와서 1926년부터 신
문에 연재한 글이죠. 또 「금강산예찬」이 있고, 1925년에 쓴 지리산
탐방기 「심춘순례」가 있어요. 세상이 어지럽자 돈은 있으니까 너희끼
리 잘 싸워봐라 하면서 산만 줄창 찾아다니면서 쓴 글이죠. 옛날 고
사(故事)도 많이 알고 한문도 많이 아니까 옛날 얘기에다 한문까지

섞어서 힘찬 명문장으로 그럴듯하게 쓰고 있죠. 독립선언서를 쓴 명문장술 아닙니까? 여러분 독립선언서의 주장이 뭔지 압니까? 신세대니 뭐니 하는 데 뭐가 신세대입니까? 아무튼 이게 최남선의 천재적인 면으로, 그가 쓴 글의 유형은 단군에 대한 것과 놀러다니면서 쓴 기행문으로 나뉩니다. 최남선이 주장한 것 중에서 그나마 긍정적인 것은 만주가 우리 땅이라고 하는 부분이에요. 우리 땅을 찾을지 안 찾을지는 모르지만 말이라도 그렇게 하니까요. 그리고 국토에 대한 아름다움이 기가 막히게 표현되어 있어요. 각 지방을 다니면서 지금 우리가 봐도 우리나라에 이런 풍속이 있었나 할 정도로 기기묘묘한 풍속들이 다 나오는데, 이건 최남선의 공적이라고 생각합니다.

그 다음에 시조부흥론으로 「조선 국민문학으로의 시조」라는 글을 1926년에 발표합니다. 최남선은 국민문학에 대해 "그것은 곧 조선심이다, 그 조선심을 찾는 것은 뭐냐? 백두산, 단군이다"라고 했어요. 이렇게 막연하게 나오는데 여기에서 왜 시조를 부흥하자고 하는지 아무리 읽어도 그 핵심이 나오지 않아요. 간신히 그 내용을 찾자면 "시조라는 것이 문학의 최고형태는 아니다, 그러나 시조 속에는 조선심과 조선의 국토가 있다, 그래서 조선에 적합하다"는 겁니다. 그러면 조선심은 뭐냐? 그건 또 나오지 않아요. 단지 "시조는 우리가 국민문학으로 계발해야 할 형태이다"라는 정도를 이 글에서는 찾을 수 있습니다.

이것은 제 생각이니 여러분은 무조건 믿지는 말고 참고로 들어보세요. 이광수니 최남선이 그전에는 경부선철도가 어떻고, 프랑스가 어떻고, 영국이 어떻고 하면서 개화를 주장하다가 1926년부터는 갑자기 백두산이다, 단군이다, 옛날 귀신이다, 시조를 찾고 있는데 왜 그렇게 되었을까요? 거기에는 그럴 만한 이유가 있어요. 초기에는 일본 유학도 갔다오고 외국문물을 처음 대하고는 무척 놀랐지만 1920년대 후반이 되면 개화파들이 많이 나오잖아요. 유학을 갔다와서 프랑스어를 아는 사람도 나와 글을 쓰게 되었지요. 그러다가 1926년이 되면 1925

년에 결성된 카프 때문에 러시아이론이 물밀듯 들어오니까 아무리 머리가 좋아도 사회과학 이론을 따라갈 수가 없었던 거예요. 무당한테 맑시즘 이론을 대는 격이죠. 일본어와 다른 외국어도 했겠지만 책을 본 것은 없고 — 자기의 본령은 한문이거든요 — 이러다가 설 자리가 없어지지 않겠는가 해서 결국 자기 출구로 찾은 것이 바로 '조선심', '단군'이 아닌가 싶어요. 그 문제에서는 그 당시 육당을 따라갈 사람이 없었지요. 신채호하고는 논쟁이 되었을지도 모르지요. 그러나 신채호는 중국으로 망명해 있는 신세였지요. 그래서 제 생각에는 최남선이 어릴 때부터 조상대대로 배워온 한문 속에서 그거나 해보자는 각오로 돌아간 게 아니겠느냐, 아주 고약한 유추이지만 이게 사실 같아요. 결국 자기가 배운 지식으로는 식민지 이론을 체계화할 수 없으니까 조선심 같은 것을 찾아 그 속에서 자기 학문을 계속해나가면서 친일을 하게 되지 않았는가 저는 이렇게 봅니다.

최남선의 사상적 편력과 친일로의 귀결

최남선이 카톨릭으로 개종한 것은 1955년 11월 17일입니다. 이게 또 기구해요. 카톨릭으로 개종하기 전까지 최남선은 '조선심'을 찾기 위해서 천도교인 동학에도 심취했다가 불교에도 심취했다가 하면서 민속, 단군신앙에 관한 글도 많이 썼지만 말년에 가서는 '올바른 조선심은 카톨릭밖에 없다'는 명분을 내세워 카톨릭을 믿다가 카톨릭의 축복하에 1957년에 작고했습니다.

그런데 최남선의 친일 중에서 제일 묘한 것은 총독부 조선사편수회의 위원으로 들어가는 부분이에요. 많은 사람들이 이마니시(今西龍)이라는 일본 역사학자가 우리 조선사를 편찬하면서 단군을 빼버렸는데 최남선은 이 부분을 넣기 위해 들어갔다고 하여 옹호합니다. 두번째로 만주 건국대 교수가 되고 『만선일보(滿鮮日報)』의 회장이 되는 부분인데, 이 일에 대해서는 또 어떻게 변명해주느냐면 "육당의 원래

사관은 만주가 우리 땅이라는 주장이다. 그렇기 때문에 만주가 우리 땅이라는 것을 확인하기 위해서 만주 건국대학 교수로 갔다"는 겁니다. 러시아쯤으로 갔으면 큰일날 뻔했어요.

제가 아까 도산의 제1비서가 육당이라고 했죠? 저는 오늘날 우리 현실문제에 중점을 두어서 얘기한다면, 그들이 친일한 것이 문제가 아니라 그들의 친일 철학과 행위가 오늘날 우리에게 어떤 영향을 끼치는지가 더 중요하다고 생각합니다.

최남선에 대해서 마지막으로 얘기하고 싶은 것은 8·15 이후에 이 사람이 무엇을 했느냐는 것입니다. 그는 8·15 이후 흥사단으로부터 대단히 우대를 받습니다. 그러면 제가 아까 얘기한 족보에 맞아들어 간다는 것을 알겠죠? 또 육군대학의 초청을 받아서 우리나라 역사강의를 했습니다. 그러니까 최남선의 국사관이 바로 오늘날 우리나라 군부 역사관과 일치하는 것이죠. 최남선은 육군대학에서 강의하고 오다가 도중에 뇌일혈을 일으켜 계속 집안에서 쉬고 있다가 몇 년 뒤인 1957년에 작고합니다. 거의 모든 역사책은 해방 뒤에 씌어진 것이에요. 1945년 10월에 동명사(東明社)라는 출판사를 만들어 제일 먼저 낸 책이 『조선독립운동사』이고, 이어서 『신판 조선역사』, 『쉽고 빠른 조선역사』, 『국민조선역사』 등이 해방 이후 2년 동안에 다 나왔는데, 이 책들이 전부 지배세력의 역사관을 이루는 데 일조했습니다.

그래서 '육당이 오신 지 백주년'에 동원된 사람을 여러분은 알 필요가 있습니다. 이병도를 비롯한 구지식인이 대부분인데, 「육당 최남선 선생의 서거를 애도함」이란 글은 뜻밖에도 장준하(張俊河)씨가 썼어요. 여러분은 장준하에 대해서 어떻게 평가합니까? 저는 1972년 10월 유신 이전의 장준하와 그 이후는 다르다고 봅니다. 장준하와 같이 OSS에서 훈련을 받았던 사람 중에서 태윤기(太倫基)씨라고 변호사가 계신데, 저는 OSS훈련을 받았던 사람 중에서 그래도 지조를 지킨 사람은 태윤기 변호사뿐이라고 봅니다. 이 분이 쓴 책 중에 『회상의 황하』가 있는데, 이 책은 소설보다 더 극적이어서 아주 재미있습니다.

그 책을 보면 태변호사는 OSS훈련을 받았지만 자진해서 연안까지 갔다왔습니다. 연안에 있을 때는 중국군과 조선의용군을 만나기만 하면 자기들한테 와서 먹고 놀고가라고 했는데, 그것이 일종의 테스트였다고 해요. 그 테스트에서 떨어지면 장개석 군대영역으로 보내지는데, 장개석 군대영역에 들어가서 잡히면 구두, 만년필, 시계도 다 뺏기고, 옷이 새 것이면 헌 것으로 갈아입히는 데 반해 모택동 군대 쪽으로 들어가면 그 반대였대요. 헌 옷을 입었으면 새 옷으로 갈아입히고 헌 구두를 신었으면 새 구두로 갈아 신기고요. 그래서 태변호사는 '아, 중국은 모택동 군대가 잡겠구나' 하고 느꼈다고 해요.

태변호사는 OSS훈련을 받았던 인연으로 해방된 뒤 미정보기관으로부터 수없이 많은 교섭과 접촉을 받았으나 다 거절했다면서, 결국 외국의 앞잡이나 첩보, 간첩은 반공만화에 나오는 그런 사람만이 아니라 일등석 타고 대한민국에서 활동하는 미남미녀들, 인격자로 가장(假裝)한 사람들이 그런 민족반역 행위를 한다는 뜻의 말을 하고 있습니다. 그러면서 OSS에 같이 참여했던 사람들이 그 덕에 분단국가에서 명성을 누리는 것이 못마땅하다고 했습니다. 그런데 이런 책은 꼭 빛을 못 봐요.

사실 얘기할 것이 많습니다만, 다시 최남선 얘기로 돌아가면 그러한 일련의 맥락으로 볼 때, 개화파였다가 친일파였던 보상을 8·15 이후 충분히 받은 사람이 최남선이라고 평가할 수 있을 것 같습니다.

개화파가 대부분 친일파로 변신

이제 이광수에 대해 이야기해보도록 하죠. 이광수는 앞서 말했듯이 '2·8독립선언서'를 썼던 무렵부터 상해에 가 있을 때까지의 기간에만 항일적이었습니다. 이미 「대구에서」를 쓸 때부터 친일할 자세가 굳어진 사람이고, 그 뒤에는 완전히 친일적인 소설이나 시를 쓰고 웅변을 하는 등 전장르에 걸쳐서 안한 것이 없습니다. 저는 왜 이광수가 2·8

독립선언서를 썼는지가 흥미로워요. 최남선도 마찬가지입니다만 그것이 오히려 연구과제인 것 같아요.

해방 이후에도 보면, 유신 이후에 뭔가 좀 하던 사람들이 제5공화국 때 변절하고, 제5공화국 때까지 뭣 좀 하다가 제6공화국에서 변절한 사람이 많지 않습니까? 그런 중요한 것을 밝히려면 그 사상·이념적 바탕을 봐야 합니다. 저는 이 사람들이 변절한 것으로 보지 않아요. 변절이 아니라 본바탕이 그런 사람들이에요. 전생애가 친일사상과 개화사상으로 굳어져 있기 때문에, 오히려 독립선언서를 쓴 것이 변절이라고 봐야 옳지 않을까 싶어요. 최남선의 경우도 독립선언서를 써놓고 정작 본인은 서명하지 않았잖아요? 오세창(吳世昌)의 회고록을 보면 "최남선이 자기는 일생 동안 학문을 연구하는 학자로 남을 것이기 때문에 서명을 못한다고 했다"고 나와 있습니다. 얼마나 모순된 얘기입니까? 그렇다면 뭡니까? 문장연습하는 셈치고 써준 건가요? 나중에 친일한 것은 학문하는 데 아무 지장이 없고 민족독립운동한 것은 지장이 있다는 말입니까? 논리적으로 말이 안돼죠.

이광수의 「민족개조론」, 「민족적 경륜」도 여러분이 꼭 읽어야 할 필독의 '명문'인데, 이 「민족개조론」이 처음에 나온 뒤 금방 항의가 들어왔어요. 신상우(申相雨)씨를 비롯해서 여러 사람이 반박을 했어요. 이런 비판의 글들을 보면, 당시로서는 진보적인 관점이 나타나 있지만 내용을 볼 때 최남선과 마찬가지로 이광수도 사회과학적 인식이 없었다는 거예요. 실제로 「민족개조론」은 다분히 공상적이고 소설적이에요. 이런 식의 비판은 이미 동시대 지식인들로부터 충분히 받았다고 봅니다.

이광수의 기독교관은 최남선과 마찬가지로 긍정 반 부정 반입니다. 그의 기독교관은 소설에도 나오는데, 『애욕의 피안』이라고 바람둥이가 나오는 소설에 장로인 아버지가 딸 친구하고 바람을 피우는 얘기가 나옵니다. 장로이면서도 바람을 피우니 장로 아닌 사람은 어떠했겠어요? 견디다 못한 딸이 어머니 묘 앞에서 자살을 하고 그 자살

최남선과 그가 간행한 잡지 『소년』 창간호

때문에 아버지가 반성한다는 내용인데 그때로서는 딸 친구하고, 그것도 장로가 외도한다는 것은 파격적인 일이었죠. 이광수의 대표작인 『무정』도 여자주인공의 아버지가 장로인데 온갖 바람을 다 피워요. 이광수는 이 소설에서는 개화기 때 소설과 달리 기독교를 아름답게 보지 않았어요. 그러나 예를 들어 「야소교의 조선에 준 은혜」 등 다른 글을 보면, 소위 도덕을 진흥시켰고, 교육을 보급했고, 여성의 지위를 향상시키고, 조혼의 폐습을 없애게 했다, 한글 쓰기를 했다, 사상적 자극을 줬다, 개성을 존중해줬다는 등 여러가지 좋은 점을 들어서 이론적으로는 기독교를 긍정적으로 보고 있습니다.

이광수의 종교에 대해서는 상당히 여러가지 설이 있는데, 이광수의 딸이 쓴 글을 보고서는 불교를 믿었다고 생각했어요. 그러나 나중에 여러 사람들이 쓴 글을 보면, 일본 유학시절에 기독교로 개종한 것으로 나옵니다. 그렇지만 이광수는 글에서 기독교에 대해 긍정적이었던 것과 달리 소설에서는 기독교의 위선에 대해 상당히 신랄하게 쓰고 있습니다.

그의 시국관은 「유랑 조선청년 구제선도의 건」에 상당 부분 나타나 있지만, 그외에 허영숙과의 관계에서도 알 수 있죠. 이광수가 허영숙을 만나서 사랑을 하다가 허영숙의 집안에서 반대하니까 북경으로 가서 3개월간 동거생활을 합니다. 그리고는 우리나라로 돌아왔다가 일본에 가서 독립선언서을 쓴 뒤 다시 상해로 갔는데, 이때 조선총독부와 관변에서 허영숙을 상해로 가게 만들었죠. 가서 이광수를 데려와라, 그러면 구속하지 않겠다, 조선이 자유롭다는 것을 이광수를 구속하지 않는 것으로 보여줄 테니까 이광수를 데려오라고 해서 같이 조선으로 돌아왔어요. 그때 상해에서는 이광수를 조선으로 보내야 한다, 보내지 말아야 한다고 두 파로 갈렸다고 해요. 그러다가 보내지 말아야 한다는 쪽으로 결정이 났는데 이광수는 상해임시정부의 결정보다 애인의 말을 듣고 돌아왔던 거예요. 돌아와서 본처와 이혼하고 허영숙과 결혼해서 살았지요. 강동진의 『일제의 한국 침략정책사』에 그들과 총독부의 은밀한 관계가 다 밝혀져 있는데, 어마어마한 돈을 받았다고 해요. 제가 이런 얘기를 하면 저 사람이 꾸며서 이광수를 너무 비판적으로 보는 것이 아니냐 하는데 사실 연구를 안해서 그렇지 어마어마한 돈을 받긴 받았던 것 같아요. 『동아일보』에 취직했을 때도 당시 다른 직원에 비해 몇십 배 되는 봉급을 받았으니 이게 다 총독부와 관계되는 것 아니겠어요?

이광수의 계몽사상이 나타나는 『무정』, 『흙』을 보면 비정치적이지요. 그런데 계몽사상의 뿌리는 비정치적인 데 있다고 해요. 최남선과 마찬가지로 그도 항상 정치적인 것은 얘기하지 않겠다고 말하고 있어요. 그는 일제가 민족사상에 대해 못 쓰게 하니까 민족사상을 밀수입하기 위해서 역사소설을 썼다고 했는데, 그가 쓴 역사소설에는 민족의식 같은 것은 별로 없어요. 자기 변명이지요. 『이순신』은 송진우(宋鎭禹)가 쓰라고 해서 『동아일보』에 연재를 했다는데 여기에서도 초점은 각종 모략을 받으면서도 맹목적으로 우국충정을 바치는 데 맞추어져 있어요. 『단종애사』, 『이차돈의 죽음』, 『원효대사』도 다 민족의식

이 없는 역사소설입니다. 단 민족의식이 좀 있다고 생각되는 소설이
『선도자』인데, 여기서 이광수는 이 "내가 한국사람 중에서 제일 존경
하는 사람은 이순신과 안창호이다"라고 얘기했습니다. 그래서 이순신
을 소설로 썼고, 안창호를 소설로 쓰기 위해 『선도자』라는 소설을 쓰
기 시작했는데 중단당했어요. 그러나 여기에도 역시 민족의식은 별로
없다고 봅니다.

　이렇게 결국 친일의 길을 걷게 되는 최남선과 이광수의 일련의 작
풍을 보면 두 사람 모두가 톨스토이, 빅토르 위고, 간디를 숭배하고
있음을 알 수 있어요. 그리고 이 두 사람은 문학을 여기(餘技)로 여겼
어요. 문학을 여기로 보면서 정치는 안하겠다며 정치색을 문학에 담
지 않거든요. 야심은 정치에 있으면서 문학을 하고, 문학을 여기로 여
기는 자가당착적인 자세로 일관했습니다.

현재 시점에서 개량주의를 어떻게 볼 것인가

　그렇다면 왜 '2·8독립선언서'를 썼을까요? 왜 친일파에서 독립운동
가로 변절했는가에 중요한 관심을 두어야 합니다. 저는 이에 대해 몇
가지 가정을 해봤어요. 허영숙과 북경으로 사랑의 도피를 가서 여러
사람들을 만났는데, 이 일을 신채호가 비꼬았다고 해요. 물론 글에 나
오는 건 아니예요. 첫째, 왜 젊은 여자를 데리고 바람이나 피우러 다
니느냐? 둘째, 왜 친일적인 논조로 『매일신보』에 자주 글을 쓰느냐?
셋째, 왜 일본영사관에 자주 드나드느냐는 거였어요. 신채호 앞에서는
거짓말을 할 수가 없잖아요? 이광수는 할말이 없었다고 합니다. 그래
서 북경에서의 충격과 그 인상을 만회하려는 의도에서 그런 것이 아
닌가 싶어요. 또 일본에 가보니까 다이쇼데모크라시 분위기도 있어
자기 잘못을 만회해서 조금이나마 착한 일을 해볼까 하는 마음으로
한 것이 아니냐, 아니면 최남선과 이광수가 그 당시 물밀듯 들어오던
사회주의를 경계하기 위해서 독립운동이라는 허울을 뒤집어쓴 것이

아닌가 하는 생각도 할 수 있는데, 저는 결론적으로 개량주의화했던 애기를 오늘 우리 현대사에서 재점검하면서 이런 점을 묻고 싶어요. 최남선과 이광수는 과연 일본이 망하게 될 줄 알았을까? 어떤 기록을 보면, 최남선이 1947년인가에는 일본이 망할 거라고 했다는데 저는 믿을 수 없습니다.

그렇다면 현재의 입장에서 개량주의를 어떻게 봐야 하느냐? 이건 굉장히 심각한 문제입니다. 이 개량주의는 분단 이후에 친일세력만이 아니라 민주화운동세력에도 해당하는 얘기입니다. 모두가 개화파 후손이에요. 우리나라에 동학의 후예들이 있습니까? 위정척사파의 후예들이 있습니까? 분단 이후에는 개화파라는 뿌리에서 친정부도 나오고, 반정부도 나오고, 교육, 종교, 문화, 언론, 예술 할 것 없이 모든 것이 다 개화파에 의해서 이루어져왔는데 여기에서 개량주의를 과연 어떻게 정리하고 비판할 수 있을지 저도 그 점에 대해서는 말을 못하겠습니다. 더구나 소련체제, 사회주의체제가 약화되면서 완전히 개량화되는 속에서 어떻게 비판해야 하는지, 현실이 그랬으니까 하고 옛날을 다 합리화해야 하는 건지가 굉장히 중요한 문제로 제기된다는 것으로 마무리지으면서 제 얘기를 끝내겠습니다. 감사합니다.

질의 응답

질 지금의 상황으로 봐서 몇십 년 후에는 다시 일본의 지배를 받을 것이라는 데 대해서 어떻게 생각하시는지요?

답 제 의견보다도 일본 지식인들 의견을 전해드리면 좋을 것 같습니다. 작년에 일본 소설가 오다 마코도(小田實)라는 사람이 왔었어요. 이 사람이 쓴 『임진왜란』이라는 소설이 우리나라에서도 번역되어 나왔지요. 이 소설에서 재미있는 것은 임진왜란을 400년 전의 사건으로 보지 않고, 일제 36년을 그 연장선으로 보며, 6·25를 미국에 의한 임진왜란으로 본다는 사실입니다. 그는 제2의 한일합병이라는 관점에서 400년 전의 임진왜란을 보고 있어요. 그 사람의 말을 빌리면 이미 일본은 위로는 천황으로부터 수상, 아래로는 말단 여공에 이르기까지, 제2차 세계대전 이전 만주와 조선을 침략했던 전쟁에 직접 간접적으로 동원되고 있다는 얘기를 하고 있어요. 지금 말씀하신 그 점에 대해서는 저도 동감입니다.

질 유럽공동체와 대동아공영권은 어떻게 다르며, 앞으로 일본과 아시아, 특히 한국과의 관계 정립은 어떻게 전망하십니까?

답 우선 유럽의 경우는 주도하는 나라끼리 국력이나 의식수준이 비슷하지요. 그런데 우리나라와 일본은 우리가 아무리 뭐라고 해도 제가 보건대, 경제에서건 의식수준에서건, 특히 문화예술 부분에서는 뒤떨어져 있어요. 결코 일본은 만만한 상대가 아니예요. 이승만정권이나 박정희정권하에서는 일본교육을 받은 세대들이 일본을 얕잡아보았는데, 저는 그렇게 보지 않아요. 오히려 일본이 미국보다 훨씬 더 교묘합니다.

다른 분야는 제가 잘 모르니까 문학을 예로 들어보죠. 우리나라 문학에 대해 연구하는 수준은 세계에서 일본이 단연 최고입니다. 소련, 미국, 중국, 다른 나라 학자들도 만나보고 자료도 두루 봤지만 우리나라 남북한을 합쳐도 일본을 못 당해요. 또 북한문학에 대해서도 남한 문학자들보다 일본의 조선문학자들이 더 잘 알고 있어요. 그리고 우리나라 근현대문학사에 대해서도 부분별로 들어가면 어떤 특수한 분야에서는 일본학자들이 우리나라 문학평론가보다, 저보다 잘 아는 분야가 있습니다. 그것을 보고 저는 일본이 참으로 무섭다는 것을 느꼈습니다.

이런 것으로 미루어볼 때, 대동아공영권이라는 것은 문자 그대로 제2차 세계대전 이전에 일본이 주장했던 대동아공영권이지 유럽공동체처럼 되기는 어렵지 않을까 하는 것이 제 생각이고, 만약 그렇게 되려면 반드시 통일이 되어야 한다고 봅니다. 통일이 되어서 북한 나름대로의 장단점과 남한 나름대로의 장단점이 합해져서 장점을 잘 활용하면 얘기가 달라질 수 있겠죠. 물론 통일하는 방법이 문제겠지요. 일본이 요구하는 방법이나 미국이 요구하는 방식으로 통일되면 안되고, 우리 민족이 요구하는 방향으로 통일이 되어 경제적인 힘을 견실하게 가지면 지금 선생님이 말씀하신 그런 단계에 가더라도 제2차 세계대전 이전의 공포 같은 것은 없겠지요.

질 이광수의 상해시절 독립운동 행각에 대해 구체적인 예를 들려주시고, 이때도 역시 이광수는 안창호의 실력양성론을 따라 개량주의적이었고 경제적으로도 가난하여 독립운동에 염증을 느끼고 있지 않았는지 궁금합니다. 또 친일 후의 경제적 축적과 그 자손의 경제상황은 어떠했는지요?

답 상당히 어려운 질문인데 저도 앞으로 연구해보겠습니다. 최근에 이광수 탄생 백주년을 맞아서 『한국일보』에 이광수가 상해시절에 펴냈던 자료집이라고 하면서 크게 난 적이 있지요. 저는 벌써 3년 전에 그 자료를 구해 가지고 있어요. 이광수가 서문을 쓰고, 우리나라와 일본의 관계사를 고대에서부터 그 당시까지 일본이 우리나라에 어떤 나쁜 짓을 했는가를 등사판으로 써서 프린트한 것입니다. 이런 것으로 미루어볼 때 그래도 글이나마 그렇게 쓰지 않았나 합니다. 그리고 『독립신문』에 사설도 썼고 말이죠. 『독립신문』에는 여러가지 노선이 다 나옵니다. 독자투고도 실력양성파, 무장투쟁파 등 여러가지 노선이 나오는데 그것만은 좀 봐주자는 것이 제 입장이에요. 앞으로 달라질지는 모르겠어요. 『독립신문』 주필로 있으면서 뒷구멍으로 나쁜 짓을 한 것이 나오면 이론이 바뀌어져야죠.

그 다음 이광수의 재산이 얼마나 되는지는 구체적으로 조사해보지 못했어요. 상해에서 돌아와 『동아일보』에서 받은 봉급의 액수는 나와 있습니다. 강동진이 쓴 책에 의하면 당시 기자 봉급이 30엔인데 그 10배인 300엔을 받았다고 합니다. 그리고 인세가 많았습니다. 본처와 이혼할 때도 소설 이름은 기억이 안 나는데 소설 두 권의 인세를 위자료로 주었다고 하죠. 집은 일제 때 자하문 밖에도 있었는데, 남산 부근에 있던 집은 팔아서 허영숙이 효자동에 병원을 낼 때 엄청나게 크고 좋은 집을 샀어요. 그 집이 해방 후까지도 그대로 있었어요.

질 세계사적인 맥락에서 볼 때, 일제의 친일파 양성도 자본주의 침략과정의 하나로 볼 수 있을 것 같은데, 당시 지식인들이 친일적일 뿐 아니라 친미·친자본주의적이었다고도 볼 수 있지 않을까요? 그런데도 그 행위가 크게 비판받지 못한 이유는 무엇입니까?

답 아까 제가 그 당시 지식인을 비판하면서 그 비판의 파장과 평가가 어떻게 다른지 두 가지 점에 대해 얘기했죠. 여러분들도 다 아시다시피 코민테른이 1919년에 생겨서 그 뒤부터 본격적인 민족해방투쟁은 코민테른노선을 따르게 됩니다. 그 노선에 입각해서 카프도 생겨나는데 지금 식으로 보는 빨갱이가 아니라 민족독립운동을 위한 올바른 노선으로서 말입니다. 프로문학에 반대하는 사람들은 프로문학을 한 사람들에게 민족의식도 없었다고 하는데 그건 말도 안되는 소리예요. 1921년의 테제 중에 제일 중요한 것이 민족해방투쟁 이념이었어요. 최남선과 이광수로만 비판이 집중되고 있지만 사실 김동인이나 이효석 등 많은 문인들이 이들의 노선을 따라 개량화되어 친일하게 되는 겁니다. 그렇지 않은 문인세력이라고는 결국 카프밖에 없었어요. 물론 카프 중에서도 친일한 경우는 많이 있지만 그래도 그 중에서 민족해방투쟁 노선의 문학이라는 것이 실낱같이 이어져왔다고 말씀드릴 수 있습니다.

그 당시에도 파장은 있었습니다. 지금도 그렇지 않습니까? 민중문학이라고 떠들어봤자, 여기에 모여서 얘기해봤자, 진짜 친일파의 이념은 전파매체를 통해 대량으로 방송되어 수천만 명이 보고듣게 됩니다. 비판의 파장이 아무리 크다 해도 사회 전체에서 보면 미미해요. 이광수도 친일적인 글을 썼다가 테러도 당하고 욕도 얻어먹고 전화로 항의까지 받은 적이 수없이 있었습니다만, 당시 제도권의 옹호와 비호 속에서 저항의 목소리라는 것은 너무 미약하지 않았을까요?

아까 제가 우리의 현재 과제로 물은 질문을 저한테 되물었다고 보는데, 저도 어떻게 해야 할지 참 망설여져요. 그러나 분명한 것은 사회주의혁명 70년 동안에 와해랄까, 붕괴랄까, 아무튼 약화되는 과정을 거치면서 나타난 현상이 민족해방노선입니다. 그런데 자본주의권에서는 이 반대로 보고 있죠. 저는 다 합쳤다가 결국에는 다시 민족해방노선으로 가지 않겠느냐는 입장이기 때문에, 자본주의건 사회주의건 아직까지 우리 인류가 만들어낸 최고 이상향으로서의 이념단계는 민족성, 민족해방 단계이고 그 이념은 아직까지 어떤 자본주의 위력으로도 꺾이지 않는다고 생각합니다.

지금 우리나라에서 구체적으로 어떻게 해야 하는가? 저는 농담으로 이런 얘기를 합니다. 1980년대에 일어난 우리나라의 민족문학 세력은 엄청납니다. 민족민중문학은 지구상에서 한국이 제일 앞섰어요. 다른 나라에는 이런 이론이 없습니다. 그런데 왜 실패하는가? 그건 탄압이 거의 우주적이라고 할 정도이기 때문입니다. 저는 1980년대에 있었던 민족문학이 제도권화되어야 한다고 생각합니다. 개화기부터 지금까지 한번도 민족문학이 제도권화되지 않았잖아요? 그러나 이렇게 여러분처럼 열성을 가지고 해주신다면 결국은 제도권이 되지 않을까 하는 희망을 가지고 있습니다.

질 상해에서 귀국했을 때 춘원의 변절을 당시 지식인들은 몰랐습니까?

답 그 문제와 관련한 문단기사가 하나 있는데, 춘원이 상해에서 돌아오자마자 월탄 박종화(朴鐘和)가 춘원을 찾아가 『백조』에 글을 써달라고 해서 그 글이 창간호에 실렸어요. 춘원이 돌아왔을 때는 외로웠고 문단에 친구가 없었지요. 최남선의 글이 실린 『백조』가 나오자 그때 현진건(玄鎭健) ─ 박종화와 사돈간이죠 ─ 의 형 현정건(玄鼎健)이 상해에서 독립운동을 하고 있었는데 바로 항의편지를 보내왔어요. 왜 당신들은 좋은 뜻으로 문학잡지를 내면서 변절자의 글을 싣느냐고요. 그 뒤부터 박종화와 현진건은 이광수를 멀리하고 그의 글을 싣지 않았습니다. 그러니 당시 알 만한 사람들에게는 다 그렇게 알려져 있었다고 봐야겠죠.

질 일본 문학과 우리 문학이 서로 교류되고 있는지요? 또 대중문화라는 측면에서 일본 문화를 차단하고 있는 것이 과연 바람직한지 궁금합니다.

답 여러분들이 놀랄 것 같은데 저는 어떤 입장이냐면 일본 대중문화를 개방하자는 입장입니다. 대신에 전제조건이 하나 있습니다. 일본의 모든 문화에 대해서 개방하기 이전에 북한 문화를 개방하라는 것이에요. 자기 민족문화도 다 개방하지 못하면서 어떻게 자기 나라를 침략했던 나라의 문화를 개방할 수 있겠어요? 저는 북한이 가지고 있는 민족해방이데올로기적인 예술문화와 일본 문화가 동시에 들어오면 우리 민족문화가 중화되고 기름지게 되겠지만, 지금 그렇지 않아도 얼빠진 것이 우리나라 문화예술인데 거기에 일본 문화만 받아들인다면 어떻게 되겠어요? 저는 세계 뉴스를 보기 위해서 일본 위성텔레비전을 봅니다만 그 위성텔레비전을 통해 보는 뉴스는 우리나라 뉴스와는 비교가 되지 않아요. 그 뉴스에 한번 맛을 들이면 우리나라 뉴스를 보지 못할 정도예요. 세계 뉴스도 그것을 통해서 보면 더욱 정확하게 압니다.

이렇게 모든 것을 개방하자는 것이 제 입장이기 때문에 말씀드린 것이고, 그 수준에서 아직까지 일본을 따라가기에는 어림도 없습니다. 심지어는 집권여당도 일본 자민당의 이름을 따서 민자당이라고 했지만 저는 제발 자민당처럼이라도 되어보라고 하고 싶어요. 지금 일본은 완전히 선진자본주의 문화이고, 우리나라는 민족사적으로 크게 보면 아직까지도 민족해방기의 문화입니다. 그렇기 때문에 일본보다는 한 세대가 뒤져 있습니다. 그 점은 분명합니다.

질 우리나라에 일본을 연구하는 사설·공영단체가 있는지요?

답 우리나라만큼 일본에 대해서 모르는 나라도 드물 거예요. 일본을 알고 싶어서 일본문학사, 일본역사에 관한 책을 사려고 서점에 가보지만, 후배들이나 우리 애들에게 권할 만한 제대로 된 책이 하나도 없습니다. 일본에 유학을 많이 가지만 일본 근현대문학을 연구하는 사람은 한 사람도 없어요. 저는 대단히 문제라고 봅니다. 그러나 아까 말씀드렸듯이 일본에는 우리나라를 연구하는 굉장한 전문가들이 있습니다. 우리나라는 일본을 완전히 거죽만 알고 있고 일본어도 관광할 정도로만 알고 있을 뿐이죠. 그리고 일본어 번역을 하는 사람이 굉장히 많은 것 같은데 전부 어떤 면에서는 절름발이입니다. 일본어를 잘하면 우리말을 모르거나, 우리말을 잘하면 일본어가 서투르지요. 일본에 대해 너무 모르고 연구도 안하고, 연구소도 몇 군데밖에 없습니다. 서울대, 동국대 등 몇 개 대학에만 있고, 또 일본어시험도 안 본다고 하지 않습니까? 이게 대단히 문제 같아요.

질 '민족개조론'의 핵심은 무엇입니까?

답 이광수의 민족개조론의 요지는 최남선의 민족성 얘기와 거의 비슷합니다. 우리 민족이 게으르고 힘이 없으니 나라를 빼앗기는 것은 당연하다는 거죠. 제가 아까 안창호까지 물고들어간 이유는, 안창호가 1919년 상해에서 한 「개조」라는 제목의 연설에 나오는 구절과 기본정신이 이광수의 민족개조론에 그대로 확대되어 부연 설명되어 있기 때문이에요. 나라를 뺏긴 것은 우리 잘못이다, 그러니 나라를 찾으려면 힘을 길러야 하고, 힘을 기르려면 교육을 해야 한다, 그러니 무슨 '회' 같은 것을 만들고 교육을 시켜서 회원들이 만 명쯤 되면 우리나라 국민성이 바뀔 수 있다, 그래서 만 명쯤 키우려면 한 30년쯤 걸린다는 계산까지 다 했어요. 말하자면 30년 동안 식민지로 남아 있자는 것이죠. 국민성을 바꾸기 위해서는 그 길밖에 없다는 것이 민족개조론의 핵심입니다. (**임헌영**)

비행기를 헌납한 친일기업인들

- 박흥식과 문명기 -

우리는 일제의 철쇄로부터 해방된 지 48년이 되어서야 비로소 일제가 식민지에서 저지른 범죄에 대하여 인식하기 시작하였습니다. 이렇게 뒤늦게 문제를 인식한 것은 그 시대의 식민지배가 별것이 아니었기 때문이 아니라 오히려 너무나 가혹했기 때문에 또한 그 식민지배의 잔존구조가 너무나 강력했기 때문에 그 당시 상황에 대하여 감히 말할 수 없었던 이유에서였습니다. 우리는 일제 식민지배의 잔인하고 가혹한 구조 앞에서 민족적인 제요소를 모두 파괴당했습니다. 다소 몇몇의 예외가 있었는데, 그것은 다름이 아니라 일본인화한 사람이었기 때문에 가능한 일이었죠.

그러나·그들이 민족사 내부에 끼친 해악은 대단히 큰 것이었음에도 일제의 수족이 되어 저지른 그들의 반민족적 행위가 오히려 민족적·애국적인 것인 양 인식되어왔으며, 오히려 찬양되어온 것이 우리 민족사의 비극입니다. 이 점이 명료해지지 않으면 우리 민족사의 전진은 대단히 어려운 상황이 되겠지요.

1. 박흥식

박흥식(朴興植)은 식민지배 시기에 경제적 측면에서 가장 두각을 나타낸 사람이었습니다. 세간에 단순히 민족자본가로 알려져왔던 그의 일제시기와 해방 이후의 활동을 훑어봄으로써 자본의 형성과정과 오늘날 우리 사회에서 자본이 갖는 정치적 성격을 파악하고 그 개선 방향을 가늠하는 데 도움이 되었으면 합니다.

기업의 성장과정

박흥식은 1903년 평안남도 용강군 용강면 왕도리 387번지에서 박제현의 둘째아들로 태어났습니다. 그의 형은 대성학교 졸업반이던 열아홉 살 때 한일합병에 저항하다 일본경찰의 고문으로 목숨을 잃었고, 그의 부친은 큰아들을 잃은 울화병으로 39세의 젊은 나이로 세상을 떠났습니다. 박흥식이 열네 살 때의 일이었습니다. 그는 상당한 유산을 상속받은 덕분에 당시로서는 드물게 진남포상고를 졸업할 수 있었습니다. 그런데 그의 이력은 가문의 전통과 어울리지 않게 일제와 친화하는 방향으로 내닫기 시작했습니다.

박흥식은 열일곱 살 때인 1920년, 진남포에서 미곡상을 경영하는 것으로 기업활동을 시작했습니다. 2년 후인 1922년에는 그의 향리에서 선광인쇄소를 차리게 됩니다. 그때의 인쇄소란 고속도 기계시설을 갖춘 것이 아니라 지금의 명함 찍는 수준의 기계를 갖춘 인쇄소였지만 꽤 인쇄사업이 흥성하던 시절이었습니다. 고향에서 인쇄소를 경영하던 박흥식은 어떤 계기에서였지는 모르지만 대망을 품고 일약 경성으로 진출합니다. 본인의 회상으로는 그것이 스물네 살 때인 1926년이라고 합니다. 그는 경성에서 선광인쇄소라는 이름을 그대로 내걸고 명함 찍는 일부터 시작했습니다. 그가 경성으로 진출한 것은 아마도 그의 향리는 인쇄업을 하기에는 너무나 좁고 장래성이 없었기 때문에 인쇄물이 많은 곳으로 옮기고자 하는 이유에서였을 것입니다. 그는 곧 인쇄소를 확장하여 선광인쇄주식회사로 개편하고 그 회사의 사장이 되었습니다. 아마 선광인쇄주식회사부터가 비로소 제대로 된 사업의 출발이 아닌가 생각합니다. 같은 해에 그는 무려 자본금 25만 원의 선일지물주식회사를 설립하고 역시 사장에 취임했습니다. 당시 25만 원이면 지금 화폐로 단순환산해도 기십억 원이 될 것입니다만, 경제 규모 면에서 비교하면 웬만한 중소기업 수준은 되는 셈입니다.

여기에서 기반을 잡은 박흥식은 1928년 화신상회를 설립하고 동시에 동아부인상행이라는 회사도 인수하게 됩니다. 이어 1931년에는 자본금 100만 원으로 우리가 다 알고 있는 주식회사 화신을 설립하여 사장이 되었습니다. 바로 이어 화신은 최남(崔楠)이 경영하던 동아백화점을 인수하여 화신백화점으로 이름을 고칩니다. 주식회사 화신의 설립부터가 박흥식이 본격적인 대규모 사업에 들어서는 계기라 볼 수 있지요. 당시 경성에는 미츠코시(三越)백화점, 미나가이(三中井)백화점, 조시야(丁子屋)백화점 등이 있었으나, 화신백화점은 규모나 경영 면에서 이들 백화점에 결코 뒤지지 않았어요. 그리고 그 명성이 높아서 전조선에 이름이 알려져 있던 상태였습니다. 1934년에는 화신연쇄점 계획을 발표했는데, 당시에 이미 270개 정도를 경영하고 있던 것을 1,200개소로 확장할 방침이라고 밝혀 세상을 놀라게 했습니다. 이 회사는 자본금이 200만 원이었습니다.

그는 또 1934년 9월에 자본금 200만 원의 대동흥업주식회사를 설립하여 토지경영에까지도 손을 뻗쳤는데 이 회사는 한일 합자회사였습니다. 그리고 백화점망을 더 확대하여 평양에 있던 평안백화점을 사들이기에 이르렀습니다. 1938년에는 자본금 200만 원으로 조선공작주식회사를 설립하고 사장이 되었는데, 이 회사도 일본자본과 합작한 회사였습니다. 또 같은 해에 자본금 275만 원으로 화신무역주식회사를 설립하여 사장이 되었습니다. 여기까지만 보더라도 박흥식은 이미 건드릴 수 없는 조선의 대사업가로서의 위치를 확고히 구축하였으며 국내외에 성망을 드날리는 신분이 되었습니다. 또한 1919년에 설립된 자본금 100만 원의 경성방직주식회사의 감사역을 맡았습니다. 이외에도 1934년에 설립된 동광생사주식회사와 1935년에 설립된 조선평안철도주식회사의 중역이 되었으며, 1936년에 설립된 제주도흥업주식회사, 1938년에 설립된 조선공영주식회사의 중역으로도 있었습니다. 이러한 과정은 주식의 상호출자를 통한 겸직중역회의를 활용한 것으로도 표현될 수 있겠지요. 이것은 일본 내에서 유행하던 자본의 확장방식으로 위험을 분산시키면서 경영을 확장하는 하나의 방식이었습니다.

또한 1934년에 설립된 일본인 자본회사인 북선제사주식회사의 중역에도 취임하였는데, 이 회사는 당시 자본금이 무려 2천만 원에 이르는 거대기업이었습니다. 역시 같은 해에 일본인 자본회사인 조선석유주식회사의 중역으로도 취임하는데, 이 회사도 자본금 2천만 원의 거대기업이었습니다. 이로써 일제가 정책적으로 추진하던 전쟁기업에도 참여한 것을 알 수 있습니다. 식민지의 조건에서 이러한 사업적 관계란 총독부의 비호와 알선이 없이는 불가능한 일이기도 했지만, 한편으로 그 관계는 일제의 권력과 자본에 대한 예속의 관계이기도 했습니다.

기업경영의 본질

당시 식민지 지배하에서는 아무리 경제적·사업적인 문제라 해도 그것이 경제논리대로 움직일 수는 없었습니다. 해방되고 반세기가 흐른 지금, 더구나 경제논리 제일주의의 분위기가 사회를 관통하는 지금도 정권의 눈에 벗어난 자본이란 존재하기 어려운데, 식민지시기에는 식민지배체제와 무관한 반항적인 자본이란 상상할 수도 없었습니다.

일제하에서의 일제에 대한 충성이란 무엇이겠습니까? 그것은 제 동족을 괴롭히고 독립의지를 파괴해서 일제를 이롭게 하는 것 외에 아무것도 아니었습니다. 제 한몸의 안락과 출세를 위해, 일제에 대한 무한대의 충성경쟁에서 승리한 자에게만 비로소 약간의 출세가 보장되었습니다. 이런 면에서 박흥식은 일제 식민통치정책이 이용한 민족파멸의 신기루였던 것이었습니다. 이를 반민특위의 공소장은 이렇게 고발하고 있습니다.

박흥식은 본래 별볼일 없는 지방사람이었는데 1926년에 상경하여 선일지물주식회사를 만들 때 24살의 나이밖에 되지 않았으나 아유에 능하여 총독 이하 각계 요로 인물들과 친교를 맺어 재계를 위시하여 실업계·경찰계·군부에 이르기까지 광범위한 친일관계를 유지하면서 시기를 놓치지 않고 고관들에게 수시로 뇌물을 바치고 주연을 베풀어서 물심적 환심을 사는 데 전심을 경주하였으며 정신적으로 식민지정책 수행에 아부, 기무라(木村) 종로서장을 비롯한 역대 종로경찰서장과 긴밀한 교분을 맺고, 재계에 있어서 식산은행 아리가(有賀光豊) 두취, 하야시(林繁藏), 야마구치(山口), 곤도(近藤), 가토(加藤), 마츠바라(松原), 요시카와(吉川) 등 은행 거두들과 일상 같이 지내게 됨에 따라 호즈미(穂積) 식산과장, 미즈타(水田) 재무국장, 이케다(池田) 경무국장, 동 미츠하시(三橋), 동 야마미네(山峰), 이사카(伊坂), 야마지(山地) 등 역대 광공(鑛工)과장, 고토(近藤) 금융산업과장, 야스다(安田) 경기도지사, 동 마쓰모토(松本) 지사, 오카(岡) 경기도 경찰부장 등으로 뻗어 나가면서 친일 농도가 짙어가게 되자 범위는 다시 확대되어 이타카키(板垣), 이하라(井原), 나카무라(中村), 마츠다(松田) 등 군부의 군사령관 간부급과 우가키 가즈시게(宇垣一成) 총독 이하 역대총독에 이르기까지 친교를 갖게 되었습니다. 또한 당시 일본의 츠다(津田) 종방사장, 아다치(足立) 왕자제지사장, 노자와(野澤) 조주인 등 일본 내의 재계, 경제계 일류 거물들과 대조할 때, 그들을 배빈으로 총독의 초청을 받게 됨으로써 일본 내의 상업 거두들과 친교를 갖게 되었으며, 비행기공장 경영을 계기로 일본정부 도조(東條英璣) 수상과 그의 육군성·군수성에까지 친일무대가 확대되어 최고 친일의 지위를 확보하게 되었습니다.

  박흥식은 역대총독 중에서 우가키(宇垣)를 가장 숭배하였는데, 이 시기에 총독과 친교함에 따라 친일파의 거두이던 한상룡(韓相龍)과 박영철(朴榮喆)의 후계자로서 인정받게 되어 그 지위가 더욱더 탄탄해졌죠. 이처럼 탄탄한 지위를 반영하듯 박흥식은 조선공로자의 높은 대열에 추대되어 "화신이 앞으로 점점 웅비하여 씨의 제반사업이 착착 융성해짐에 따라, 씨가 반도산업계·상공계에서 대대적인 약진을 시험해보는 것은 누구에게나 긍정적이고 탄상(嘆賞)을 자아낼 만한 일이 될 터인데 진실로 박흥식씨는 드물게 보는 천재적·사업적 거장으로 일컬어지고 있다"라고 극찬을 받고 있습니다.

  공로자에게 베푸는 조선총독부의 이런 공식적인 칭송은 그뒤 1936년의 조선산업경제조사회와 1938년 조선총독부에서 개최한 시국대책조사회에서 한층 명료하게 드러납니다. 산업경제조사회와 시국대책조사회는 대륙병참기지로서의 조선의 중요성을 인식하고, 내선일체를 완수하며, 조선에 군수산업 중심의 중화학공업을 육성하기 위한 방향을 제시하는 것을 목적으로 열렸어요. 회의는 그에 관한 총독의 자문 사항에 대해서 논의하여 답신안을 작성하는 방식으로 진행되었습니다. 그리고 이 답신안은 이후의 정책결정에서 중요한 역할을 하였습니다. 박흥식은 조선인으로서는 각각 다섯번째와 두번째 서열로 위원에 선정되었죠.

박흥식과 조선비행기주식회사

  박흥식은 1944년 조선에 징병령이 실시되고 얼마 지나지 않아 고이소(小磯) 총독에게 불려가서 조선인들이 명실공히 천황의 적자로서 황은(皇恩)을 입게 되었으니 그 기념으로 전투비행기 공장을 세우라는 청탁을 받습니다. 그래서 1944년 8월 19일에 세운 것이 조선비행기주식회사로 자본금 5천만 원에 이르는 초대형 기업이었죠. 당시에는 항공회사로 조선항공공업회사, 송도항공주식회사, 금강항공주식회사 등이 있었으나 이 조선비행기주식회사에는 비할 규모가 아니었습니다. 조선비행기주식회사 설립에 대한 반민특위의 공소장을 인용하면 이렇습니다.

　1944년 3월경에 조선항공부 담당장교 나카무라(中村) 중좌를 대동, 일본에 가서 도조수상, 육군성, 운수성 제1과국장, 항공본부장 등을 예방하고 조선에 징병제 실시 기념사업으로 서울 근방에 비행기 제조회사를 창설하려 하오니 중앙에서 조선에 부족한 기술과 자재의 적극적인 원조를 하여 뜻있는 사업을 완수하여 달라는 것을 진언 요청하였던 바, 일본 중앙정부 요로측에서도 대동아전쟁이 중대한 단계에 있으므로 적극 원조하겠다는 것을 맹세한 후, 곧 조선으로 돌아와서 다나카(田中) 정무총감, 니시히로(西廣) 경무국장, 군부의 이타가키 사령관, 참모장, 헌병사령관 등과 협의, 동년의 중일전쟁 폭발일인 7월 7일 고이소 총독에게 항공제조사업 안내허가서를 제출, 허가가 되어 동년 9월에 비행기회사를 창설, 동년 10월 창설인사차 일본 중앙정부에 가서 물자원조를 요청하였으나, 정세가 일변하여 일본 전세 불리로 중앙에서는 물자 알선을 할 여유가 없다고 거절하면서 비행기회사 창설을 중지하는 것은 자유에 맡기니 마음대로 하라고 하였음에도 불구하고, 나카무라 중좌와 함께 1개월 동경에 체재하면서 애원간청하여 육군성의 소개로 상해등부대(上海登部隊)에 가서 자재의 알선을 받게 되었습니다.

박흥식이 이 문제에 대해서 법정에서 비화 겸 회고 겸 털어놓은 내용이 있어요. 그걸 보면 "나는 공장 건설을 위해 만주비행공장을 시찰하고 돌아온 후 만주, 중국 등지에서 필요한 시설을 들여오기 시작했다. 고이소 총독과 조선군사령관의 소개장을 갖고 상해로 건너간 나는 나카츠중장을 만나 그곳의 시설을 반출해주도록 요구했다. 나카츠는 '정신이 있소? 지금 비행기가 펑펑 쏟아져 나와도 될까말까한 판에 이제 공장을 지어서 무엇을 합니까? 당신은 안될 줄 알면서도 공장시설에 탐내는 것 같은데 여기서는 하나도 내줄 수 없습니다'라며 반대했다. 나카츠의 완강한 태도에도 불구하고 나는 후에 책임 추궁을 당할 것이라고 협박을 해대며 간신히 허가를 받았다. 나는 미츠이(三井)가 갖고 있던 고려인삼 독점권을 강제로 넘겨받아 홍삼을 주고 이 기계설비를 사들이는 데 성공했다. 상해에서 들여온 시설만으로도 비행기 1,400대를 생산해낼 수 있는 당시 6억 원 상당의 엄청난 것이었다. 안양의 공장은 이렇게 곳곳에서 들여온 시설로 완성되어가고 있었다. 그러나 종전까지 이곳에서 생산한 비행기는 시작기 1대뿐이었다"라고 밝히고 있습니다.

이 조선비행기주식회사가 창립되자 전 조선경제계에서 전폭적인 지지를 보냈고 항공본부 경성감독관장은 조선의 비약적 발전을 기대한다고 설쳐댔어요. 이사진으로는 박춘금, 방의석 등 철저한 친일파들뿐 아니라 총독부와 일본 본국의 최고위급 인사까지 포진시켜놓고 설립자금 중 상당액은 일반 시장에서 주식공모를 통해서 조달하였어요. 이렇게 박흥식이 심혈을 기울여 만든 조선비행기주식회사는 애석하게도(?) 전쟁이 끝나는 바람에 제대로 기여를 하지 못하고 말았습니다. 그런데 이 회사에서는 중요 군수산업이라 하여 전노동인력을 징용에 의해 거의 무노임상태로 착취하기도 했습니다.

박흥식의 친일 전쟁협력행각

박흥식이 기업을 키워가는 과정은 곧 친일의 과정이요, 일본에 대한 충성심을 더욱 키워가는 과정이었다는 것은 우리가 계속 얘기하는 바이지만, 기업관계 외에도 일제의 중국침략이 시작된 후부터 그는 직접 정치적 친일행각에 몰두하지 않을 수 없었습니다. 그는 거물답게 거의 모든 전쟁수행 단체에 이름을 올리고 중요 요직을 맡기도 하며, 사업을 그만두고 그 일만 쫓아다녀도 도저히 감당해낼 수 없을 정도였어요. 당시 박흥식이 참여했던 단체를 한번 들어볼까요?

1938. 8.　　　국민정신총동원 조선연맹 이사 및 배영동지회 상담역

1939. 11.	창씨개명에 협조
1940.	국민총력 조선연맹 이사 및 연성부 연성위원
	경기도 참여, 경성부 연맹이사
1940. 10. 9.	전시동원 강연
1941.	『매일신보』에 조선의 역사적 발족(담화), 『매일신보』 감
	사역, 흥아보국단 상임위원, 임전보국단 이사(임전보국단
	결성에 주동), 평양에 유세대로 파견, 조선총독부 보호관
	찰소 촉탁 보호사
1942. 5. 30.	악질총독 미나미의 퇴임에 대하여 '영원히 못 잊을 자부
	(慈父)'라는 제목으로 『매일신보』에 담화 발표
1942. 12.	조선인 대표로서 전일본 산업경제대표자들의 권력증강단
	합회에 참석 일왕 히로히토(裕仁) 면접
	'배알의 광영에 못 이겨 오직 감읍할 뿐'이라는 담화 발표
	- 필승의 신념을 가지고 대동아전쟁 완수에 전력을 바치
	어 산업경제인으로서 부하된 중책을 명심하여 실천할 것
	을 결의
1943. 11.	'학병의 분기 바란다(이전과를 생각코)' 담화, 동척 감사역
1943. 12. 16.	'배알 1주년 성려봉체 - 지성으로 봉공' 담화, 명심하였던
	결의를 잊지 않고 있음을 재강조
1945.	대화동맹 심의원
1945. 4. 4.	대조(大詔)를 받자옵고(담화)

박흥식은 이외에도 학병권유회나 증산보국강연이니 하는 데서도
활약했는데 특히 학병동원에서는 종로구 동원책임자가 되다시피하여
"학병을 동원시키는 데 드는 비용은 내가 전부 부담하겠다"고 호언을
해서 그 자리에 합석해 있던 남권사장인 오쿠라(小倉武之助)라는 왜
놈으로 하여금 감격이 지나쳐 울게 하였고 종로 경방단장인 조병상
(曺秉相)으로 하여금 "감사합니다. 감사합니다. 당신은 진정한 애국
자의 모범이십니다"라고 감격에 겨워 혀를 내두르게 한 바도 있습니
다.

박흥식의 일제하 행각 평가

박흥식은 그의 죽은 형이 도산 안창호가 세웠던 대성중학을 다녔던 관계로 특히 도산 안창호의 문제에는 강한 집착을 보였어요. 반민특위의 재판과정에서 그의 변호사는 "그는 1935년 도산 안창호가 옥중에서 병으로 신음하고 있을 때 총독과 담판해 병보석시키고, 재수감되던 1937년 여름까지 극진히 돌보아주었다. 그가 주요한(朱耀翰), 김동원(金東元), 이광수(李光洙) 등과 대전형무소로 도산을 면회갔을 때, 도산은 '주군이 넣어준 책 속에서 화신을 읽고 한국인 중에도 박사장 같은 실업인이 있다는 것을 알고 흠모했다'고 말했다. 그는 애국지사인 이갑(李甲), 유동열(柳東說) 선생 등이 민족운동의 본산으로 설립한 협성실업학교가 설립자들이 투옥되어 경영난에 빠지자 이를 인수해 되살리는 일도 했고 1939년에는 만주국 경성 주재 총영사 박영철의 후임으로 그를 임명하려 했을 때 이를 거부했다. 1940년에는 중추원 참의를 그의 사전 양해도 없이 발령하자 바로 사표를 써내 기어이 이 자리를 벗어났다"고 주장했습니다.

이런 사례를 표면적으로만 보면 그가 단지 사업을 위해서 총독부를 이용했을 뿐 실제적으로는 애국자를 돌보아준 민족자본가였다고 칭송받을 수도 있습니다. 그러나 안창호 석방문제만 해도 이미 일제의 귀족으로 변신한 박영효가 총독을 면담하고 석방을 탄원했으나 거부당했던 사안입니다. 그런데 박흥식은 성공하였습니다. 일본 총독까지 움직이는 그의 능력을 단순히 개인적인 역량으로만 평가하기는 어려울 것입니다. 그런 힘은 어디에서 오는 것인가. 박흥식은 법정에서 이렇게 회고했습니다.

도산은 1932년 4월 29일 상해 홍구공원에서 있었던 윤봉길 의사의 의거 직후 일본경찰에 체포되어 국내로 끌려와 치안유지법 위반 죄목으로

4년의 징역형을 받고 복역중이었습니다. 그런데 도산은 복역중 심한 위장병으로 사경을 헤맸고, 개화당 시절의 동지였던 박영효가 총독을 찾아가 가석방을 간청했지만 한마디로 거절당했습니다. 나는 이 소식을 듣고 우가키(宇垣) 총독을 찾아가 도산의 석방을 요구했습니다. 총독은 강경하게 거절했지만 나는 끈질기게 물고 늘어졌습니다. 총독은 "고등경찰 등쌀에 혼이 날 텐데"라며 이케다(池田) 국장을 불러 도산의 가석방을 지시했습니다. 며칠 후 나는 주요한, 김동원 등과 도산을 면회했고, 1935년 2월 10일 도산은 가출옥하여 도산을 서울 종로 가회동 자택에 모셔오자 정원에는 이미 30여 명의 고등계 형사들이 천막을 치고 주재하고 있었습니다. 안창호는 그 후 한 달쯤 지나서 내가 일정으로부터 시달림을 받는 것이 안되었던지 숙소를 호텔로 옮겼습니다. 안창호가 숙소를 옮긴 뒤에도 나는 계속 생활비와 치료비를 댔습니다. 안창호가 그후 1937년 11월 1일 수양동우회 사건으로 다시 투옥되었다가 병세 악화로 이듬해 3월 10일 숨지자 나는 일경의 감시가 심한데도 안창호의 장지인 망우리까지 따라가 그의 장례 뒷바라지를 했습니다.

이 사실은 도산과의 관계에서는 확인된 사실입니다. 이런 것으로 보아 박흥식은 이미 조선사람의 의식이 아니라 그 누구도 따를 수 없는 확고부동한 일본제국의 충복이 되어 있었으며 총독부 당국자는 물론 널리 신임을 받고 있었음을 짐작할 수 있습니다. 식민통치의 근간인 고등경찰이 누를 수 없는 힘, 그들이 뭐라고 해도 소용이 없는 확고부동한 충성의 위력을 박흥식은 이미 확보하고 있었던 셈입니다.

다음으로 추측할 수 있는 것은 박흥식이 이미 철저한 충복이었기에 가능한 발상이지만 당시 채찍과 당근으로 민족개량주의 세력을 공개적인 친일세력으로 몰아가던 일제의 식민지정책에 박흥식이 나름대로의 고등술수로 협조하고 있었다는 점입니다. 안창호 선생의 흥사단과 수양동우회계열은 민족개량주의 세력으로서 인식되고 있었으며 이미 일제에 공개적으로 투항해가는 과정에 있었습니다. 이것을 박흥식이 나서서 해결함으로써 일제 당국으로부터는 역량을 인정받고 당시 민중으로부터는 민족자본가로 인식되고 그 자신은 개인관계에서 은혜를 베풀어 덕을 넓히는 일석삼조의 효과를 본 셈이죠.

해방 후의 사회정세와 박흥식

해방후 한 평자는 당시의 정세를 다음과 같이 표현하였죠.

8·15 이후 전민족의 가슴을 아프게 한 것은 말할 것도 없이 첫째 친일
파와 민족반역자의 네 활개요, 둘째 모리당원의 발호였다. 인민의 참된
지도자만이 등장하여야 할 정치무대에 친일파의 무리가 작당 난무하는가
하면 한편, 왜적이 짓밟고 간 황폐한 경제무대에는 모리를 위하야는 체면
도 도덕도, 나라도, 민족도 팔고사는 문자 그대로 모리배가 득세 도량하
였으니 뜻있는 애국자의 가슴이 터질 듯한 의분을 금치 못하였음은 말할
것도 없거니와 요래의 이국 손들의 눈에는 어떻게 비쳤으리.
구석구석 모리배요, 거리거리 모리당원이 식충처럼 구질구질하여 참아
목불인견의 한심한 희비극을 연출하였다. 하루 이틀 한 달 두 달 정계가
일진일퇴 우회곡절하는 동안에 모리당만은 어느 어떠한 정당보다도 당세
확충을 하게 되어 흑사병란처럼 전염하여 마침내 상가와 거리거리는 물
론이요 마차와 자동차, 기차까지 모조리 험상궂인 모리당의 세계가 되었
을 뿐 아니라, 모든 생활필수품은 모조리 모리당의 영도하에 독점되어 물
가만 각일각 천정부지로 폭등하게 되어 생활위협이 증강하니 반동분자
숙청에만 열중하든 삼천만의 관심은 경제 면에도 파급집중하여 새 조선
을 좀먹는 모리당을 청소하라고 추상 같은 호령은 점점 높아가기 시작하
였다.
친일파가 모리당이요 모리당이 친일파 민족반역자이다. 8·15 이전까지
왜적에 붙어서 인민대중의 고혈을 착취하여 혼자만 호의호식하는 악질지
주와 악질대자본가가 곧 친일파, 민족반역자이다. 왜적과 함께 당연히 숙
청되어야 할 이 사이비조선인은 국내외 정세관계로 일시 령을 연장케 되
니 이번은 왜적에 대위한 정치적 지배까지 꿈꾸고 정치 면에 나선 것이
바로 모당 모당이오 경제 면에 잠복준동하는 부대가 세칭 모리당이다.
정치 면이 그들의 최후발악과 간교한 위선적 애국언동으로 혼란되듯이
경제 면이 그들의 악질준동으로 파탄의 위기에 직면한 경제조선이 더욱
총파국의 심연에 빠지게 된 것이다(조허림, 「모리배론」, 『협동』 8월호 46쪽).

해방 후의 박흥식은 해방 전의 박흥식처럼 거부를 앞세우고 위력을

1945년 9월 무렵의 화신백화점
전경. 영어와 러시아어로 연합군
진주를 환영하는 구호를
내걸어놓고 있다.

부릴 처지는 못되었으나 그의 상재(商才)는 도처에서 여지없이 발휘
되어 결국 법정에 서게 되었는데 대체로 세 가지 죄목으로 정리될 수
있습니다.

 첫째는 일제패망 당시의 조선 사령관 가미츠키(上月) 중장과의 친
교관계를 이용하여 조선비행기주식회사 정리기금으로 받아서 채무 기
타 변제로 낭비하여 일제의 경제 교란책에 영합했다는 것입니다. 사
실 조선 주둔군이 박흥식의 비행기 회사에 손해를 보상할 법적 근거
는 어디에도 없었습니다.

 두번째는 일제패망 후 종업원들이 퇴직금과 임금문제로 들고일어
나자 이 문제를 해결한다는 명목으로 역시 가미츠키 사령관과 경리부
장으로부터 8월 27일 2천 5십만 원이라는 거액을 받았는데 종업원들
에게는 한푼도 주지 않고 혼자서 여기저기 숨겨두고 삼켜버린 사건이
죠.

 세번째는 화신백화점이 해방 전 통제경제하에서 각 군수공장이나
작업장에서 강제노역을 당하는 사람들에게 나누어줄 배급품을 가지고

있었어요. 당시 박흥식은 화신사장이었고 박병교가 전무였는데 그들
은 직위를 이용하여 검은 비단과 생활필수품을 화신매장에서 일반판
매해서 고가의 이익을 올렸습니다. 그 판매가가 매입원가의 무려 45
배에까지 이르렀으니 모리배로서의 실력을 인정하지 않을 수 없겠죠.

당시 사회가 소란하고 모리배에 대한 원성과 친일파 처단에 대한
요구가 높던 때라 세인의 비상한 관심 속에 재판이 진행되었으나 박
흥식은 결국 무죄선고를 받았습니다. 이 사건만을 보더라도 당시의
모리배 친일파와 군정당국 정책의 관계를 짐작할 수 있습니다.

박흥식은 일제시대에도 권력자와의 연회를 즐겼지만 해방 뒤에도
그 버릇은 여전했답니다. 날이면 날마다 집에서 미군고관 및 군정청
조선인 고관들과 주야로 연회를 베풀고 무도회를 열었다고 하니 박흥
식의 재질은 그 분야 외에는 없었던 모양이지요.

박흥식은 그뒤 반민법이 제정되자 문제의 심각성을 알고 일제 때
고관을 지내고 조선비행기주식회사 주식정리 위원장이던 장직상, 만
주국 총영사를 지낸 김연수와 더불어 반민특위 대처방안을 논의했지
만 별 뾰족한 수가 없었죠. 그래서 경찰에게 돈을 주어 반민특위 해
소작업도 시도했으나 별 효과가 없자 해외도피를 노려서 여권을 정비
하던 차에 반민특위 검거 제1호로 걸려들고 말았습니다. 그러나 반민
특위가 친일세력의 난동으로 흐지부지되고 안창호에 대한 행적이 고
려되어 그는 무죄선고를 받고 말았습니다.

그 뒤 박흥식은 사업가로서 더이상 발전하지 못하고 퇴보를 거듭하
게 됩니다.

박흥식을 두고 일제 때에도 해방 후에도 오직 사업에만 전념하고
정치에는 무관한 민족자본가였다고 주장하는 사람들이 있습니다. 또
마음속에 민족의식을 품고 조국의 해방을 기다리던 애국자였다고 말
하는 사람도 있습니다. 이런 말을 일러 궤변이라고 하지요. 하기야 턱
없는 민족의 개념도 있고 반민족이 민족이요 매국이 애국으로 되는
판이니까 그 말뜻을 전혀 이해하지 못할 바는 아닙니다만, 지금까지

훑어온 박흥식의 행적은 아무리 궤변을 동원하더라도 민족과는 거리가 멀지 않습니까? 조선총독부가 시작했던 광란적 반공정책을 수행하던 친일모리배가 그들을 자칭 민족세력으로 부르기 시작한 것이 민족이란 단어가 뒤집히기 시작한 연원이었습니다. 우리는 이제 이런 전도되고 오염된 언어부터 바로잡아야 할 것입니다.

민족자본이란 우리 민족의 소유이면서 민족해방운동과 민족사의 발전에 기여한 자본이라야 그렇게 부를 수 있습니다. 일제 때 박흥식이 우리 민족해방운동이나 우리 민족사의 발전과 무슨 상관이 있었습니까? 오직 우리 민족의 독립의지를 꺾고 일제의 노예로서 사는 것이 행복하다는 민족파멸의 환상을 심어준 신데렐라적 모델로서만 쓰임새가 있었을 따름이며 본인도 이 기능을 적극 수행했던 셈입니다.

참고로 박흥식이 썼던 일제 때의 논설 두 편을 한번 읽어 보시기 바랍니다.

학병의 분기 바란다

특별지원병제 발표로 반도 2,500만이 기쁨의 결정에 달하여 있을 때 거듭하여 이런 대전과를 접한 것을 황군장병들에게 대하여 진심으로부터 감사하는 동시에 앞으로 어떻게 해야 이 존귀한 노고에 보답을 할까 하고 적지 않은 큰 부담을 느끼는 바입니다. 아무리 생산력의 풍부함을 자랑하는 적 미영이라 할지라도 이대로 나간다면 머지않아 우리 황군 앞에 굴복하리라고 확신합니다. 이런 때를 당하여 반도 청년학도들은 한층 더 자신의 숭엄한 임무를 깨달아 오는 20일 지원병 모집기한까지는 한 사람도 빠짐없이 전부 지원하기를 바라마지 않습니다.

지성으로 봉공

작년 금월 금일 나는 산업경제계 대표자의 한 사람으로 특히 반도출신으로서는 오직 한 사람으로서 황공하옵게도 배알의 광영에 욕하였는데 지적에서 용안을 봉배한 때의 감격은 일생을 두고 잊을 수가 없습니다. 우리들 산업경제계에 있는 사람들은 이 황공하옵신 대어심에 봉부코저 더욱 노력하지 않으면 아니됩니다. 이제 결전의 양상은 나날이 심각가열해서 전력의 증강은 각각으로 급무가 되고 있는데, 지금의 일포일기는 명

일의 십포십기보다도 낮고 명일의 십포십기는 재명일의 백포백기보다 나은
전력을 발휘하는 것입니다. 조금이라도 안한히 할 수가 없는 것입니다. 모
든 직장에 있는 자는 직접 전력화되고 아니되는 것을 불문하고 오직 증강
에만 용기를 내어 최후의 승리를 얻기까지 매진하여야만 됩니다. 대동아전
쟁 개전 이래 우리 반도의 2천 5백만 원 적자가 얼마나 황민됨의 자각을
높이어 얼마나 성업익찬을 위해서 지성을 다해왔느냐 하는 데 대해서 나는
새삼스럽게 말할 것 없습니다. 오직 내지 동포와 참다운 일체가 되어 대동
아건설을 위해서 전체를 바치고 있다는 것은 명백히 단언할 수 있어 그것
을 경축하는 바입니다.

2. 문명기

출생과 성장

문명기(文明琦)는 1878년 평남 안주에서 출생하였습니다. 그의 부
친은 한학자 문승환(文承渙)인데 그는 장남이었지요. 그는 어린시절
부친을 따라 유랑하다가 경북 영덕군 영덕읍에 정착하여 부친으로부
터 한문공부를 배우게 됩니다. 영덕에 정착한 그는 20대에 도부꾼을
지내고 그 뒤로 생선장사를 하게 되었다고 하는데 극히 소규모의 생
선장사를 하던 그가 어떻게 출세를 하게 되었냐면, 그때 막 진출하기
시작한 일제 경찰과 친해지는 것을 그 방도로 택한 것입니다. 일제
경찰의 힘을 빌려 돈도 벌고 출세도 해볼 생각을 하게 된 것이지요.
그 계획의 하나로 시작한 것이 경찰서장의 방문 앞에 커다란 방어를
매달아두는 것이었습니다. 그것을 인연으로 하여 서장과 친하게 된
문명기는 일제 경찰을 업고 승승장구 사업가도를 달려가게 됩니다.

문명기는 젊었을 때는 허영심이 강하고 인색하고 잔인하였다고 합
니다. 또한 기회포착에 대단히 능한데다가 아유와 사교력이 뛰어나고
추진력도 강하였다고 해요.

사업가로 전신

1907년 문명기는 드디어 제지공장을 세우게 됩니다. 공장 규모는 당시 20~30명의 노동자가 일하는 정도였다고 전합니다. 당시 영덕군 지품면 일대는 종이 원료가 풍부하여 제지공장이 많았습니다. 문명기도 이곳에서 종이공장을 시작해서 처음에는 평양을 비롯한 북조선 일대에 팔았습니다. 그는 자기 공장 제품만이 아니라 다른 공장 물건까지 떼어다 팔았는데 큰 화물차에 싣고 만주에까지 갈 정도로 대규모의 사업가로 변신해 있었습니다. 이런 과정이 모두 일제 경찰과 관헌의 적극적 후원 아래 진행되었음은 물론입니다.

사업이 번창해지자 그는 '광제회'라는 재단법인을 만들었는데, 그 명분은 제지업의 개선발달을 도모하기 위해서라고 하였습니다. 그러나 실제로 이 단체는 일제 관헌과 체계적으로 관계를 맺어 그의 종이 판매업을 튼튼하게 뒷받침받고 생산과 판매를 독점하고 통제하는 데 목적이 있었다고 보아야 할 것입니다. 그리고 수산업에도 진출했다고 하는데 그 규모나 내용은 자세하게 알 수 없어서 유감입니다.

제지업과 수산업을 경영하던 문명기는 더 큰 돈을 벌기 위해 금광에 투자를 했는데 이것이 들어맞아 경상북도에서도 손꼽히는 재산가가 되었습니다. 그의 광산은 경북 영덕군 지품면 도계에 있었는데, 광산 이름은 그의 이름을 따서 문명광산이라 하였고, 종업원이 100여 명 정도 되는, 금광으로서는 큰 규모였습니다. 그러나 금광은 끝도 없이 계속되지는 않거든요. 상당 정도 캐들어가다가 광맥이 줄어드는 것을 눈치챈 문명기는, 그 유명한 문명광산의 성가를 이용하여 이를 미츠코시(三越)에게 12만 원을 받고 인계해버려 손해를 면하기도 했습니다. 그만큼 약았던 거지요.

문명기는 그 과정에서도 몇 개의 사업을 더 벌였는데, 1924년 8월 30일에는 동해사업주식회사 감사역에 취임하고, 1929년에는 영덕전기주식회사 취체역(이사)으로 취임했습니다. 그리고 1935년 9월에는 포항에 포항소주회사를 설립하고 그 대표가 되기도 합니다. 그가 관여한 사업은 여럿 되지만 자기가 소유권을 가지고 있었던 회사는 1935년에 설립한 포항소주 정도였습니다. 이것을 보면 문명기의 사업적 역량은 보잘것없었던 것 같아요. 그런데도 이렇게 부자가 된 것은 식민지 권력을 배경으로 근근히 유지해간 것으로 생각됩니다.

문명기의 친일행각

문명기는 일찍이 1921년 경북 도평의원이 된 이래 이 직을 여러 차례 중임합니다. 그리고 그를 일약 전조선적 인물로 만든 것은 문명광산을 일본정부의 알선으로 미츠코시 재벌에 처분하고 받은 12만 원 중에서 10만 원을 국방헌금으로 기부하고 난 뒤부터였습니다. 이 10만 원으로 육군기 1대, 해군기 1대를 헌납하여 이름도 문명기호라고 짓고 이 비행기를 영덕 오십천변에 전시까지 했다고 합니다. 이 행위가 얼마나 일제를 감격시켰는가는 당시 발표된 글이 입증해줄 것입니다.

경북도의회 의원 문명기씨는 열혈남아이다. 1932년 이래 심혈을 기울여 경영하던 금은광이 12만 원에 팔렸는데, 당시 나라의 비상시를 걱정하여 국민의 열성이 국방기건조비 헌금으로 표출되었던 때였기 때문에 씨는 솔선하여 그 중의 10만 원을 헌납하고 해군기, 육군기 두 대의 건조비에 충당했다. 씨는 여유있는 자산가는 아니다. 경북 영덕군에서 수산업을 경영하며 분투노력하여 중망을 모아 도의회 의원에 추대되었는데 노후의 계획을 세우기에 앞서 먼저 나라의 전도를 걱정하여 천만 뜻밖에도 얻은 12만 원 중에서 10만 원을 할애한 것은 열혈아 문명기씨가 아니면 그 누구도 할 수 없는 일이다. 씨는 여기에 만족하지 않고 반도 동포에게 호소하여 나아가 다시 국방기 100대 기부를 결의하면서 먼저 내지에 건너가 이세대 묘에 참배하고 이 의거를 맹세한 연후에 조선 내의 강연행각에 올랐다. 씨는 1879년생으로 58세 남은 긴 여생을 생각하면서 자기를 위해,

가정을 위해 계획을 세울 연배이다. 그럼에도 불구하고 감연히 일어서서 비상시의 일본의 현황을 설파하고 국가백년의 기초를 확고하게 하려는 바이기 때문에 씨의 면목은 뛰어난 것이다. 반도 동포의 심령에 일본 홍륭의 열혈을 끓여세워 내선인이 긴밀하게 결합하여 일체가 되는 실상을 세계의 앞에 선양하고 황도일본의 통치정신의 정신혁명을 발양한 공적은 위대하다고 하지 않을 수 없다. 비행기 100대는 진실로 제국의 국방을 강화 충실하게 하는 효과가 충분하다. 뿐만 아니라 반도 동포에게 전해진 위대한 정신적 감응은 절대한 힘으로 되어 이것을 각성시키는 것이다. 특히 기억의 부를 감추어두고 밤낮 사복을 살찌우는 일에 부심하는 제국부호에게 대해서는 냉수 1섬의 느낌을 품게 하고 사상운동에 광분하는 불령의 무리를 감분시킨 바는 특히 큰 것으로 그 공로는 대서특필할 가치가 있다.

이를 보면 우리는 당시 그가 국방기를 헌납한 것이 얼마나 큰 충격이었는지 짐작할 수 있을 것입니다. 문명기는 이 애국기 헌납으로 전국적으로 명성을 얻었을 뿐 아니라 일제로부터 애국옹이라는 칭호를 받게 됩니다. 그러나 조선민중으로부터는 야만기라는 명칭을 얻게 되지요. 문명기는 명세한 비행기 100대를 헌납하기 위하여 전조선을 돌면서 '1군 1기 헌납운동'을 전개하여 결국 비행기 5대를 더 헌납합니다. 그는 여기에 그치지 않고 헌함운동을 전개하면서 자신의 소유로 되어 있던 경북 영양군의 동광 3개를 기부하기도 합니다. 이외에 또 문명기를 유명하게 만든 것은 '가미다나(神棚)'라고 하는 일본 개국신인 천군대신의 영부(靈符)를 집집마다 모시게 한 것인데, 바로 문명기가 총독에게 건의하여 이루어진 것이라는 설이 유력합니다.

문명기는 1938년 9월 4일 조선신궁에서 그가 창립한 친일단체 광제회의 발회식과 가미다나 분포식을 거행하고 1차로 서울의 각 정회(町會) 총대(總代 — 요즘의 동장) 130명에게 가미다나를 나누어주었습니다. 이것이 문제의 가미다나가 조선 내에 배포된 시초예요. 이후로 조선의 가가호호 백성들은 밑도 끝도 없는 일제 왕실조상에 대해 숭배례를 드려야 하는 고초를 안게 되었던 것입니다.

거금 10만 원을 헌납한 문명기는 1935년 그의 주창으로 조직된 조선비행기헌납회에 다시 만 원을 기부합니다. 그리고 육군에 2만 원, 해군에 4만 원의 국방비도 헌납하였습니다. 이 일로 그는 일본천황으로부터 감수포장을 받았습니다. 1939년 8월에는 육군에 4만 원, 1943년에는 헌함운동을 위해 그가 가지고 있던 구리광산 3개를 제공했으니, 일종의 헌납병 환자라고나 할까요? 이를 통해서 그가 노리는 바가 달성되었는지 그 여부는 알 수 없으나 이런 그의 행위는 다른 사람들도 헌납을 하지 않을 수 없는 분위기를 조성하여 여러 사람들을 괴롭힌 것임은 분명합니다.

또 하나 문명기는 철저한 왜인으로 생활한 것으로 유명합니다. 그는 집에다 가미다나를 봉치하여 아침저녁으로 무릎 꿇고 공손히 예배하여 필승의 신념을 굳게 하였으며, 집안도 모두 왜식으로 꾸미고 심지어 처자에게까지 왜복을 입혔습니다. 물론 예의와 동작, 말까지 모두 왜식으로 개량시켰던 거지요. 자식들이 혹 조선말을 할 지경이면 "이 못된 비국민아"라고 고함을 지르면서 기절하도록 난타하였다고 해요. 참 지독한 망국병 환자였죠. 그는 언제나 하오리 하카마에 게다짝을 끌고 동경을 내왕했다고 합니다.

문명기는 1937년에 북중국에 파견할 의용군을 모집하고 동경의 황덕봉찬회 조선지부를 인수했으며, 역시 같은 해 이른바 황군의 침략전쟁 위문차 북중국을 다녀왔습니다. 그 다음해에는 지원병제도 실시 축하회를 조직하였으며, 문명기는 이러한 공로로 총독부로부터 시정 25주년 기념 은컵을 받고 일제 육군으로부터는 감사장과 공로패를 받았습니다. 이런 공로로 그가 일본어신문인 『조선신문(朝鮮新聞)』사장에 취임하자 일부 일본인들의 불평이 대단했습니다. 당시 군부에서는 "그만큼 헌납 잘하고 충성스러운 조선인이면 좋지 않으냐"고 오히려 면박을 주었다고 합니다.

그는 또 국민총력 조선연맹 평의원으로 있었고 황도선양회를 조직하였으며, 중추원 참의를 여러 차례 지냈고 영덕국방회의 의장이 되

강제기부로 돈을 모아 일제에 비행기를 헌납하고 있는 광경

고 재향군인회 특별위원으로도 있었습니다.

일제 전시기를 통하여 친일한 자가 많지만 문명기처럼 미친 듯이 철저하게 설친 자는 거의 없었습니다. 그로 인해 우리 민족이 입은 피해는 막대한 실정입니다.

질의 응답

질 조선사람은 원래부터 민족근성이 자주적이지 못하고 같은 민족끼리도 서로 헐뜯기만 일삼는다는 인식이 흔히 유포되어 있는데 사실 친일파들을 보면 그런 생각에 반박할 자신이 없습니다. 하지만 외국의 사례를 보더라도 배반자는 어디나 있어왔고 일제의 학정에 눌린 당시의 상황을 고려해볼 때 친일의 문제는 박흥식이나 문명기 같은 한 개인의 문제가 아니라고 생각합니다.

답 '조선놈과 명태는 두드려야 맛이 난다'는 속언이나 '조선놈은 할 수 없다'는 말들이 전부 일제 때부터 시작된 것으로 우리 민족의 허무성을 조장하기 위한 말에 지나지 않습니다. 사실 어느 세상이고 이 정도 수천만의 민족성원을 가지는 나라에서 단 한명의 배신자도 생겨나지 않고 민족 전체가 지탱된다는 것은 거의 불가능합니다. 그러면 그 몇천만의 숫자 중에서 그 정도 숫자는 생겨나는 것이니까 그냥 접어두고 넘어갈 것인가? 그렇게 하기에는 우리 민족의 수난과 고통이 너무 심했습니다. 그러나 문명기나 박홍식과 같은 인간도 있었지만 동시에 끝까지 변절하지 않고 싸운 사람들도 있고, 심지어는 변절 정도가 문제가 아니라 총을 들고 목숨을 내던지고 일제와 항거해서 싸운 사람들도 굉장히 많습니다. 그래서 우리는 우리 민족이 더 높아지고 올바른 사회를 이룩해가기 위해서 거꾸로 박홍식이나 문명기 같은 인간이 그런 애국자들의 뒷바라지라도 하고 손을 잡고 일을 했더라면 우리 민족의 해방이 더욱 빨라졌을 것임은 물론이고 해방 이후에 우리 민족사가 오늘날과 같이 되지 않았을 것임은 분명합니다. 그래서 이런 사람에 대해서는, 어느 사회든지 사회 질서와 도덕적 규범이 있듯이 우리 민족 전체를 정화하기 위해서라도 늘 문제를 제기하고 비판함과 동시에 민족 성원으로 집어넣는 노력을 해야 합니다.

동시에 처벌을 못한 배경은 물론 개인의 문제가 아니라 구조의 문제입니다. 여기 앉아 계신 분들의 견해가 저와 다른지 어떤지 모르겠습니다만, 일차적으로는 해방 이후 남한에 미군이 주둔해 들어와서 계속 주저앉아버린 것이 친일파를 청산하지 못한 조건을 형성하게 됩니다. 미군이 들어올 때 핑계는 일본군의 무장해제를 시킨다는 것이었지요. 그러나 일본군 무장해제는 며칠이면 끝납니다. 그러면 무장해제가 됐으니까 나가야죠. 그러나 나가지 않고 끝까지 눌러붙어서 직접 통치를 시작합니다. 그래서 별별 공작이 다 진행되는데 그걸 오늘 말씀드릴 것은 아니고 그렇게 미국은 물리력을 장악하고 우리 민족이 우리끼리 자주적으로 민족 문제를 결정하려는 어떤 노력도 용납하지 않고 파괴해버렸죠. 그 파괴과정에서 애꿎은 사람들을 또 좌익으로 몰아버립니다. 미국의 이해관계에 맞지 않는 것은 전부 좌익으로 모는데, 그 전통은 이승만, 박정희, 전두환 정권에까지 이어져서 지금까지도 그런 버릇이 남아 있습니다.

이 버릇은 사실 미국이 만들어낸 것이 아니라 일제 총독부 시절부터 만들어졌던 습성입니다. 1920년대부터 이런 정책이 수행되는데 이를테면 좌익서적과 포르노서적을 같이 압수합니다. 그리고 좌익사범과 이른바 풍속사범 — 주로 성관계 사범들이 있습니다 — 을 꼭같이 단속해서 같이 발표를 합니다. 이것은 그 사회에서 민족해방운동이 가지는 정당성을 도덕적으로 파괴하려는 좋지 못한 정치적인 술수라고 볼 수 있죠. 바로 그렇게 해서 해방 이후의 매판경제와 같은 경제제도가 미군정하에서 잘못 수립되어 오늘날까지 이런 예속적 경제상황, 그리고 예속적 정치를 만들어내는 원인이 되고 있습니다. 그래서 우리 민족모멸주의에 대한 문제와 우리 민족의 정신을 승화시키기 위해서 민족 내부의 범죄자를 비판하는 것과는 구분해야 할 것입니다. 앞에도 제가 예를 든 글 중에 모리배의 해방, 민족반역자의 해방이라는 개탄스러운 어휘가 나왔습니다만 사회적으로 의식이나 원칙이 서지 않은 탓입니다.

질 요즘도 권력이나 자본에는 폭력이 상당히 밀접한 함수관계로 작용하고 있기는 합니다만 당시에도 상권을 주름잡았던 매판자본가들 중에 폭력배와 결탁해 자산을 늘려 나갔던 것으로 알고 있습니다. 그런데 '장군의 아들'이라는 영화에서 보면 김두한이 단순한 폭력배가 아니라 일본의 야쿠자에 대적해 조선상인을 보호하는 의리있고 애국적인 주먹으로 그려지고 있는데 그때 상황에 비추어서 말씀 좀 해주시지요.

답 요즘 우리 역사에서 잘못 알려져 있는 것 중에 이런 것이 있습니다. 제가 일제시대 때 신문을 뒤적이다가 『조선일보』에서 보았는데 날짜는 정확히 기억하지 못하겠습니다만 김두한 때문에 종로시장이 철시한 기사가 나옵니다. 무슨 말이냐면 일제 때는 아까 말한 박흥식이나 문명기도 마찬가지로 그 사람들이 기반을 잡은 것은 사회경제 법칙에 따른 것이 아닙니다. 철두철미 일본의 보호하에 기업운영이 가능했습니다. 그런데 그 당시는 깡패도 그렇습니다. 일본 경찰의 비호 없이 거리를 함부로 활개칠 수 있었다고 생각하면 잘못된 생각이죠. 일제시대 때는 그런 것이 가능하지 않았어요. 그래서 폭력세력을 이렇게 비호했다는 것은 일제 경찰과 연결된 끈이 있고 그들의 비호를 받았기 때문에 가능한 것입니다. 또 그것을 통해서 조선인에 대한 상호 이간질과 투쟁이 가능한 것입니다. 가능한 한 조선 사람끼리 싸우게 하고, 또 싸우는 대상 중 한쪽은 일본 사람을 위해서 싸우는 세력이 되면 일본으로선 굉장히 바람직한 것이거든요. 그래서 일제는 이런 폭력배를 비호하고 육성했습니다. 종로상인들이 오죽 했으면 견디다 못해서 철시를 했다고 신문에 나옵니까?

그 다음에 이런 과정을 통해서 해방 이후에 많은 폭력세력이 난무합니다. 폭력세력은 우리 민족주의 세력을 굉장히 많이 파괴합니다. 김구 선생이라면 우익 민족주의자였죠. 일제치하 전체를 반공투쟁으로 일관했던 분인데요. 그렇게 반공투쟁에 철저했던 분이기 때문에 어느 누구도 김구 선생을 좌익으로 몰 수는 없었습니다. 그러나 그렇다고 김구 선생이 민족주의자가 아닌 것은 아닙니다. 그런 김구 선생이 김두한을 불러서 '호부(虎父)에 견자(犬子)'라고 노골적으로 충고하는 것이 『백범어록』에 나와 있습니다. 이렇게 호랑이 아버지에 개새끼라고 비판받았던 김두한은 미군정하에서 체포되어 사형을 선고받았습니다. 그래서 오키나와 감옥에 갇혀 있었는데 미군정에서 집행하지 않고 이 핑계 저 핑계로 이승만정권으로 넘겼고 이승만이 대통령이 되고 난 뒤 그를 사면해서 데려왔습니다. 처음에는 자유당 정권

에 들어가서 국회의원을 했는데 거기에도 권총사건이니 독직사건이니
하는 것이 벌어져서 말썽을 많이 빚다가 야당으로 전환했습니다. 그
런데 야당이라는 것이 초기 연원은 여러분이 아시다시피 한민당인데
이게 친일지주들이 만든 정당 아닙니까? 그 당시 이승만 정권의 극단
적인 테러 속에서 살아남을 수 있었던 것은 한민당뿐이었기 때문에
역시 야당으로 남을 수 있었지만 그 나머지 정당들은 만드는 즉시 빨
갱이로 몰리는 상황이었죠. 이것은 주제에서 벗어난 얘기니까 다시
이야기를 원래대로 돌리겠습니다.

그래서 저는 김두한을 우리 민족사에서 상당한 문제아라고 규정합
니다. 제가 일전에 김용옥씨가 잡지 『신동아』에 쓴 글을 잠깐 봤더니
김두한을 김좌진 장군의 아들이 아니라고 단정을 내려놨습니다. 제가
언제 기회가 되면 물어보려고 하는데 김용옥씨는 증거는 없어도 사실
이 그렇다고 주장합니다. "본인이 교도소를 너무 들락거리다보니까
틀은 좋고 해서 '너는 장군의 아들 같다, 야!' 하는 얘기를 너무 많이
듣다보니까 환상에 젖어서 '장군의 아들 같다, 야' 하는 얘기가 '우리
아버지가 김좌진 장군이다' 하는 것으로 이야기가 퍼져 나간 것이지
아무런 근거가 없는 주장을 하고 있다"고 써놨는데 그 말이 옳은지
그른지 제가 아직 족보는 캐보지 못했습니다. 그 정도로 답변을 드리
겠습니다.

질 오늘날에 우리 역사가 이렇게 왜곡될 수 밖에 없었던 데는 언
론의 책임도 컸다고 생각합니다. 당시 『동아일보』 사주였던 김성수에
대한 비판도 많던데요.

답 사실 『동아일보』를 비판하는 많은 사람들이 있습니다만, 『동
아일보』는 전국민이 성금을 모아서 만든 신문입니다. 『한겨레신문』을
만들듯이 전국의 주주들이 우리 민족의 신문을 만들기 위해서 돈을
내었습니다. 이것이 말하자면 전국민의 성금으로 만든 신문을 김성수

씨 개인자산화했다는 비판이 제기되는 근거입니다.

강동진 교수가 쓴 『일제 한국침략 정책사』라는 대단히 훌륭한 책이 있습니다. 그 내용 중에 "1920년대 중반에 이광수니, 최린이니, 김성수니, 송진우니 이런 사람들이 추진하던 이른바 자치론 즉 우리나라가 일본으로부터 해방되기는 너무 멀고 요원하니까 우선 자치라도 실현해서 착착 힘을 길러가자는 자치론이 대두하게 되는데, 이것은 일제의 고도한 술책에 의해서 일제의 고등 첩자들의 간교한 술책과 내면으로 관계를 가지면서 추진된 논리였다. 이것은 이렇게 해서 우리 민족이 염원하는 직접적인 민족해방에 대한 김을 빼기 위한 논리였다"는 것을 사례를 들어서 밝히고 있습니다. 이 책이 다소 관심있는 사람들에게 알려지고, 또 사이토 문서도 많이 공급되어서 전문가들이 많이 읽었지만 다른 의견을 말하지는 않습니다.

다만 우리 역사에 너무나 많은 기복이 있다보니 일제 때 징용, 정신대 동원 등이 다 사실인데 그런 문제를 박정희정권하에서는 얘기할 수 없었습니다. 박정희가 워낙 친일파라 일제 때 얘기만 나오면 갑자기 알레르기 반응을 일으키고 광복회니 뭐니 다 어용단체로 만드는 과정에서는 말을 할 수 없었어요. 그래서 어떻게 된 것이 해방 47년, 48년 이상이 되어서야 3천만이 다 아는 사실, 3천만이 다 알 뿐만 아니라 이가 갈리는 사실 — 이가 갈리는 정도가 아니죠. 혈육이 징용 나가서 죽고, 전쟁에 끌려가고, 공출당하고, 그 원한이 말로 할 수 없는 것 아닙니까? — 을 이제서야 겨우 말할 수 있는 처참한 상황이 되었습니다. 우리 역사가 이렇게 왜곡됐습니다. 이제 터부들이 약간 깨어지는 첫단계에 들어갔다고 보면 될 겁니다. 그래도 아직까지 일제침략사가 우리 학계에 제대로 정리되어 있지 않다는 사실은 창피한 일이죠.

질 『동아일보』가 나름대로 다른 데서 표현하지 못했던 문제를 다룬 적도 있다고 보는데 당시 일제치하에서 언론이 가지는 한계를 생각한다면 일정 부분 민족지를 지향했던 측면까지 무시할 필요는 없지 않을까요?

답 제가 말씀드린 것의 연장이지만 물론 『동아일보』가 전혀 그렇지 않았다고 말하기 어려운 점도 있습니다. 『동아일보』가 그 나름으로 다른 데서 표현 못하는 문제를 표현하고 했던 것은 김연수나 김성수가 그랬던 것이 아닙니다. 그 밑의 일선기자들이 한 줄이라도 기사를 제대로 쓰려고 굉장히 애를 썼습니다. 그 덕분으로 우리 민족의 기사가 조금씩 실립니다. 그렇지만 총체적으로 평가해서 민족지라고 말하기에는 부적절하지 않은가 생각합니다. 그리고 김연수는 바로 반민특위에 끌려나와서 재판도 받고, 본인 입으로 반성도 했다고 하지만 거기에 끌려나왔던 사람이니만큼 애국자라고 말하기는 어렵고, 김성수도 아까 말씀드린 대로 자기 보신과 재산유지를 위해서, 그리고 자신의 얄팍한 명예를 위해서 온갖 노력을 다 했지요. 그런 것을 제가 모 신문에 썼다가 약간 항의를 듣기도 했어요.

이철승이 보성전문학교 학생들 300명에게 "학병 나가면 죽습니다" 하고 말하자 학생들이 각목을 들고 성북경찰서를 습격하러 뛰어 가는데 김성수가 "이철승이 너 죽으려고 환장했냐? 빨리 막아라. 보전을 생각하고 각자 앞일을 멀리 봐야지 무슨 소리냐?" 하면서 막습니다. 그래서 성북경찰서 습격은 저지되고 보성전문 이름도 어떻게 다행히 바뀌어서 살아납니다만, 이런 것은 민족사 전체에서 엄격히 기술해야 합니다. 성북경찰서를 습격 못한 것이 망한 것이지, 이 사건을 어떤 측면에서 보더라도 애국이라고 말할 수는 없습니다. 이것은 일제를 위해서 대단히 유리한 행위를 한 것이고, 끝까지 이런 기회주의적 작태로 일관한 것은 비판받아 마땅하지요. 이철승 같은 사람이 진심으로 김성수의 가르침을 받았다고 하는데 그런 가르침대로 산 결과가 이런 것이 아닌가 하는 생각을 해봅니다. 우리 민족사에서는 좋은 편으로는 절대로 기록될 수 없는 사람입니다.

질 『동아일보』의 탄생 배경이 3·1운동 이후 패배주의가 만연한 사회분위기였다는 데서 그나마 민족적 이해를 대변할 수 있는 여건은 충분했다고 생각하는데 결과론적으로 좀 아쉬운 감이 있습니다.

답 예. 그런 느낌이 있습니다. 3·1운동으로부터 긍정적이든 부정적이든 큰 영향을 받기는 했지요. 물론 여기에 다른 해석들도 많이 있습니다. 그때 당시 이른바 지하언론이라는 것이 상당히 번창하고 사람들이 각계에서 보내지도 않던 항의를 전체적으로 해대니 여기에 대한 회유, 무마책으로 『동아일보』가 탄생했습니다. 그런 점에서 『동아일보』 탄생의 양면성이 있습니다. 항일운동의 피의 대가로 얻은 면도 있지만 더 본질적으로 조선총독부, 일본정부 입장에서는 『동아일보』를 통해서 여론을 한 곳으로 수렴하고 체제내화할 수 있다, 그래서 세울 때부터 영 그릇되면 정간, 폐간이 가능하다, 그리고 자꾸 정간, 폐간을 시키면 도저히 수지 문제 때문에라도 말을 듣지 않을 수 없을 것이라는 점을 예견합니다. 그런 예견 속에서 『동아일보』가 인가됩니다. 하지만 그 속에서 『동아일보』가 민족지로서의 기능을 전혀 하지 않았다고 말하기는 어렵습니다. 그렇게 규정하는 것에는 반대합니다. 적어도 20년대에는 비교적 활발하게 보도하기는 했어요. 그러나 경성방직 쟁의투쟁 같은 것은 『동아일보』에는 거의 안 나옵니다. 이런 것은 『조선일보』나 『중외일보』에는 나오는데요. 그런 것이야 부정적이지만 일반적으로 민족적 이해를 대변하려는 노력이 상당 정도 있었습니다. 그러나 30년대 중반, 일제의 중국침략 무렵부터는 전반적인 기조가 아주 달라지는데 그러면서 상당히 정간이 잦아지고 장기간 정간이 되면서 스스로 기자를 잘라내고 민족적 지향을 가지는 것을 자제하게 됩니다. 『동아일보』 일장기사건만 하더라도 김성수, 송진우 몰래 기자들이 한 것이라는 것은 이미 알려진 사실 아닙니까? 김성수와 송진우는 『동아일보』의 장래를 생각해야지 무슨 철딱서니 없는 짓이냐고 펄펄 뛰었습니다. 민족적 의분보다는 『동아일보』가 더 소중

했던 것이죠. 말하자면 귀족적 엘리트주의에 물든 사람들이 경영주였습니다. 그 뒤에는 반민족적인 성격이 굉장히 강해집니다. 그래서 사실 그 뒤에 만주라든지 중국에서 항일무장운동이 굉장한 강도를 가지고 일어나는데 그걸 공산주의운동이라고 몰아쳐서 반감을 표시합니다. 이런 문제에 대해서는 어떻게 평가할 것인지, 긍정과 부정을 저울대에 놓고 달아야 할 것인지, 전연 민족지가 아니라는 말은 맞지 않지만, 전반적으로 일관해서 민족지라고 말하는 데는 큰 문제가 있다고 봅니다. (김봉우)

여성명사들의 친일행각

– 김활란과 모윤숙 –

친일 여성, 그들은 누구인가

오늘 저는 친일행위를 한 여성명사, 그 중에서 대표적 인물인 김활란과 모윤숙을 중심으로 이야기를 하겠습니다. 이 두 사람을 선택한 것은 당시 친일활동에서 '가장 많이'라고 할 정도로 자주 나오는 인물이라는 점에서 적절하다고 생각했기 때문입니다. 그런데 이 두 인물, 특히 김활란을 다루는 데는 꽤 심리적 부담을 안고 있음을 부인할 수 없습니다. 왜냐하면 현재 남한에서 이름있는 여성명사들 중에 그의 영향을 받지 않은 분들이 거의 없을 정도이기 때문입니다.

제가 대학교 1학년 때 역사공부를 하면서, 고등학교 교과서를 통해 혹은 매스컴 등을 통해 익히 알고 있던 분들이 친일파였다는 사실을 알고 경악했던 기억이 지금도 생생해요. 그 이후 다시 이 문제를 좀 더 깊이 생각할 기회를 가졌을 때는 "여러가지로 정황이 어려웠겠지. 이해해보도록 하자" 하고는 당시 사회현실에 제 자신을 갖다놓기도 하였습니다. 그러나 역시 만족할 만한 대답은 나오지 않았습니다.

그리고 왜 해방에 이르기까지 일제와 투쟁한 인물은 우리에게 그다지 알려져 있지 않은가, 왜 친일한 인물들이 우리 사회에서 이토록 중요한 사회적 지위에 있는가, 또한 왜 이들이 지금까지도 일반인에게 찬양받고 추앙받는 인물이 되어 있는가 하는 점이 계속 의문으로 남아 있었습니다. 어려운 시기에 지조를 지키지 못하고 강대국에 굴복하는 사람들이야 어느 나라에든 있었겠지만, 새로운 국가가 건설되었음에도 불구하고 어려운 시절의 공과(功過)를 제대로 따지지 못한 것이 우리 현실입니다. 이런 의미에서 친일 인물에 대해서는 우리가 아무리 이해를 한다고 하더라도 일단은 비판 위에 선 이해를 해야 한다고 생각합니다.

친일행위를 한 여성명사들은 활동분야에 따라 교육계와 종교계, 문인계로 크게 나눌 수 있습니다. 교육계 인사로는 일제하에 설립되어 8·15 이후까지 존속한 여학교의 설립자나 교장의 다수가 여기에 속합니다. 친일단체에 이름이 자주 등장했던 인물로는 이화여대 총장을 지냈던 김활란, 덕성여대 송금선, 성신여대 이숙종, 서울여대 고황경 등을 들 수 있습니다. 이렇듯 현재 우리나라 여자대학의 총장, 학장 혹은 이사장을 역임한 인물 중에 친일 인물들이 적지 않게 있습니다. 종교계 인사로는 YWCA총무였던 유각경, 박마리아 등인데 교육계에 진출한 여성명사의 다수가 종교단체 특히 기독교단체에서 활동하는 경우가 많습니다.

그리고 문인의 경우 오늘 얘기할 모윤숙과 노천명, 소설가였던 최정희 등을 친일문학에 앞장섰던 사람들로 꼽을 수 있죠. 무용가로 이름이 높았던 최승희도 일제 말기에 '대동아 건설'을 외치며 친일행위에 적극 참여한 바 있습니다. 당시 친일단체와 활동, 소속된 인물들을 한눈에 볼 수 있도록 다음과 같이 표를 만들어봤습니다.

친일 단체 및 여성명사의 활동

단체 및 활동시기	이 름	활동 내용
조선부인연구회 (1937. 1)	김활란(金活蘭, 이화여전 교장) 송금선(宋今璇, 덕성여자실업학교장) 고황경(高凰京, 전 서울여대 총장) 서은숙(徐恩淑, 이화보육 학감) 이숙종(李淑鐘, 성신가정여학교장)	주제 : 가정 보국운동으로서의 국민생활의 기본 양식
국민정신총동원 조선연맹(1938)	김활란 조기홍(趙圻洪)	국민정신 선양 각도 강연 강연자 : 이숙종, 손정규, 홍승원, 유각경, 차사백, 임숙재, 송금선
조선문인협회 문예대강연 (1940. 1~2)	최정희(崔貞熙) 모윤숙(毛允淑)	작품낭독, 자화상, 시
문사(文士)부대 지원병(1940.12)	최정희	진실로 이기라
임전대책협력회 (1941)	박인덕(朴仁德, 덕화여숙장) 김활란, 모윤숙, 고황경, 최정희, 이숙종, 송금선	강연 : '승전의 길은 여기에 있다'
조선교화단체연합회(총독부 학무국연성과 내) (1941. 9)	고황경, 손정규(孫貞奎, 경성공립여고보 교사), 허하백(許河伯, 배화여고보 교사), 홍승원(洪承嫄, 대일본국방부인회 경성지부장), 송금선, 김활란, 모윤숙	부인궐기촉구강연 대 戰國 인식과 징병 징용제 취지 선전 순회강연
조선임전보국단 부인대 대원 및 간사(1942)	최정희, 박봉애(朴奉愛), 임효정(林孝貞), 최정희, 노천명, 모윤숙, 최희경, 허하백, 김선(金善), 고황경, 김활란, 박순천(朴順天, 경성가정의숙 교사), 박승호(朴承浩, 경성가정의숙 교사), 박마리아, 박은혜(朴恩惠), 박인덕, 배상명(裵祥明), 서은숙, 송금선, 손정규, 유각경(兪珏卿), 이숙종, 임숙재(任淑宰), 임영신(任永信), 차사백(車士百, 중앙보육학교 교사), 최이권(崔以權), 황신덕(黃信德), 홍승원	

임전보국단결전 부인대회및강연 (사회 ; 박인덕) (1941. 12)	임효정 최정희 김활란 임숙재 허하백 모윤숙 박순천	'미몽에서 깨자' '국군의 어머니' '여성의 무장' '가정의 신질서' '총후 여성의 각오' '여자도 戰士다' '국방 가정'
임전보국단 주최 방송 (1941~42)	서은혜 허하백 임숙재 송금선 박순천(경성가정의숙 교사) 임영신(중앙보육학교장)	'전시와 모성의 결의' '폐품의 전시동원' '대전과 일본 婦道' '생활전에도 이기자' '전황 뉴스를 듣고' '가정생활에도 결전 체제를 바란다'
新嘉坡(싱가폴) 공략 대강연회 (1942. 2)	박인덕 김활란	'동아여맹과 반도여성' '대동아건설과 우리 준비'
국민시歐劇대회 (1942. 12)	모윤숙, 노천명(盧天命)	
국민총력조선연 맹(1941.10.16)	고황경(참사), 김활란(평의원 및 참 사), 손정규(참사), 임숙재(총무부 기 획), 송금선(연성부 연성위원), 이숙 종, 연성부 연성위원), 황신덕(경성가 정의숙 교장, 후생부 후생위원)	

참고문헌 : 김영진,『반민자대공판기』, 한풍출판사, 1949
　　　　　 고원섭 편,『반민자죄상기』, 백엽문화사, 1949
　　　　　 민족정경문화연구소,『친일파군상』상, 삼성문화사, 1948
　　　　　 임종국,『친일문학론』, 평화출판사, 1966

김활란의 눈부신 인생

　김활란은 1899년생으로 기독교 집안에서 자랐고, 1907년부터 이화학당에 입학해서 1918년 대학을 졸업한 후, 곧바로 이화학당에서 교편을 잡았습니다. 1922년에서 1925년까지 미국의 오하이오 웨슬레안

대학과 보스턴대 대학원 석사과정을 마치고 귀국했다가 다시 1930년부터 1931년까지 미국에 머무르면서 콜럼비아대 대학원에서 박사학위를 받았습니다. 그는 1918년 이후 외국에서 학위를 받는 기간을 제외하고는 사망한 1970년까지 이화학당과 이화여자전문학교 내지는 이화여자대학교에서 중책을 맡았습니다.

종교활동은 그의 생활에서 분리될 수 없었습니다. 1920년 기독교 대한감리회 전도국 회장을 지냈고, 1922년 조선여자기독교청년회 연합회(이하 YWCA)를 유각경, 김필례 등과 함께 창립하고 위원 및 간부로서 죽기 전까지도 활동을 계속했습니다.

다른 사회활동으로는 신간회와 성격이 유사한 근우회 활동을 눈여겨볼 만합니다. 근우회에 대해서는 뒤에서 다시 언급하겠습니다만, 그는 근우회 발기인과 창립임원으로 활동했습니다. 그러나 곧 근우회 활동을 중지하고 YWCA 등 기독교단체에서만 주로 활동하였습니다. 1930년대 전반기에는, 그가 쓴 박사학위논문이 농촌교육에 관한 것이라는 데서 알 수 있듯이, 농촌여성에 대한 관심을 실천활동에 옮겨 '농촌부녀지도자수양소'를 건립하고 강사로 활동하였습니다. 그런데 이러한 활동조차 곧 중지되고 일제의 침략전쟁이 가속화되는 1937년이 되면 총독부에서 주관하는 방송선전협의회, 조선부인연구회, 또 일찍부터 친일파라고 손가락질받았던 귀족부인들이 일본의 침략전쟁을 지원하기 위해 금비녀를 뽑아 바치자고 조직한 애국금채회 등 단체의 간사로서 그의 이름은 등장하기 시작합니다. 그 이후 국민정신총동원 조선연맹, 임전대책협의회, 조선교화단체연합회, 임전보국단 등 일본의 정책을 선전하고 수행하는 각종 일제의 관변단체에서 임원으로 활동하였습니다.

해방 이후에도 김활란은 활발히 움직이기 시작합니다. 이화여자전문학교를 종합대학교로 승격시키기 위해 미군정을 열심히 드나들었고, 우익계열의 독립촉성애국부인회를 중심으로 반탁운동에도 앞장섰습니다. 그 인연으로 제헌의회선거시에는 서울 서대문구에 출마해서은숙을 참모로 하고 모윤숙, 박은혜의 지원을 받아가면서 선거유세에 나섰습니다. 비록 선거에서는 낙선했지만 그의 정치활동은 꾸준히 계속되었습니다. 남한단독정부 수립 후인 1948년에는 유엔대표로 파견되어 남한정부에 대한 국제적 합법성을 획득하려고 노력하였고, 그 이후(1956~1959)에도 한국대표로 유엔에 파견되었습니다. 1950년 전쟁중에는 공보처장을 맡았고, 1965년에서 1970년까지는 대한민국 순회대사를 지냈습니다. 1955년에서 1965년까지는 한국아세아반공연맹이사 및 고문도 했지요.

해방 이후의 종교활동으로는 YWCA 활동과 기독교 대한감리회에서 이사 및 실행위원을 지냈던 것을 들 수 있습니다.

여러 사회단체에서도 활발한 움직임을 보였지요. 여학사협회라고 아십니까? 그는 1950년에 창립된 이 단체의 창립위원장이었고 1966년까지 회장을 역임하였습니다. 그리고 현재 여성단체로서 한국여성단체협의회와 한국여성단체연합이 있는데, 그 중 한국여성단체협의회는 1959년 김활란과 각 방면의 여성들이 만든 단체로서 김활란이 십여 년간 회장으로 있었어요. 또 이화학당뿐만 아니라 배화학원이라든지 국제대학, 동구학원, 금란여중고, 영란여중고 등 여자중고등학교와 대학교들과 긴밀한 관계를 갖고 이사장 등 임원을 맡았습니다.

이러한 활동의 결과로 정부로부터 여러가지 상도 받았습니다. 1963년에는 대한민국장 포상을 받았고, 1970년 사망한 이후에는 대한민국일등수교훈장을 받았습니다. 이렇듯 8·15 이후의 여성명사라고 하면 김활란을 빼놓을 수 없습니다.

모윤숙의 활동내력

모윤숙은 연보를 작성하기가 쉽지 않았습니다. 제대로 작성된 연보가 없어서 그가 쓴 각종 수필집 등을 참고하여 정리했기 때문에 약간 오차가 있을 수도 있다는 점을 우선 양해드립니다.

모윤숙은 1909년 원산에서 출생했습니다. 역시 기독교 가정에서 태어나 나중에는 기독교인이 되었지요. 1928년에 호수돈고녀를 졸업했고 1932년경 이화여전 영문과를 졸업했습니다. 졸업 후 간도 용정에 있던 명신고녀에서 한 1년 정도 교사로 있다가 서울로 돌아와 배화고녀에서 교편을 잡았습니다. 이 즈음 그러니까 1933년에 이광수를 만났고 그해에 김활란과 이광수의 서문이 실린 시집 『빛나는 지역』을 펴냈지요. 이광수를 만난 후부터는 그 영향을 크게 받았고, 이광수와의 밀접한 관계 때문에 한동안 염문에 시달리기도 했습니다. 그것이 계기가 되어 이광수의 중매로 안호상씨와 결혼하였습니다. 그리고 1936년경부터 경성방송국 조선여성교양 강좌과에 취직하여 거기서 아동시간도 맡게 되었죠. 그의 결혼생활은 만족스러운 것 같지는 않았으나, 딸 하나를 두고 병에 시달리던 남편을 간호하며 그런대로 생활을 꾸려갔던 것으로 보입니다.

그의 친일행위는 1940년부터 시작됩니다. 『포도원』이라는 글에서 1941년 6월 한국말을 썼다는 혐의로 재하라는 일본 사찰과 주임한테 잡혀 유치장에 갇히고 문초를 당하였다고 합니다만, 실은 이미 1940년 2월에 조선문인협회 문예대강연에 나섰고, 「지원병들에게」 등 친일문학 작품을 발표하였어요. 비교적 젊은 나이에 조선문인협회, 임전대책협의회, 조선교화단체연합회, 조선임전보국단, 국민의용대 등 친일단체의 임원으로 활약하였습니다.

8·15 이후에는 우익계열의 총집합체라고 할 수 있는 독립촉성애국부인회에 소속되었으나 그리 눈에 띄는 활동을 한 것 같지는 않습니다. 당시 그는 미군정청 도(道) 학무국에서 서울에 있는 여학교를 소개하고 인물을 배정하는 일을 도왔습니다. 그리고 1947년 유엔한국위원단이 입성하자 이승만을 도와 남한단독선거를 위한 외교활동에 몰두하게 됩니다. 모윤숙이 1948, 1949년에 유엔총회 한국대표로 파견되었던 일도 이 일과 관련지어 볼 수 있겠지요.

6·25전쟁중에는 대한여자청년단 총본부 단장을 지냈고, 그 이후에

는 각종 문학단체와 YWCA, 여성단체협의회 등 여성단체에서 활동하였습니다. 1977년 펜클럽 한국본부 회장과 국제 펜클럽 부회장을, 1978년에는 한국문학진흥재단 이사장을 맡았습니다. 그리고 정치계에도 발을 내딛어 1971년에는 공화당 국회의원이 되었어요. 이러한 활동으로 그 역시 정부로부터 삼일문화상을 받았고, 1990년 사망 후에는 금관문화훈장을 받았습니다.

이렇듯 이들은 일제치하라는 어려운 상황에서는 일본에, 미군정하에서나 단독정부가 수립된 이후에는 다시 권력집단과 밀접한 관련을 맺었습니다. 그리고 죽고나서까지도 영화를 누리고 있는 인물들이라고 할 수 있습니다.

두 인물의 사상적 뿌리는 부르주아민족주의

저는 김활란, 모윤숙이라는 두 인물의 행적을 보는 것도 중요하겠지만, 당시의 사상적인 경향이라든가 이들의 친일행위가 어디에 뿌리를 두고 있는지 살펴보는 것이 더 중요하다고 생각합니다. 그런 점을 고려하여 우선 1920년대, 1930년대 전반의 활동부터 한번 훑어보도록 하지요.

모윤숙은 1909년에 출생했기 때문에 1940년이면 30대 초반의 나이가 됩니다. 1930년대에는 거의 사회활동을 한 것이 없고 문인으로 입문한 정도여서 실제 사회적으로 뚜렷한 활동을 벌였다고 하기는 힘듭니다. 그러므로 김활란과 또 당시 그와 사상적 경향을 같이한 인물을 중심으로 살펴보도록 하겠습니다.

앞에 제시한 표에 나오는 인물들은 1930년대 후반에 친일행위를 한 인물들로서, 1920년대에는 대부분 부르주아민족주의 활동을 하였고, 황신덕, 허하백 정도가 사회주의적 입장을 띠었던 사람입니다. 8·15 이후에도 사회주의 입장에 서 있던 사람은 허하백이 거의 유일했다고 생각됩니다. 그리고 그들 대부분은 기독교계 학교에 있었거나 기독교인이었습니다. 그들이 고등교육을 받을 수 있었다는 것은, 대부분 넉넉한 집안의 딸이었거나 아니면 공부를 아주 잘하는 충실한 기독교인이었음을 말해줍니다. 김활란과 모윤숙은 바로 후자에 속하였죠. 이 두 사람은 그리 넉넉한 집안의 딸은 아니었습니다. 김활란의 집안은 그녀가 태어날 무렵에는 형편이 많이 나아진 편이었으나, 이화학당이나 이화전문을 다닐 때도 장학금이 없으면 다니기 힘들 정도였습니다. 그 어머니는 아주 어렸을 때 첩으로 팔려갔다가 도망하여 김활란의 아버지와 결혼하여 8남매를 낳았지요. 그러니까 하층 출신이라고 할 수 있어요.

모윤숙도 경제적인 여력이 없었기 때문에 보통학교를 졸업하고는 학업을 그만둘 상태였는데, 다행히 장학금과 여러가지 혜택이 주어지던 기독교계인 호수돈여학교에 다니게 되었고, 다시 이화여전에서 장학금을 받아 전문학교를 졸업하게 되었어요. 당시는 기독교계 학교끼리 여러가지로 관계가 있었기 때문에 같은 경로를 거쳐 이화여전까지 간 인물들이 꽤 많습니다.

그때는 학생수가 지금처럼 많지 않았기 때문에 학교이념이 각 개인에게 흡수될 수 있었습니다. 그래서 그들의 사상적인 경향이 자본주의 사회를 지향하고 부르주아민족주의적인 입장에 있었다는 것은 당연한 일이라는 생각이 듭니다.

반제 반봉건의 기치 아래 근우회 결성되다

김활란은 학교를 졸업하자마자 이화학당에서 교편을 잡고 YWCA 등의 기독교활동을 활발하게 합니다. 1930년대 이후 8·15까지의 활동은 학교와 교회에 중심을 두고 있었지만, 1920년대의 사회분위기는 그렇게 소극적인 입장에만 있게 내버려두지 않았습니다. 왜냐하면 3·1운동 이후 민족주의운동이 분화되면서 1920년대에는 민족주의계나 사회주의계의 운동, 특히 사회주의계의 활동이 활발하게 전개되던 때였기 때문에, 이들이 교회나 학교에만 매달렸다 하더라도 그 활동은 당시의 요구에 부응할 수밖에 없는 것이었습니다. 즉 이들도 직접 간접적으로, 자기 의도에서건 아니건 간에 사회운동을 할 수밖에 없었던 상황이었습니다.

김활란도 1920년대에는 사회주의계와 친분관계를 가졌어요. 그가 사회주의계와 손을 잡았던 계기는 앞에서 말했다시피 근우회였지요. 일제하 여성운동단체의 대명사인 근우회는, 민족주의계와 사회주의계가 함께 모여 만든 것이라는 데 일차적인 의의가 있습니다. 그것이 출현하게 된 배경은 민족주의계는 이념의 부재, 운동 침체의 늪에서 벗어나기 위한 돌파구를 마련해야 한다는 과제 때문이었고 사회주의계는 대중적인 기반을 확대해야 한다는 현실적 과제 때문이었습니다. 이러한 필요와 당시 민중적·민족적 요구가 합쳐져서 이루어진 것이 바로 근우회 결성이었습니다. 여성단체였던 근우회 외에 사회운동단체로서 신간회가 있었는데 이것도 역시 민족주의계와 사회주의계가 함께 만든 것입니다. 김활란이 여기에 참여한 것은 그러한 시대적 요구에 부응하기 위해서였다고 봅니다.

그런데 근우회에 대해서는 여러분이 잘 모르실 것 같아서 간단히 소개하고 넘어가도록 하겠습니다. 근우회는 반제 반봉건을 단체의 슬로건으로 내걸었습니다. 반제라는 말은 일제로부터 벗어나자는 입장이 들어가 있는 것이고, 반봉건이란 말은 여러가지 의미가 있지만, 봉건적인 의식이나 사상을 타파하자는 측면도 있고 또 어떤 면에서는 자본주의적인 근대화로 나아가자는 측면도 있습니다. 어쨌든 근우회는 반제 반봉건을 내걸고 여성의 권익이나 지위향상을 위한 여러가지 정책들을 제시하였습니다. 근우회의 성격과 여성정책 내용이 잘 나타나는 것은 1928년 전국대회 의안입니다. 이 의안은 일제의 탄압 때문에 실제로 제출되지 못했습니다만, 그때의 슬로건은 "조선 여성은 민족운동의 유력한 부대로 되자. 전민족의 생존권을 확보하자. 조선 민족운동의 통일전선을 굳게 결성하자. 신간회를 적극적으로 지지하자.

전쟁의 반대" 등이었고, 행동강령으로는 여성에 대한 사회적 법률적·인식차별 철폐, 봉건적 인습과 미신타파 그리고 조혼·강제혼·매매혼 금지 등 일반적인 민주적 요구를 내걸었습니다. 또한 '부인노동자의 임금차별 철폐 및 산전산후 임금 지급, 부인 및 소년노동자의 위험노동 및 야간작업 폐지라든지 노동자·농민 의료기관 및 탁아소 제정 확립' 등도 제기되었습니다. 지금도 노동자 의료기관이나 탁아소가 제대로 시행되지 못하고 있잖아요? 그런데 이미 1920년대에 사회주의 여성단체에서 이런 다양한 요구를 제기하였고, 근우회에서 이러한 요구를 수렴하여 강령으로 제시하였던 것이지요.

따라서 단순히 여성의 지위를 향상하고 여성을 계몽해야 한다는 식으로 여성만을 대상으로 한 것이 아니라, 당면한 실제적인 요구들을 담고 있었습니다. 여성의 지위가 향상되기 위해서는 이러한 것들이 우선되어야 한다는 것을 전망하고 제시해주고 있죠. 이러한 점이 75년 전에 조직되었던 근우회를 지금도 여성운동사에서 매우 중요하게 취급하는 이유라고 생각합니다.

이러한 지향성을 가진 근우회는 그 조직과정에서 민족주의계 여성들도 사회주의계 여성들과 같이 참가하여 중앙집행위원회의 임원도 맡습니다. 근우회에서는 사회주의계가 이념이나 활동의 측면에서 월등했다고 볼 수 있습니다만, 결성 초기에 사회주의계 여성들은 의도적으로 본부의 임원구성에서 사회주의계 반, 민족주의계 반 하는 식으로 민족주의계를 배려했습니다. 또 여성의 조직화라는 입장을 제대로 관철하기 위해 각 군에 지회를 조직해나갔습니다. 그런데 지방에 지회가 결성되면서 지회 대표가 중앙의 임원을 뽑게 되자 양상은 크게 달라져, 중앙집행위원 구성에서 사회주의계가 월등히 많아지게 되었던 것입니다.

그래서 김활란은 이 시점인 1928년 좌파 집행부 구성에 반발하여 근우회에서 발을 빼게 됩니다. 사회적으로 주목받는 인물로서 아무런 자기 변명도 없이 말입니다. 그는 1929년 근우회 기관지인 『근우』에서 "사상적으로 통일시키려는 것은 자연법칙에 위반되는 것이다", "조직과 기관에만 너무 얽매이지 말고 그것을 떠나 개인적으로 교양사업에 주력하자"고 주장하고 있습니다. 운동이라는 것보다는 개인적인 사업이란 측면에 더 중심을 두고 있었던 거죠. 이것은 부르주아민족주의 여성운동을 하는 인물들에게서 자주 보이는 특성인데, 그가 주장하듯이 조직적 관계나 사상적 통일을 방기하고 사회운동이 도대체 존속할 수 있는지 의문입니다. 그렇지만 그가 단체활동을 아주 그만둔 것은 아니었습니다. YWCA활동이나 기독교계 활동은 여전히 열심히 했으니까요. 결국 그가 근우회에서 나온 것은 당시 우리 민족의 요구가 어떠했든, 변화하는 근우회의 성격이 자신의 사상이나 입장과 달라진다고 생각되니까, 그리고 자신이 영향을 끼칠 수 있는 부분이 점차 협소해진다고 느꼈기 때문이 아닐까 생각합니다. 당시 김활란과 함께 들어갔던 민족주의계 여성들이 모두 나온 것은 아닙니다. 많은 인물들이 남아 계속적으로 근우회에서 활동을 했습니다.

일제말기에는 민족적 성향을 띤 단체까지도 탄압해

김활란이 사회활동을 열심히 하기 시작한 것은 오히려 근우회가 해체된 이후였습니다. 그는 농촌계몽운동이 활발해지는 시기에 농촌사업을 활발하게 펼쳤습니다. 김활란 등 당시 기독교계통이나 부르주아민족주의계 여성들이 여성문제에서 가장 중요하다고 생각한 것은 교육이었습니다. 그들이 몸담고 있던 곳이 바로 학교이기도 했고, 또 여성의 지위향상도 일단 교육에서부터 시작해야 한다고 보았던 거지요. 박인덕, 이숙종은 교육을 중요시했을 뿐만 아니라 "여성도 직업을 가져야 한다", "여성도 밖으로 나와서 활동해야 한다"면서 여성의 사회활동에 대한 계몽활동도 했습니다. 따라서 이들의 활동은 대부분 문맹 타파나 초보적인 여권의식을 앙양하는 데 중심을 두었습니다.

사회주의계가 노동자, 농민 특히 노동자에게 큰 관심을 갖고 그들의 권익옹호를 위해 노력했던 데 비해, 민족주의계는 노동자에 대해서는 별로 관심을 갖지 않았고 또 초기에는 농민의 계급계층적 이익에 대해서도 사실상 크게 관심을 갖지 않았습니다. 그런데 농민운동이나 농민단체에 사회주의가 침투하자 크게 위협을 느끼게 되었습니다. 기독교, 천도교의 기반이 농촌이었거든요. 이들 종교단체들도 서둘러 농민들을 조직하고 그들의 이익과 관련된 활동을 통해 농민들을 자기 세력 내에 두려는 시도를 하게 됩니다. 특히 김활란의 경우는 미국 콜럼비아대학원에서 박사학위논문으로 「한국의 부흥을 위한 농촌교육」을 발표하였고, 귀국한 후인 1930년대에는 농촌여성을 계몽하기 위한 프로그램에 직접 관여하였습니다. 미국에서 유학하고 기독교단체에서 활동을 같이한 박인덕 등과 더불어 '농촌부녀지도자수양소'를 만들어 농민여성의 생활개선교육에 직접 참여하였습니다. 당시에는 브 나로드운동이라고 문맹퇴치운동이 있었는데 여기에도 참가하는 등 활동영역을 확장해나갔습니다. 이러한 경향을 반영하고 있는 소설이 바로 심훈의 『상록수』예요.

여기서 주목할 것은 김활란이 여성농민 교육에 노력했던 시기가 농민운동이 공개적으로 활발히 전개되던 1920년대가 아니라 1930년대 전반기라는 점입니다. 이때는 일제가 사회주의 농민운동은 혹독하게 탄압하는 한편, 자생적 개량주의운동은 비호해주거나 농촌진흥운동과 같은 관제 개량주의운동을 적극 펼쳐가던 시기였거든요. 박정희시절에 새마을운동이 활발히 진행되지 않았습니까? 일제의 농촌진흥운동은 새마을운동과 사상적으로 아주 흡사한 내용을 가지고 있었어요.

하여튼 일제의 농촌진흥운동과 김활란의 여성농민 교육내용과 사상은 긴밀한 관련성을 갖고 있습니다. 교육시행 주체는 달랐지만 교육내용에서는 별다른 차이가 보이지 않습니다. 즉 이들의 활동목표는 문맹퇴치, 가정경영에 필요한 지식획득 등 개인 차원에서 경제적 자립을 위하여 절약하고 봉건적 인식을 타파해야 한다는 등의 개량주의적인 입장을 보이고 있습니다. 게다가 그들은 일제와 대결해서는 안된다는 입장을 갖고 있었어요. 일제가 허용하는 한에서 운동을 해야 제대로 할 수 있지 않겠느냐는 것이 이들의 기본입장이었거든요. 그러니까 타협을 할 수밖에 없었겠죠. 이것이 사회주의운동 계열과는 아주 다른 모습입니다.

그런데 1930년대 후반 이후 중일전쟁·태평양전쟁 시기에 가면 국내외 상황은 크게 달라집니다. 1930년대 이후 사회주의계는 일제의 혹독한 탄압으로 공개단체로 존재할 수 없게 되었고 따라서 비합법·반합법 공간에서 활동하게 되었습니다. 조직을 만들었다는 것만으로도 검거되고 철저하게 탄압받았으니까요. 이에 반해 민족개량주의단체의 경우는 1930년대 후반 무렵까지도 존속한 단체들이 있었습니다. 그렇지만 1930년대 후반 전쟁기가 되면서 일제는 조선민족을 말살하고 일본 신민으로 만들기 위해 조금이라도 민족적인 냄새를 풍기는 것은 모조리 없애기 시작했죠. 조선말 사용을 금하였고, 창씨개명을 강요했고, 『동아일보』, 『조선일보』 등 신문을 폐간시켰던 것입니다. 심지어 일제와 타협하고 그들의 손안에 들어가 있던 개량주의운동단체의 활동조차도 철저하게 분쇄하기 시작했습니다. 그래서 수양동우회 등 여러 개량주의단체까지도 탄압을 받았어요. 결국 어떤 색깔이든 민족적인 내용을 가진 것은 모두 탄압받았던 겁니다.

이때의 제반 조치는 실질적으로 어떤 일을 벌여서라기보다는 일종의 예방조치에서 비롯되었다고나 할까요? 그 한 예가 신문입니다. 지금 우리가 일제하 '민족지'라면서 추켜주는 『동아일보』나 『조선일보』는 폐간되기 전에도 이미 일제의 요구를 꼬박꼬박 들어주고 있었고, 그들의 민족주의적인 성격은 거의 기자들의 개인활동에서 비롯된 것이었습니다. 데스크에서는 사실상 일제에 굴복하여 친일하였는데, 기자들에 의해 손기정의 일장기가 지워졌던 것이죠. 결국 1940년대에는 모든 민족주의 입장이 탄압을 받고 일제의 입장에 호응하는 쪽만 사회적으로 살아남게 되었던 것입니다.

이광수의 영향을 크게 받은 모윤숙

모윤숙은 1932년경에 이화학당을 졸업한 다음 교편생활을 하면서 글도 좀 쓰고 있었던 것 같습니다. 김활란과는 달리 모윤숙은 이광수에게 직접적으로 많은 영향을 받았습니다. 모윤숙만이 아니라 우리나라 문인들의 경우 이광수를 거치지 않은 인물이 별로 없을 것입니다. 여성문인들은 특히 더합니다. 모윤숙과 친일행위에 앞장섰던 최정희도 그러하고, 이들의 선배이자 신여성의 대명사로 유명했던 김일엽, 김명순 등 당시 『창조』를 중심으로 한 문학동인지에서 활동했던 사람들은 대부분 이광수의 비평과 격려 속에서 컸기 때문에 이광수의 사상적인 영향을 크게 받았습니다. 모윤숙에게 이광수는 감히 쳐다볼 수도 없는 대선배였죠. 그런데 이광수와의 만남이 이루어진 1933년 이후부터는 직접적으로 이광수의 영향을 받았던 것으로 보입니다. 1933년 민족적인 감정이 나타나는 처녀시집 『빛나는 지역』을 발간한 이후 계속해서 모윤숙은 본격적으로 문인활동을 하게 되는데, 그는 작품에서도 그렇지만 이광수의 중매로 결혼까지 하는 등 생활 면에서도 이광수의 영향을 크게 받았습니다.

그의 남편이었던 안호상은 헤겔 철학을 전공하고 보성전문학교에서 교수로 있다가 8·15 이후 초대 문교부장관을 지냈고 구순이 된 지금도 활동하고 있습니다. 민족에 대한 안호상의 관심은 지나치게 국수주의적 내용을 띤다고 할 정도인데 일제하에서는 어떻게 지냈는지는 확인하지 못했습니다. 다만 난삽하고 별 색깔도 없는 글을 1940년대 『매일신보』에 발표한 것을 볼 수 있습니다. 모윤숙은 그와 결혼하고 약간 공백기간이 있은 후 1940년대에 가면 활발한 활동을 하기 시작합니다.

길거리에서 일본군을 위한 위문금을 거둬들이고 있는 국방부인회원들

강연으로, 시로 일제의 민족말살정책에 앞장서다

그럼 이들이 어떻게 친일로 나서게 되었으며, 어떠한 친일활동을 했는지 살펴보도록 할까요?

1930년대부터 서서히 일본은 우리나라를 대륙침략의 발판으로 삼기 위한 병참기지로 만들기 위해 여러가지 공작을 펴기 시작합니다. 1931년 만주침략 이후부터 점차 노동통제가 가해지고 노동을 강화하는 활동을 벌였습니다. 1937년 중일전쟁이 일어나고 점차 전쟁터가 확대되어 태평양전쟁으로 번지면서, 일제는 자체 힘만으로는 싸울 수 없는 큰 적국들을 만들어 굉장한 출혈을 하게 되었습니다. 따라서 전쟁을 계속할 수 있는 인력과 물자를 조선과 같은 식민지에서 빼낼 수밖에 없었습니다. 전쟁수행을 위한 일제의 강제공출, 노동착취, 강제저축 등으로 조선민족의 삶은 이루 말할 수 없이 비참해졌어요. 그런데 당시 우리 민족은 계속적으로 항일투쟁을 하고 있어서 일제로서는 아주 골치가 아팠어요. 조선을 확실하게 장악하지 않으면 전쟁을 수행하는 데 걸림돌이 되었기 때문에 철저하게 사상통제와 항일투쟁에 대한 탄압을 강화했습니다. 뿐만 아니라 사상적으로 어떤 입장을 띠지 않은 일반인들을 대상으로 내선일체라든지 황국신민화운동 등 온갖 책동을 다 합니다. 신사참배, 궁성요배, 황국신민서사 낭독과 같은 것을 강요해서 이른바 '민족말살정책'을 실행하였던 것이지요.

그리고 물자를 충당하고 일제 총독부에서 지시하는 사항을 철저하게 수행하기 위해 지금 통·반을 만들듯이 최하부에 애국반을 만들어 철저한 통제망을 갖추었어요. 또한 그들의 정책을 선전, 홍보하기 위한 여러가지 관제단체를 조직하여 당시 유명한 명사들이나 영향력을 끼칠 수 있는 사람들, 사회주의 활동을 했던 인물들까지도 회유·협박해서 전향하게 하고, 이들을 앞세워서 일반 민중을 동원·통제하려고 노력했습니다. 여성들의 경우에도 예외는 아니었어요. 김활란, 모윤숙 등 각종 교육기관, 종교단체에서 활동하고 있던 유명 인사들을 회유, 앞장세웠습니다.

이전에는 민족차별정책을 확연하게 썼지만, 1940년대에 가면 일본인만으로 전쟁을 수행하려니 병력이나 노동력이 부족하니까 조선인들로 이를 보충하기 위해, 실제로는 차별정책이 여전하면서도, 겉으로는 황민 운운하며 징용·징병으로 끌고갔습니다. 또 여자근로정신대로도 동원해갔습니다. 보통 정신대라 하면 대부분 당시 군수공장 같은 데서 순전히 노동력만 공급하다가 일정 계약기간이 지나면 돌아오는 근로정신대였어요. 요사이 사회문제로 부각되는 정신대는 실제로는 군위안부인데, 군위안부로 데려가기 위해 강제연행했던 천인공노할 일도 대부분 이 시기에 저질러졌습니다.

일제는 이런 일을 순조롭게 진행시키기 위한 정책선전대로서 각종 친일단체를 결성하기 시작했습니다. 물론 여성들도 이용가치가 있었지요. 남자들이 군대에 가거나 징용을 당하여 가고 난 뒤의 노동력 공백을 메우기 위해서 여성노동이 필요했던 것이고, 학병·징용·징병에 호응하도록 하기 위해서라도 여성을 회유할 필요가 있었던 것이지요. 당시 일제가 여성들에게 소위 황국여성으로서 해야 할 일로 강조한 것은, "총후(銃後)에 있는 여성들은 가정에서 어머니로서 그리고 딸로서, 아내로서의 역할을 다해야 한다. 그리고 전쟁시기에는 노동자로서도 활동해야 된다"는 것이었습니다. 그래서 여성의 역할을 강조하는 글들이 많이 나옵니다. 이런 요구와 더불어 친일 여성명사들을 활용하는 빈도도 점차 많아졌습니다.

일제는 일찌감치 1937년 중일전쟁이 시작되기도 전에 이미 전쟁을 겨냥하여 여성을 동원하기 시작했어요. 황민화를 위한 방송선전이 1937년에 나오기 시작하는가 하면, 1937년 중일전쟁이 터지자마자 이미 친일파였던 상류계급 부인들을 모아 본보기로 '애국금채회'를 만들어 금비녀나 금반지를 빼서 보낸다든지 합니다. 1940년대에는 각종 단체들이 만들어지는데, 이 시기로 가면 여성명사들이 임원으로서 중심적 활동을 벌입니다. 그래서 일반 민중여성들을 대상으로 시국강연회도 하고 가두선전을 하기도 했어요.

문인들의 경우, 사상이 곧바로 글로 표현되고 붓이 그들의 최대 무기였으나, 이들은 일제 강압하에서 썼다고 볼 수 없을 정도로 너무나 '아름다운' 글을 열심히 써댔어요. 대한민국 삼일문화예술상을 받았고, 6·25를 배경으로 〈국군은 죽어도 말한다〉는 시를 쓰기도 했던 모윤숙은, 이 시기에 "……눈은 하늘을 쏘고 그 가슴은 탄환을 물리쳐 / 大東洋의 큰 이상 두 팔 안에 꽉 품고 / 달리어 큰 숨 뿜는 정의의 용사 / 그대들은 이땅의 광명입니다 // 大和魂 억센 앞날 永劫으로 빛내일 / 그대들은 이 나라의 앞잽이 길손 / 피와 살 아낌없이 내어바칠 / 반도의 남아 희망의 화관입니다"(지원병에게)라는 내용의 시를 썼습니다. 이런 류의 글은 이외에도 여러 편이 있습니다. 이미 돌아가신 임종국 선생께서 펴낸 『친일문학론』에는 이런 글들이 많이 실려 있지요. 임선생님은 생전에 친일파에 대해 글을 많이 쓰시고 자료집도 내셨는데, 거기 보면 놀랄 만한 사실들이 많이 실려 있습니다. 다시 모윤숙에게로 돌아가면, 그는 1945년 7월까지도 경성부 국민의용대 참여직을 맡는 등 일제가 항복하기 직전까지도 이름이 기록에 나타날 정도로 열심히 활동을 합니다. 기록에 남아 있는 것이 이 정도니 실제로는 얼마나 많은 친일활동을 펼쳤겠어요?

대의명분을 위해 학교 세우고 속으로는 재산 챙겨

당시 교육계 현실은 어떠했을까요? 일제는 황국신민화교육으로 자라나는 세대들의 민족정신을 말살하기 위해, 더욱이 1930년대 말에 가면 교장과 교사들을 친일전선으로 내몰았습니다. 조선어를 사용치 못하게 하고, 신사참배를 강요하고, 창씨개명을 조장하는 실질적인 압력통로로서 학교를 이용하였습니다. 당시 기독교계통 학교의 교장은 대부분 선교사들이었는데, 이 선교사들은 태평양전쟁 직전에 대부분 추방당했습니다. 그래서 우리나라 사람들이 교장이 되기도 했지만 일부 학교는 일제의 신사참배 요구에 반대해서 1930년대 말에 문을 닫기도 했어요. 물론 일본에 대한 적개심이나 민족적 감정이라는 측면에서보다는 신사참배를 우상숭배라고 보아 반대하는 경우가 더 많았지만, 당시 민족적인 입장을 띤 기독교인이나 목사들 중에서는 신사참배이나 창씨개명을 거부하여 감방에서 순국한 사람들도 있었습니다.

그런데 친일했던 사람들은 일제의 강압에 못 이겨 그랬다고 합니다만, 기본적으로 강압의 정도가 목숨을 내놓을 만큼 강한 것은 아니었다고 해요. 따라서 자신들이 그만둘 수 있었던 상황이었음에도 불구하고 여러가지 이름으로 친일행위를 하였습니다. 그것은 학교 설립과 관련이 있으리라 생각합니다. 당시는 대부분의 학교가 설립자의 개인 재산으로 세워졌고, 학교 경영도 그들이 독점하고 있었습니다. 학교를 세운 명분은 "우리 민족을 일깨운다, 민족정신을 고양한다"는 면이 있었는데, 실제로 제대로 교육했다면 긍정적인 평가를 내릴 수 있을

지 모르겠습니다만, 1940년의 상황은 이미 이런 소박한 평가를 내릴 수 없도록 심각하게 일제 관제교육의 장으로 변해 있었습니다. 개인 재산으로 이루어졌기 때문에 학교는 하나의 사업이었으며 포기할 수 없는 소유권이었어요. 설립자나 교장들이 일제에 굴복하여 민족교육을 왜곡했던 데는 바로 이러한 측면이 크게 작용하였을 것입니다.

징병독려 강연 통해 기득권 누려

김활란은 이화전문학교를 살리기 위해서라는 명분에서 계속적으로 굉장히 많은 친일활동을 벌였습니다. 그는 징병제 실시에 대해서도 이렇게 말하고 있습니다.

"이제야 기다리고 기다리던 징병제라는 커다란 감격이 왔다. 지금까지 우리는 나라를 위해서 귀한 아들을 즐겁게 전쟁에 보내는 내지의 어머니들을 물끄러미 바라만 보고 있었다. 그러나 반도여성 자신들이 그 어머니, 그 아내가 된 것이다. 이제 우리도 국민으로서의 최대 책임을 다할 기회가 왔고, 그 책임을 다함으로써 진정한 황국신민으로서의 영광을 누리게 된 것이다. 생각하면 얼마나 황송한 일인지 알 수 없다. 이 감격을 저버리지 않고 우리에게 내려진 책임을 다하기 위하여 최선을 다할 것이다."

그의 자서전에는 이화를 지키기 위해서 그랬다고 쓰고 있더군요. 그런데 1943년 12월에 가면 이화전문학교가 폐교되고 농촌지도원 연성소로 바뀌게 됩니다. 그는 학교가 연성소로 바뀐 것에 대해서는 이렇게 말하고 있습니다.

"아세아 십억 민중의 운명을 결정할 중대한 결전이 바야흐로 최고조로 달한 이때 어찌 여성인들 잠자코 구경만 할 수가 있겠습니까. 내지의 학도들과 함께 전문대학 법문계 반도 학도들은 우렁찬 진군을 일으키어 특별지원병으로서 오는 1월 20일에는 영예의 입영을 하게 되었습니다. 이번 반도 학도들에게 열려진 군문으로 향한 광명의 길은 응당 우리 이화전문학교 생도들도 함께 걸어가야 될 일이지만 오직 여성이라는 한 가지 이유 때문에 참여를 못하는 것입니다. 그러나 싸움이란 반드시 제일선에서만 있는 것은 아닙니다. 이런 의미에서 우리 학교가 앞으로 여자특별연성소 지도원 양성기관으로 새로운 출발을 하게 된 것은 당연한 일인 동시에 생도들도 황국여성으로서 다시 없는 특권이라고 감격하고 있습니다."

그는 자서전에 쓰기를, 이러한 글의 대부분은 일제총독부가 써서 내려보냈다고 변명하고 있습니다만, 당시 그의 위치가 교장이었고 조선의 지식인여성으로서, 명사로서 이름을 드날리고 있던 상태였는데 과연 그런 변명으로 다 해결될 수 있는 문제인가 하는 의문이 듭니다. 물론 일제의 강제가 없는데도 자발적으로 그렇게 했다고까지는 보이지 않습니다. 그러나 우리나라의 모든 언론이 통제되고 아주 소박한 정도의 민족적인 표현조차 봉쇄되어 있던 상태에서 자라난 사람들에게는, 당시 지도급 사람들의 말이 크게 영향을 끼쳤으리라고 생각합니다. 특히 어린아이들에게는 굉장한 영향을 주죠. 실제로 일제하에서 태어나고 자랐던 사람들의 경우 일본을 모국처럼 여기는 사람들도 있습니다.

최정희는 〈군국의 어머니〉라는 강연에서 이런 말을 하고 있습니다. 국민학교 3학년에 다니는 열 살짜리 아이가 아침에 궁성요배 사이렌이 울리면 벼락같이 일어나 동쪽을 향해 절하고 늘 엄마도 같이 하자고 했답니다. 그러던 어느날 "엄마 내가 전쟁에 나가 죽으면 울 테야?" 하길래 어리벙벙해서 아무 말 않고 있었더니 "엄만 틀렸어" 하더라는 거예요. 그래서 "울지 않을 테야. 좋은 일 하고 죽는데 왜 울까" 했더니 아이가 신이 나서 "좋아, 그럼 엄만 내 아들은 강하였다 하구 노래 불러주지?"라고 했다는 겁니다. 아들이 자기를 감격하게 만들고 더욱더 충성스러운 어머니로 만든다고 하였습니다. 당시 황국신민으로 키워졌던 아이들의 심성을 표현한 이야기입니다. 이렇게 당시 국민학교 아이들에게는 천황을 위해서라면 목숨을 버리고서라도 기꺼이 전쟁터에 나가야 한다는 의식이 주입되고 있었어요. 이처럼 민족적인 발언은 일체 봉쇄되고 운동도 비합법 영역에 머물 수밖에 없었던 까닭에, 공개적인 직책을 맡고 있던 이들의 영향은 매우 컸습니다. 자신들은 본심이 아니었을지 모르겠지만 당시 그들이 징병을 독려하고 전쟁의 승리를 찬양했던 행위는 많은 사람들에게 악영향을 주었던 것입니다.

그런데도 이들에 대한 현재의 평가는 어떠합니까? 대부분 어려운 일제말기에 학교를 지킨 공로를 높이 치켜세웁니다. 그러나 우리가 역사를 바로 보려면 그들이 왜 학교를 지키려 했는가, 그리고 그 시대에 교육의 역할이 무엇이었던가, 학교라는 껍데기를 유지한다는 것이 과연 어떤 의미가 있었는가 등에 대해 먼저 질문해야 한다고 생각합니다. 또 사회의 주목을 받고 있는 지도자로서 그들이 민중에게 끼친 영향에 대해서도 거론하지 않을 수 없으리라 생각합니다.

또한 이들은 대부분 기독교단체에서 세운 학교에서 교육받고 장학금 등 물질적인 혜택도 받았기 때문에, 기본적으로 기독교인이 많았고 따라서 기독교인들에게 끼친 영향도 컸습니다. 근대 한국에서 기독교가 한 역할은 양면적이었다고 볼 수 있어요. 중국에서는 기독교나 선교사들이 확실하게 침략의 선봉장으로서 역할했지만, 우리나라에서는 일제침략이 선행되는 과정이었기에 그런 측면은 약화되고, 오히려 일제치하에서 우리나라를 개화 내지는 근대화하는 데 큰 역할을 했다는 긍정적인 평가를 받고 있습니다. '찬란한 기독교 역사'라고 많이 쓰는데, 아까도 말했다시피 찬란하다는 말을 들을 만한 활동을 한 계열도 몇몇 있었습니다만, 많은 경우에 일제에 타협하고 굴복하고 말았어요.

당시 우리나라에 들어온 기독교 사상, 기독교인들의 세계관은 자본주의라든지 근대주의 사상으로 연결되기 때문에 기본적으로는 서로 통하지만 일본 천황제, 팽창주의와 언제나 일치하지는 않습니다. 특히 태평양전쟁 이후로는 일본이 연합군에 대해 완전히 적대적인 입장에 있었기 때문에 서로 마찰이 있을 수밖에 없었지요. YMCA와 YWCA 가 1938년경에 일본기독청년회에 흡수되는 것도 미국의 영향이나 민족적 경향을 완전히 배제하고 자기네 정책대로 좌우하려고 했기 때문입니다. 기독교에서 가장 거센 반발을 보였던 신사참배에 대해, 장로교의 경우 민족적 입장이라든지 종교적인 입장에서 거부하는 경우가 좀 있었지만 감리교측은 일찌감치 일제에 굴복했거든요. 이화재단은 감리교였으니 김활란도 당연히 여기에 속했다고 할 수 있습니다. 굴복하지 않으면 탄압을 받으니까 나중에는 대부분 일제에 순종하였습니다.

종교단체가 어떻게 친일을 했는지 살펴볼까요? 감리교를 중심으로 본다면 중앙감리교회가 있고 각 지방단위로 교회가 있는데, 각 단위의 신도들을 중심으로 애국반이 조직되어 있었어요. 그 조직을 통해 일제정책을 선전하였는데, 사실은 선전만으로 끝나는 것이 아니라 실질적인 성과를 보여야 했기 때문에, 신도들을 근로 선전에 동원하거나 집에 있는 솥이나 놋그릇, 요강이라도 들고와서 헌납하라고 강요했지요. 일반 행정조직과 마찬가지로 교회에서도 그런 역할을 했던 겁니다. 어떤 교회에서는 자기 교회의 종을 헌납하거나 헌금을 모아 영·미군(英米軍)을 쳐부수는 데 쓰라고 비행기를 헌납했습니다.

해방된 땅에서도 여전히 유명 인사로 군림

이제 8·15 이후 이들이 어떠한 활동을 했는지 살펴봅시다. 8·15로 일제는 물러갔지만 동시에 국토가 분단되고 남북한에 각각 군정이 실시되었기 때문에 진정한 완전독립, 즉 해방이 되지 못하였습니다. 남한의 경우 실질적인 패전국은 아니었건만 미군정이 실시됨에 따라 점령국인 미국의 통제하에 놓여졌고, 미국의 요구에 따라서 여러가지 활동을 하지 않을 수 없었습니다. 그렇지만 이 상황에서도 우리는 어떤 나라를 건설할 것인가에 대해 많은 논의를 하고 고민하고 또 사회운동을 벌였습니다. 당연히 미국의 이해와 다른 측은 탄압을 받았죠.

그런데 친일파 지식인들은 근대적 교육을 받았고 상당수가 미국에서 공부를 했거나 선교사가 세운 학교에 다녔기 때문에 영어를 조금이라도 할 수 있었고, 일본에서 유학했던 사람들의 경우도 대부분 미국적 사고방식, 자본주의적 사고방식에 길들여져 있었습니다. 그들의 계급적인 기반이나 사상도 여기서 유래합니다. 이들은 미군정이 실시되자 미군정측과 긴밀한 관계를 가지면서 군정청의 관료가 되거나 통역관이 되는 등 그들의 요구를 관철할 수 있는 통로를 확보해갔습니다. 이것은 미국으로도 손해볼 일은 아니었습니다. 앞으로 민정으로 이양되면 그들의 영향력을 지속시켜줄 세력이 있어야 하는데, 그 세력기반 자체가 당시 친일파나 자산가로 구성될 수밖에 없었지요. 그래서 미군정은 이런 사람들을 점차 자기 세력으로 끌어들였고 친일파였던 사람들도 자신들의 지위를 계속 유지하기 위해서 미군정과 긴밀한 관계를 가질 수밖에 없었습니다.

8·15 이후에도 친일파가 사회적으로 높은 지위에 있을 수 있었던 것은 이러한 대외적인 관계도 있지만 다른 한편으로는 자신을 비호해줄 정치세력과 즉각적으로 결합한 점도 작용합니다. 8·15 이후 다양한 정치세력이 등장하였고, 일제와 타협하지 않았던 사람들은 일제하에서의 행위에 대한 공과를 논하게 되었지요. 그러자 이미 자기 지위를 유지하고자 갖은 노력을 하던 친일세력들은 더욱 긴밀히 결속하고, 자신들의 입지를 강화하기 위해 여러가지 정치적인 입장을 취하였습니다. 이런 점들과 손발이 딱 맞았던 것이 이승만이라고 할 수 있습니다. 이승만은 너무 독선적이고 임시정부의 입장에 위반되는 행위를 했다 해서 상해임시정부에서 축출되었던 인물이었죠. 그래서 그는 국내에 기반이 없었습니다. 한민당이나 지주계급들은 임시정부에 연줄을 대려고 노력을 하다가 나중에 이승만과 한배를 타게 되었지요. 이승만은 국내에 정치적 기반이 없었기 때문에 기본적으로 반일, 항일을 주장하면서도 실질적인 기반은 친일파에 둘 수밖에 없었습니

다.

친일파에게는 이승만의 명성을 이용해서 자신들의 세력을 유지할
수 있는 좋은 기회였습니다. 김활란, 모윤숙도 이승만계열과 밀접한
관계를 가졌고, 일제 때 그들과 경향을 같이했던 여성들은 한국애국
부인회와 독립촉성중앙부인단을 통합하여 '독립촉성애국부인회'를 조
직했지요. 당시에는 '조선부녀총동맹'이라는 사회주의계열의 여성단체
가 있었는데, 이들은 '독립촉성애국부인회'를 만들어 이에 맞섰던 것
입니다. 김활란과 모윤숙이 여기서 얼마나 열심히 활동했는지는 잘
모르겠습니다만 유각경, 박마리아, 이숙종, 송금선 등 일제하 이들과
비슷한 행적을 보인 사람들은 대부분 주요 임원으로 활동하였습니다.
이 여성단체에서는 해방공간이란 점을 이용하여 문맹 퇴치, 여성의
교육기회 확대와 여성참정권 획득을 주장하고 이와 관련된 활동을 펼
쳤습니다. 또한 물산장려회를 조직하여 국산품 장려운동을 벌이는 한
편, 다른 한편으로는 일반 우익정치단체와 똑같이 반탁운동, 반공운동
에 매진하여 남한단독정부가 수립되는 데에도 중요한 역할을 했죠.
일제하에서는 근우회에서처럼 사회주의계와 긴밀한 관계를 가진 적도
있었지만, 이 시기에 오면 사회주의계와는 완전히 결별하고 이승만정
권과 밀접한 관계를 가졌습니다. 일반적으로 민족주의계는 사회주의
자와 공산주의자에 대해 맹렬한 비난을 가했습니다. 정치적인 입장도
분명하여 분단으로 가는 길이었던 단독정부 수립에 앞장서고, 국제적
으로도 남한정부를 승인받기 위해서 노력했습니다. 특히 이때 김활란,
모윤숙의 역할이 대단했죠.

특히 모윤숙의 활약상은 지금까지도 가십거리로 알려져 있습니다.
아시는 분도 많겠지만 젊은 분들이 많으니까 잠깐 이야기해보겠습니
다. 남한 단독정부를 수립하는 과정에서 모윤숙은 단연 두각을 나타
내는 활약을 했어요. 유엔한국위원단이 정부를 어떻게 세우는 것이
타당한지 조사하기 위해 파견되었는데, 이때 위원장이 메논이라는 인
도인이었습니다. 그런데 이 메논을 모윤숙이 구워삶아서 입장을 바꾸

어놓았다는 이야기가 아주 유명하지요. 당시 이승만은 남한만의 총선
거를, 김구는 남북총선거를 주장하여 국내의 정치적 대립이 심각하였
어요. 유엔한국위원단 내에서도 남북협상에 의한 총선거다, 단독선거
다 해서 의견대립이 팽팽했습니다. 처음에는 오히려 남한만의 선거를
반대하는 쪽이 좀더 우세했다고 해요. 이승만이 주장하고 있던 남한
만의 총선거론이 현실화되면 조선 전체가 굉장한 혼란과 내전이 일어
날 수 있을 것이라는 평가를 하고 있었습니다. 메논의 경우도 — 메논
이 결정권을 갖고 있었다고는 할 수 없지만 — 처음에는 이승만의 주
장에 반대하는 입장이었고 인도정부의 입장도 그러했다고 합니다.

그런데 유엔위원단 환영회 자리에서 모윤숙은 문학을 좋아하던 메
논과 많은 이야기를 나누게 되었고, 이를 알게 된 이승만이 모윤숙을
통해 로비할 마음을 먹었던 것입니다. 이승만으로부터 메논이 남한만
의 총선거를 찬성하게끔 노력해달라는 부탁을 받은 모윤숙은, 메논에
게 갖가지 설득작전을 편 끝에 일단 남한만 선거를 하자는 입장을 갖
게 하는 데 성공하였습니다. 유엔에서도 그 입장이 관철되어 모윤숙
은 단독정부 수립에 상당한 공헌(?)을 했다고 볼 수 있습니다.

그 이후에도 여성단체라고 하면 이들이 만들거나 회장을 하지 않은
단체가 없을 정도로 활발히 활동했습니다. 김활란은 초대 국회의원선
거에 나서기도 했고, 모윤숙은 공화당에 입당하여 국회의원도 했죠.
이숙종도 정치계에 입문했고요. 지금도 이들이 여성계의 대모로서 존
재하고 있습니다.

친일파가 죽어서도 훈장 받는 오늘의 현실

앞에서도 거론했지만 8·15 이후에도 이들이 존재할 수 있었던 정
치풍토에 대해 우리는 관심을 돌려야 할 것 같습니다. 그들이 8·15
이후 "내가 정말 잘못했다"고 반성하고 스스로 비판을 했다면 이후
에 새로운 국가를 만드는 데서 그들의 지식과 활동이 얼마나 긴요하

게 쓰였겠습니까? 물론 간접적으로 반성했다고 볼 수 있는 사람도 있었지요. 황신덕은 지금 중앙여고의 설립자이며 초대 교장이었습니다. 그는 8·15 이후에 글을 조금 남기긴 했지만 그 시대에 대해서는 아예 언급을 회피하고 있어요. 이렇게 언급하지 않는 것은 지금 자기 형편 상 그때 당시 어찌해서 그러했다는 얘기를 하지 못하는 것으로도 볼 수 있습니다.

그리고 김활란에 관한 글 중에서 이런 정도는 발견됩니다. 1944년에 눈병을 크게 앓았는데, 그때 의사가 실명이 될지도 모르겠다는 얘기를 했다고 합니다. 그때 김활란은 남의 귀한 자식을 징병에 나가라, 학병에 나가라고 얘기하며 다녔기 때문에 벌을 받은 것이라고 생각했다는 것입니다. 그의 친일행위, 즉 교장이라는 지위를 고수하기 위해 학생들을 일제의 총알받이로 몰아낸, 반민족적인 행위를 했다는 점에 대해서는 역사의 심판을 받아야 하겠지만, 개인적으로 교장으로서 학교를 지키려고 그랬다는 변명에 대해 어느 정도 이해할 수 있는 측면은 있습니다.

그런데 모윤숙의 경우는 아주 다릅니다. 모윤숙은 일제 때 징병을 찬양하던 입으로 이제는 "조선학병의 억울한 진군" 운운하면서 "일제 말기에는 사실상 내가 무슨 글을 쓰든 간에 그들에게 충성하듯이 발표되었다. 그리고 그런 글들이 번역되어 나온 것까지는 견딜 수 있었지만 창씨는 목숨을 걸고 못할 것 같았다" 하면서 창씨개명을 안한 것이 굉장한 항일투쟁인 것처럼 말합니다. 그 당시는 창씨개명을 안한 사람들이 있다는 것을 내세우기 위해서라도 친일파 중에 몇 사람들은 안하기도 했습니다. 특히 모윤숙은 수필집 『회상의 창가에서』에서 김수임에 대해 쓰고 있는데, 그 책에 사회주의에 대한 그의 태도와 여성관이 잘 나타나 있습니다. 김수임은 조선공산당의 간부였던 이강국의 애인으로 유명한 여성이지요. 그 글에서는 이화전문학교에 다녔을 때 단짝이었던 김수임과 8·15 이후 사상적으로 결별해가는 과정을 그리고 있는데, 전형적으로 반공주의자가 그리는 연애소설 같

유엔의 남한정부 승인에 큰 활약을 한 김활란(앞줄 오른쪽), 모윤숙(앞줄 왼쪽)

아요. 김수임의 사상변화와 같은 주체적인 면에 대해서는 전혀 언급
하지 않고, 사랑만으로 괴물 같은 공산주의자를 추종한 것으로 묘사
하고 있어요. 실제로 1920, 1930년대에 이 두 사람의 사상적 경향이
어떠했는지는 알 수 없습니다만, 1930년대 이후 국내에 있던 대부분
의 민족주의자들이 일제에 대해 침묵하고 있을 때도 사회주의자들은
끝까지 민족해방운동을 하였다는 사실을 모윤숙이 전혀 몰랐을까요?

물론 당시 국내의 정황이 그러했으니까 그랬던 점도 있겠지만 아무
튼 모윤숙이 인물에 대해 내린 평가는 지나치게 극단적인 면이 있어
요. 그 실례가 이광수를 위한 변명에서 잘 나타납니다. 이광수는 적극
적인 친일파라고 해서 8·15 직후뿐만 아니라 반민족행위자 대공판
때도 사회로부터 많은 비판을 받고 심판대에 올랐던 사람입니다. 그
런데 모윤숙은 이것을 너무나 안타깝게 생각하며 "동족이란, 무한한
연대책임을 진 운명의 동아줄 같아서 선배나 동료나 간에 그들의 행
동을 분별의 눈을 가지고 꼬집는 비판은 금물이라고 생각했다. 저항
할 수 없는 웅덩이에 빠진 나라에서는, 그 모두가 똑같은 책임을 져

야 할 뿐이다"라고 말했습니다. 이것은 목숨을 바치면서까지 항일투쟁을 했던 많은 사람들이 있었다는 사실을 모르고서는, 아니 외면하지 않고서는 할 수 없는 말이지요. 그는 친일행위에 대해 단죄하는 것을 극단적으로 반대했습니다. 일제 때는 그럴 수밖에 없었다, 그런데 누구를 비판하느냐는 식으로 이야기했습니다. 친일행위를 하지 않은 사람이 이런 이야기를 했다면 무척 관대하다는 말을 들을지 모르겠습니다만, 모윤숙처럼 일본을 찬양하고 일제의 정책 수행에 적극 지원하는 글들을 많이 남기고 강연까지 했던 사람이 그런 말을 했다는 것은 참 뻔뻔스런 경우라 할 수 있겠죠. 그런 인물이 대한민국훈장을 받고 죽어서까지도 훈장을 받는 영예를 누렸던 것이 지금 우리의 현실입니다. 이 현실을 제대로 해석하고 풀어야 할 과제가 앞으로 우리에게 남은 일이 아닌가 생각합니다.

여하튼 이 자리에서 다시 한번 우리가 생각해보았으면 하는 것은, 그들의 친일 행위가 전혀 언급되지 않은 채 그들이 사회적 유명인사로 지금까지 남을 수 있는 오늘의 현실은 무엇을 말하고 있는가 하는 점입니다. 그리고 어려운 시대상황에서 올바른 삶의 태도는 과연 어떤 것인지를 반추해보았으면 합니다.

1930, 1940년대에는 민족주의계 중에서 비타협적 민족주의자들은 은둔과 절필 등 침묵을 선택했고, 그렇지 않은 경우에는 개량주의적인 입장을 띠면서 점차 친일로 나아갔습니다. 우리는 비타협적 민족주의자나 임시정부에서 활동한 분들만 민족해방운동을 한 것으로 알고 있을 뿐이고, 1930년대 후반에서 1945년 8·15 사이에 있었던 적극적인 독립운동에 대해서는 거의 들은 바 없고, 또 알 수 있는 글도 없지요? 그렇지만 이 시기에도 우리 민족은 가만히 있었던 것이 아니었어요. 작게는 침묵으로써 일제를 거부하였고 크게는 직접 일제와 투쟁하였습니다. 침묵하고 있었던 것을 반드시 굴복이라고 볼 수는 없지요. 소극적인 저항과 침묵도 의식적으로 취해질 때는 굉장한 힘이 된다고 생각합니다. 그리고 계속적으로 투쟁했던 인물들과 그런 역사

를 발견하는 것도 하나의 과제일 것이라고 생각합니다.

우리는 당시 많은 사람들이 치안유지법으로 검거되었으며, 징병·징용·학병을 피하기 위해 지리산 등 깊은 산중에서 빨치산 활동까지 했던 사람들이 있었다는 것을 기억합니다. 국외에서도 임시정부뿐만 아니라 중국본토에서, 만주에서, 소련접경지역에서 실제로 일본군과 전투를 하였습니다. 이러한 우리 민족의 해방투쟁이 덮어져버린 것은 분단 때문입니다. 분단으로 인하여 이 시기의 민족해방투쟁사는 잃어버린 역사가 되고 만 것입니다. 우리나라의 민족정신을 고양해나가기 위해서는 어두운 이면의 역사뿐만 아니라 활발하게 일제와 투쟁하고 항쟁한 역사까지도 조망해야 하는데, 사실 반쪽의 역사이기 때문에 어두운 부분만이 오히려 부각되고 있습니다. 우리 민족의 열렬한 투쟁과 저항의 역사를 밝히지 않은 채 반성과 비판만을 하게 된다면 ― 사실상 비판도 제대로 할 수 없지만 ― 자기비하적인 측면만 부각하는 꼴이 됩니다. 여기서 민족해방투쟁에 대해 본격적으로 다루지는 못하지만 계속 언급을 하는 이유도 바로 이것 때문입니다. 결론적으로 우리는 반쪽의 역사로 인해 남한에서는 친일파가 지금까지도 추앙받고 그들에 의한 역사가 우리 민족 전체의 역사인 것처럼 받아들여졌다는 점을 상기하고, 우리 민족의 자존심을 위해서 이것을 올바르게 검토하는 것이 중요하리라 생각합니다.

질의 응답

질 1930년대 이후 민족해방운동에는 어떤 여성들이 참여했나요?

답 우리가 잘 아는 여성들은 대부분 근대식 고등교육을 받은, 사상적으로는 자유주의적 인물이고 끝까지 일제와 투쟁한 인물들은 우리에게 알려지지 않은 인물이 많습니다. 1930년대 이후에는 특히 이름이 잘 알려지지 않은 여성들의 활동이 활발하였습니다. 지식인 출신으로 일제 말기까지 지하운동을 했던 인물로는 사회주의계로 활동한 이관술의 동생 이순금과 중국에서 활동했던, 얼마 전에 북한에서 죽은 허정숙과 박진홍, 여장군 김명시 등을 꼽을 수 있습니다.

비타협적 인물로 민족주의계의 조신성도 있습니다. 우리가 어머니날 — 요새는 어버이날이라고 하지만 — 이라고 하는 5월 8일은 바로 그의 죽음을 기려 만든 날이에요. 조만식 선생이 조신성을 누님이라고 불렀으니 민족주의계에서는 대선배이지요. 그는 근우회 3대 중앙집행위원장을 지냈는데, 그가 집행위원장이었을 때 이루어진 활동에 개량주의적인 요소가 강하게 보입니다만, 일제 말기에는 시골에 칩거하고 친일에 나서지 않은 줄로 압니다.

그리고 국내 노농운동에 참가한 많은 여성들이 있습니다. 1920년대까지 여성은 여성단체에서만 운동하는 것으로 생각했어요. 그래서 근우회나 여성청년단체 같은 데서 활동했는데, 1930년대에 들어서는 노동단체, 농민단체에도 여성부를 두어, 여성정책을 마련하고 여성을 조직하는 것을 중요한 과제로 삼았습니다. 미혼여성뿐만 아니라 기혼여성들까지도 조직하려는 여러가지 노력들을 보이지요.

1930년대 초 평양고무공장 파업 때 눈부신 활약을 한 강주룡과, 함흥 쪽에서 노농운동을 조직한 양봉순, 이인순 등 이때는 이름이 알려지지 않은 인물들이 일제에 투쟁하였습니다. 그래도 이나마 이름이 드러나는 인물들은 당시 운동조직에서 비중있는 일을 했던 인물들입니다만, 기록에조차 나오지 않는 노동자, 바의 여급이나 기생들도 적지 않았습니다.

그리고 이 시기 활동에서 우리가 알 만한 사람이 적은 또 하나의 이유는, 대중적 공개단체활동이 불가능했다는 점도 있습니다. 1930년대에 들어서는 사회운동이 극도로 탄압을 받았습니다. 공개적인 사회단체 활동이 불가능하니까 운동이 반합법·비합법적 상태로 진행될 수밖에 없었어요. 1920년대와 같이 이름을 공개적으로 내걸면서 활동하지 못하고 은밀하게 활동하였으므로 이름이 알려질 수 없었겠죠. 또 유명하다는 것은 당시에 한정된 언론매체인 신문 등에 얼마나 자주 이름이 언급되느냐는 것인데, 이것도 민족적 감정을 부추길까봐 일제에서 통제를 했습니다. 게다가 일제는 여성을 무능력자로 취급했어요. 여성은 법률적으로는 금치산자보다도 더 못했어요. 일제하에서는 어떤 조직체가 발견되기라도 하면 온갖 거창한 이름을 붙여 철저히 검거하던 시절이었습니다만, 여성이 가족과 같이 검거되었을 경우 일제는 '관대'하게도 감면해주는 경우가 많았습니다. 물론 재판을 받기 전까지 감방에 오래 있기는 하지만 실제로 형을 받는 경우는 상대적으로 적었어요. 지금도 부부가 동일범죄로 들어갈 경우에 한 사람은 좀더 일찍 풀어주고 있죠. 당시는 그런 일이 더 많아서 완전히 형까지 산 사람들은 그렇게 많지 않습니다.

최근에 나온 『한국여성사』(근대편)라는 책에, 1930년대 노농운동에 여성들이 어떻게 참여하고 있는지가 조금 밝혀져 있습니다. 인물 하나하나를 거명하고 있지는 않지만 통계적으로는 알 수 있을 겁니다.

질 친일파들의 글을 볼 때는 그들이 억압적 상황에서 쓴 글이라고 보기 어려운 점이 많습니다. 오히려 그들의 세계관에 관계된 문제라고 보아야 하지 않겠는지요? 그들의 세계관에 대해 이야기해주시기 바랍니다. 예를 들어 모윤숙이 이광수와 밀접한 관계를 맺고 있었다고 하는데 이광수와 사상적으로 비슷했나요?

답 어려운 질문인데요. 모윤숙이 이광수의 사상적 영향을 받았다는 점은 의심할 수 없는 사실이어서 그의 세계관과도 밀접할 것이라는 점은 충분히 유추할 수 있습니다. 그러나 모윤숙의 입장을 구체적으로 밝히려면 그에 대한 연구를 다각적으로 해야 하는데 아직 그 정도까지 연구가 진행되지는 못하고 있습니다. 물론 자료의 한계도 있고요.

질 강연을 들으면서 정말 답답함을 금할 수 없었습니다. 현재 중등교과서에는 근우회의 활동이 민족운동에 많은 기여를 했다고 하면서, 여기서 중심으로 활동한 인물을 '김활란' 등으로 국한하고 있는데, 이것이 사실인지 알고 싶습니다. 그리고 근우회의 실질적 중심은 누구였는가, 김활란이 1928년에 근우회에서 손을 뗐다면 그 이유와 의미는 무엇인지, 근우회를 1931년까지 끌고간 인물들은 누구였는지, 김활란이 근우회에서 한 일은 무엇인지에 대해서도 알고 싶습니다.

답 우리 국정교과서는 그 자체가 반쪽 역사입니다. 그러니까 당연히 근우회 하면 김활란이 거명되지 않을 수 없죠. 근우회는 신간회와 마찬가지로 사회주의계와 민족주의계가 통일전선을 형성하여 결성한 단체였으나, 실제로는 사회주의계에서 오히려 주도했다고 볼 수 있습니다. 당시 근우회 활동을 했던 사람들 중에는 일본유학을 한 여성들이 많았어요. 황신덕, 이현경, 정종명, 정칠성 등 일본유학생들이 당시 근우회를 결성하는 데 중요한 역할을 했고, 이들은 전부 사회주의자들이었어요. 그리고 기독교계 인물로 유각경, 김활란이 있었고, 중립적 인물로 유영준이 활동했습니다. 초기 근우회 활동에서 사회주의자들이 더 주도적이었다는 것은 1928년 1대 중앙집행위원장이 정종명, 2대가 정칠성으로 계속 사회주의계에서 위원장을 맡았다는 점에서도 알 수 있지요. 중요한 역할을 한 사람들은 사회주의계열에 속하지만 사회주의운동이 국정교과서에서 제대로 평가받지 못하는 상황이기 때문에 어쩔 수 없이 김활란을 넣을 수밖에 없었을 것이라고 생각합니다.

그리고 당시는 사회주의계에서 김활란을 상당히 대우했던 것 같아요. 발기인 구성, 창립취지문, 창립총회 의안 등을 만드는 데도 황신덕, 이현경과 더불어 김활란이 참가했지요. 사실 근우회 슬로건에도 다분히 자유주의 여성운동적인 요소가 많이 들어 있는데, 근우회 초기의 이러한 측면은 바로 부르주아민족주의계 여성들이 활동할 수 있게 한 배경이 되었으리라 생각됩니다.

김활란의 정치적 성격은 거의 나타나지 않지만 당시에 그가 가지고 있던 사회적인 입지나 명성 때문에, 근우회를 조직하고 활동할 때 사회주의계 쪽이 민족주의계에 대한 배려를 꽤 했던 것으로 보입니다. 그렇기 때문에 세력으로 보면 사회주의계가 두드러졌음에도 중앙집행위원을 같은 수로 한다든지 지분을 더 준다든지 하는 식으로 배려했습니다. 그러나 강의에서도 얘기했듯이 지회를 만들어가는 과정에서는 양상이 달라집니다. 지회는 다수가 사회주의의 영향하에 있었거든요. 처음에는 지회가 없으니까 본부에 있던 사회주의자들의 의도대로 민족주의자와 더불어 할 수 있었지만, 지회대표가 본부로 와서 임원이 되는 상황에서는 본부에서 마음대로 할 수 없었겠죠. 그래서 중앙집행위원이나 중앙검사위원에 선출되는 사람들 중에는 사회주의자들이 많았어요. 1928년이 되어 사회주의자들이 다수 들어오면서 김활란은 자기와는 맞지 않는다는 생각을 했던 것 같고, 그래서 근우회에서 발을 빼고 YWCA와 기독교단체에서 활동했던 것 같습니다. 그의 근우회 활동은 1928년도에 끝나는 셈이죠.

1928년 이후부터 1930년 초 광주학생운동의 폭발적인 확대를 가져온 여학생사건이 일어나기 전까지는 사회주의계의 주도하에 활동이 이루어진 시기였습니다. 지회와 본부간의 갈등 등 내부문제가 전혀 없었던 것은 아니었지만 이 시기에는 근우회 본래의 활동이 가장 활발하였습니다. 노농운동에 대한 지원이나 여성들의 요구를 수렴하여 여성운동의 방향을 잡는 데도 노력했지요. 그러다가 1930년 여학생시위와 관련하여 근우회 주요 간부들이 검거되자 우경화 경향이 나타나기 시작했습니다. 그리고 1931년 신간회의 해소와 더불어 근우회도 해소 바람을 타기 시작했어요.

해소운동이란 우리 민족해방운동이 민중적인 기반을 강화해야 한

다는 뜻에서, 다양한 계층이 모인 신간회, 근우회, 조선청년총동맹 등
을 해소하고 노동자·농민단체로 헤쳐모여 활동을 강화해야 한다는
입장에 있었던 것을 말합니다. 그런데 근우회는 본부회의에서 해소할
것인지를 확실하게 결정하지 못했어요. 그 이유는 당시 지방에 있던
사람이 한번 서울에 올라오려면 경제적 부담으로 지회가 휘청휘청할
정도였답니다. 지금도 여성단체들은 대개 그렇다고 합니다. 해소 이전
에도 이런 문제 때문에 본부와 지회간에 유대가 긴밀하지 못한 면이
있었는데, 꼭 경비 때문이라고만 할 수는 없었겠지만, 해소문제를 다
루는 대회조차도 지방대의원의 참석이 적어 정족수 부족으로 해소 여
부를 결정하지 못했습니다. 그런데도 지방에서는 개별적으로 해소해
버리거나 아니면 명칭만 달고 있었어요. 조신성의 주도하에 있던 평
양지회는 1934, 1935년까지도 간판을 달고 있었다고 합니다. 그러나
1931년 이후에는 대부분 근우회라는 이름을 내걸고는 활동할 수 없었
고, 사회주의계 여성들은 대부분 노농운동단체로 들어갔고, 그외의 경
우는 기독교단체, 불교단체에 들어가거나 뿔뿔이 흩어지는 상태가 되
었어요.

결국 김활란의 근우회 활동은 민족주의계열을 대표하는 인물로서
참가했다는 상징적 의미가 컸다고 생각합니다. 물론 앞에서도 말했듯
이 민족주의계 인물들이 김활란이 빠질 때 모두 같이 빠져나간 것은
아니었습니다. 차사백, 김선 등은 그대로 남아 있었기 때문에 사실상
김활란이 빠져나갔다고 해서 좌우합작으로서의 근우회가 파괴된 것은
아닙니다.

질 이광수, 최남선을 친일파로 보아야 하는가에 대해서는 의문이
있습니다. 내가 최남선과 같이 일본 유학을 했는데 그는 일본말을 못
했으며 스스로도 애국을 위해서 일본말을 안 배웠다고 했거든요.

답 예. 물론 개인별로는 나름대로 사정이 다 있어서 어떤 면은 살

리고 어떤 면은 버릴 부분이 분명히 있습니다. 즉 최남선의 경우 친일파라고 역사적으로 못박는다고 해서 그 인물에 대한 모든 것을 다 버린다는 뜻은 아닙니다. 그가 우리나라 방언이라든지 역사에 관계되는 글을 얼마나 많이 썼습니까? 다만 그가 취한 대의는 무엇이었으며, 그가 어디에 위치해 있었는가에 따라 비판을 해야겠지요. 모든 사람들이 다 부정적인 면만을 가지고 있지는 않듯이, 최남선의 경우도 마찬가지라고 생각합니다.

사실상 김활란도 일제 때는 분명히 친일행위를 했거든요. 우리는 그러한 굴절된 역사의 길을 다시 밟지 않기 위해서 친일행위를 한 사람들에 대한 냉엄한 비판을 해야 한다는 뜻에서 말씀드린 것입니다. 또한 그들이 정말 반성하였는지 아니면 전혀 반성하지 않고 여전히 사회에서 중요한 역할을 맡고 있었는지는 구분해야 한다고 생각합니다. 우리 사회가 사회 국가적으로 그들에게 반성할 기회조차 제대로 주지 않았다는 점이 우리 역사를 되돌아보고 검토해야 하는 측면이라고 생각합니다. 우리나라가 반쪽의 역사, 분단된 국가가 아니라면 친일행위를 한 사람들이 정말 그렇게 높은 지위에 있을 수 있을까 하는 질문을 던져보는 것으로 답변이 될까요?

질 거명된 인물을 모두 친일파로 분류하는 것이 옳은가요? 나는 여기에 나온 사람들을 잘 아는데, 그들은 참 훌륭한 사람들이었어요. 그들의 과거 행동은 살아남기 위해서 한 것일 뿐입니다. 그런데도 이들을 모두 친일파로 볼 수 있는 건가요?

답 물론 악질적인 고등계 순사나 밀정과는 다릅니다만, 소극적으로 했다 하더라도 친일은 역시 친일입니다. 예를 들어 교장으로서 친일을 한 사람들은 자신의 생명을 유지하기 위해서라기보다는 그 지위를 유지하기 위해서 그런 것이거든요. 즉 그 직책을 버리면 안할 수도 있었다는 말이에요. 지위 때문에 어쩔 수 없이 했던 사람에게는 소극적인 친일파라는 명칭을 붙일 수 있는데, 하여튼 교육계에 있는 많은 친일파들은 그런 부류라고 볼 수 있겠죠. 제가 앞에서도 말씀을 드렸습니다만, 모윤숙 등 문인들의 경우보다 교육계 인물들의 경우 양면적인 성격이 있었어요. 우리가 역사를 공부하는 것은 거슬러올라가서 과거를 비판하고 더 나은 오늘을 만들기 위해서 아니겠어요? 친일문제를 거론하는 것도 그런 맥락에서입니다. 그런 인물들이 어떻게 해서 지금까지 살아남을 수 있었는가 하는 점을 반성하면서 역사를 봐야 한다는 뜻에서 이야기하고 있는 것입니다.

할머니께서 말씀하신 것처럼 여러가지 이견이 있을 수 있는 부분도 있습니다. 사실상 현재 연구수준도 초보적인 단계이고요. 박순천의 경우는 3·1운동 때 옥고를 치렀지요. 임영신도 그렇습니다. 그런데 이러한 인물들이 친일단체 등에서 활동하면서 친일행위를 했다는 것도 역시 기록에 근거를 둔 것으로 사실입니다. 박순천은 〈국방가정〉이라는 강연을 했다는 기록이 있는데, 본인은 일제가 이름을 임의로 실은 것이지 자기는 그런 데 간 적이 없다고 얘기했다고 합니다. 그 사실 여부는 좀더 연구해보아야 할 것입니다만, 이렇게 개별적인 정황이나 사정에 대한 연구에까지 이르지는 못했기 때문에 우선 일괄적인 기준에서 재단했습니다. 이런 점에서 아직 각 개인에 대한 적절한 평가를 충분히 했다고 보기는 힘듭니다.

(이광수와 함께 동경유학을 하였다는 한 할머니가 계속해서 친일 여부에 대해 문제를 제기하자, 한국사교실 전체 진행을 맡았던 전우용 연구원이 나서서 보충답변하였다.)

전우용 어디까지가 친일이고 어디까지가 친일이 아니냐를 가리는 것은 물론 상당히 어려운 문제입니다. 해방 이후 50년 가까이 되는 동안 우리는 친일파를 친일파라고 하지 못하고 지내온 셈인데, 이제 와서 이 사람 저 사람을 친일파라고 몰아붙이는 바람에 할머니께서 우려하시는 대로 친일파가 아닌데도 친일파라고 도매금으로 팔리는 사람도 있을 수 있겠지요? 그러나 아직까지 친일문제에 대해서 심층적인 연구가 본격적으로 진행된 것은 아니라고 생각합니다. 지금에서야 친일행위를 한 사람들이 누구누구이다라는 정도를 밝히는 처지입니다. 물론 그 중에는 마지못해 한 사람, 악질적으로 한 사람을 구분할 필요가 있을 것이고, 또 우리가 역사적으로 용서해도 좋을 사람, 용서해서는 안될 사람 혹은 본받아야 할 사람 등을 다시 이야기할 기회가 있으리라고 생각합니다. 이런 식으로 한번 역사에 기록되었다고 그것이 또 영원히 갈 것이라는 생각을 하지는 않습니다.

　김활란씨는 한편으로는 이화여전에서 교육자로서 훌륭한 생애를 보냈지만, 또 다른 한편으로는 전쟁 말기에 젊은이들을 전쟁터로 보낸 것도 사실이니까요. 어느 쪽에 더 초점을 맞출 것인가 하는 문제는 앞으로 남은 과제라고 생각합니다. 그런 분들에 대해서는 강정숙 선생을 비롯한 젊은 분들이 많이 연구를 해서 오명이라면 오명을 벗겨드리고, 또 실제로 나쁜 짓을 했는데 좋게 평가된 사람은 그에 합당한 평가가 내려지도록 하는 작업을 앞으로도 계속하겠습니다. 그래서 역사에 부끄럽지 않은 일을 제대로 평가할 수 있도록 노력할 예정이니까 그 문제는 이쯤에서 거두셔도 좋으리라고 생각합니다.

　질　창씨개명 거부의 의의와 실제로 창씨개명한 퍼센트는 얼마나 됩니까? 이숙종씨는 창씨를 했습니까? 누가 창씨했으며 누가 안했습니까?

　답　정확하게 몇 퍼센트라고까지 밝히기는 어렵습니다. 이숙종은 宮村淑鐘으로 창씨개명하였습니다. 모윤숙은 스스로가 창씨개명하지 않았다고 얘기하고 있고, 박순천의 경우도 창씨개명하지 않아서 학교에서 물러났다고 합니다. 그런데 당시에 교사라든지 교장과 같은 자리에 있었던 사람들은 솔선수범해서 창씨개명을 안하면 안될 정도로 압력이 심했기 때문에 김활란은 天城活蘭이라고 썼습니다. 덕성여대 창립자인 송금선은 福澤玲子라고 했고요. 그리고 많은 친일파들이 앞장서서 본보기로 했던 경우가 많이 있었습니다.

그렇지만 일본이 태평양전쟁 이전에 "우리가 조선민족에게 강압적으로 하는 것이 아니라 그들이 자발적으로 하고 있는 것이다"라고 선전하기 위해 본보기로 창씨개명을 시키지 않은 사람도 있었어요. 그러니 창씨개명 했다 안했다는 것 자체를 인물평가의 기준으로 삼는 것은 문제가 있지요. 물론 아주 많은 사람들이 창씨개명을 했으니, 끝까지 하지 않은 인물에 대해서는 평가를 해야겠지요. 창씨개명 하지 않으려면 여러가지로 트집잡힐 일이 없어야 했어요. 어떠한 탄압에도 굴하지 않는 용기가 있어야 했습니다. 일반인들에게는 배급을 무기로 창씨개명을 시켰으니까요.

질 친일파에 대한 북한의 대응은 어떠하였습니까? 그리고 북한에서는 친일파 자료집을 펴냈습니까? 있다면 일본에서는 그런 자료를 구할 수 있을까요?

답 친일파 지식인의 다수가 물적 기반이 든든한 사람들입니다. 남한에서는 해방 이후나 정부수립 이후에도 그들의 계급 계층적 위치에는 거의 변동이 없었지요. 그런데 북한에서는 해방 직후에 친일파의 재산을 몰수하고 악질 경찰들이나 밀정들을 처단하였습니다. 그리고 광의의 친일행위자들이라 할 자산가층에 대해서도 토지개혁 등으로 물적 기반 자체를 아예 없애버렸습니다. 이를 피하려는 이들이 북한에서 남한으로 꽤 내려왔지요. 그들은 월남민으로서 새 출발을 하면서 재계나 기타 높은 자리를 차지한 경우도 많았습니다. 이러한 까닭에 북한에서는 친일파 자료집을 만들 필요가 없었던 것으로 압니다.

질 당시 친일여성의 역할과 영향력은 어떠했습니까?

답 당시 여성들 중에서 사회활동을 한 사람들은 적었습니다. 그때 일제가 하고자 했던 것은 여성들을 사회로 끌어내려는 것이었어요. 우선 여성들은 학교교육을 받지 못한 사람들이었기 때문에 일본어를 몇 달이라도 교육하려고 강습회를 열고, 여성을 상대로 절약 저축을 강조하는 강연회를 열기도 했습니다. 도시에서는 특히 이것이 관에서 주관하는 매우 중요한 일이었어요.

농촌에서는 실질적으로 남자들이 징병이나 징용을 많이 갔는데 그 노동의 공백을 여성들이 메웁니다. 그래서 여성들을 노동으로 끌어내기 위한 탁아소 설치가 일제의 정책이 되었어요. 말하자면 여성들이 주체적으로 탁아소를 요구해서 만들어진 것이 아니라 일제에 의해서 탁아소가 만들어집니다. 느티나무 하나 있으면 그게 탁아소예요. 이름 뿐인 탁아소지만 이런 것을 배치하려는 시도를 합니다.

그리고 학병, 징병, 지원병의 형태로 많이 끌려갔는데 사실상은 지원이 아니었습니다. 지원이란 이름하에 강제로 뽑혀갔던 것이지요. 어떤 방식으로 끌어가든 당사자뿐 아니라 부모 특히 어머니, 아내 등을 진정시키고 회유할 필요가 있었지요. "당신이 없으면 우리는 어찌 사나?" 하는 여성들의 통곡을 막을 필요가 있었어요. 그래서 일제는 여성들에게 군국의 어머니, 군국의 아내가 되라고 주입시켰고, 그 역할을 여성명사들이 맡았던 것입니다. 이런 여성명사들의 활동이 사회적으로 꽤 영향을 끼치지 않았겠습니까?

전우용 최근에 『독립운동대사전』이라는 책이 광복회장으로 계신 이강훈씨의 편집으로 나왔는데, 3·1운동 유공자라고 하면 일반적으로 33인이 거론되기 마련입니다만 이 분은 33인 중에 반수 이상을 빼버렸습니다. 그 이유를 33인으로서 독립운동을 했다 하더라도 나중에 친일파로 변절한 이상 독립유공자로 인정할 수 없기 때문이라고 말하고 있습니다. 예를 들어 최린의 이름을 빼버렸습니다. 최린은 33인 중의 한 사람이기는 하지만 그의 독립운동과 친일행위 가운데 어느 쪽에 중심을 두고 평가해야 하느냐의 문제에서는 아직도 많은 이견이 있고, 그것을 정확하게 해결하기에는 좀더 연구가 필요하겠지만 지금까지의 결과로 볼 때 최린 같은 사람은 한때 독립운동을 했지만 기본적으로는 친일파라고 보는 것이 옳다고 그분은 평가하고 있습니다. 경우에 따라서는 독립운동을 하기는 했지만 독립운동가라고 이름붙이기보다는 친일파라고 부르는 것이 더 타당하다는 겁니다.

33인이 3·1운동 당시에는 애국자요, 독립운동가가 아니었다고 말하기는 어렵습니다. 또 나중에 변절한 모습을 보고 그들이 친일파가 아니라고 말하기도 어렵습니다. 살아가면서 겪는 여러가지 굴곡들, 어떤 때는 강압에 의해서 어떤 때는 회유에 의해서 또 어떤 때는 친일하는 것보다 더 중요한 다른 대의를 위해서, 예를 들면 교육이라든가 계몽과 같은 것들을 위해서 이 문제는 양보하자고 할 수도 있을 겁니다. 그런데 이런 여러가지 의문들을 여기에서 보면 독립유공자이고, 저기에서 보면 친일파이고 또 이쪽에서 보면 뛰어난 교육자이고, 저쪽에서 보면 아주 말 잘하는 친일파인 측면이 있으므로 한마디로 친일파다, 독립운동가다 하고 갈라서 단죄하기도 어려운 것이 지금의 실정이라고 생각합니다. 그러나 실질적으로 그 단체에서 전쟁 말기의 어려운 시기에 활동한 이상, 빼는 것도 역사의 왜곡일 수 있고, 그분들의 과실에 대해 언급하는 만큼 그분들이 실제로 공헌한 바에 대해서도 언급할 필요가 있지요.

하지만 여기에서 거명되고 있는 모윤숙씨나 김활란씨 같은 분들은 그들이 친일행위를 많이 했든, 적게 했든 간에 친일행적은 거의 소개된 바가 없고 대부분 민족의 지도자요, 여성계의 선각자요, 이땅의 훌륭한 교육자로서만 일방적으로 평가되어왔습니다. 그리고 이제까지 친일행각을 한 분이라 하더라도 친일행각은 축소하고 민족을 위해서 했던 일에 대해서만 지나치게 과대평가하는 역사교육을 국정교과서에서부터 실시해왔습니다. 그런 면 때문에 어떤 때는 대단히 애국적인 활동을 해왔음에도 불구하고 그런 행동만을 했던 것이 아니라는 것을 밝히기 위해 불가피하게 친일행적을 많이 드러내고 있는 것이 사실입니다.

그러나 이분들의 친일행각은 친일행각대로, 그리고 애국애족적인
행동은 애국애족적인 행동대로 평가하는 기회가 언젠가는 올 것이라
고 생각하고, 저희들의 이런 모임과 연구가 그런 날을 앞당기는 데
도움이 될 수 있다고 믿으면서 이 자리를 마치겠습니다. (강정숙)

일제를 위하여 붓을 잡은 화가들

- 김은호와 심형구 -

사실 오늘 이 자리에 나오기는 했습니다만 제가 친일 미술을 논할 만한 적임자라고 생각하지는 않습니다. 우리나라 근대미술 분야를 공부하면서 이 부분이 중요하다는 것을 인식하게 되었지만 아직 이 부분에 대해 본격적으로 연구한 바는 없거든요. 어떻게 보면 미술계 전체의 부끄러움인데, 현재 수준은 그렇게 사적 자료라든가 원작, 당시의 미술가들의 활동상황에 대해서 일목요연하게 밝혀내지 못하고 있는 실정입니다. 왜냐하면 다른 장르와 달리 미술 분야는 일단 작품이라는 실물이 있어야 하는데 친일 미술에 얽힌 주제로 현재 남아 있는 작품은 거의 없다고 해도 과언이 아니거든요. 기껏해야 일제 때 잡지나 신문 그리고 약간의 보조자료와 증언에서 확인하는 정도이지 그 이상의 자세한 내용은 알 수 없습니다. 그래서 문학과 같은 다른 분야와 달리 미술계에서의 친일문제를 연구하는 데는 굉장히 어려움이 많습니다. 저 자신도 언젠가 본격적으로 조사해보려고 하는데 역시 개인의 힘만으로는 한계가 있을 것 같습니다. 왜냐하면 일제말에 나온 신문, 잡지를 일목요연하게 볼 수 있는 방법도 마땅치 않고, 그것도 한두 사람이 짧은 시간에 할 수도 없는 일이고 해서 이런 한계를 분명히 말씀드리고 시작할 수밖에 없습니다.

적반하장격인 미술계의 '친일' 인맥들

지난 1983년 봄 중앙일보사에서 펴내는 미술잡지 『계간 미술』에서 「한국미술의 일제식민 잔재를 청산하는 길」이라는 특별기획을 만들어, 9명의 미술사가와 미술평론가들이 참여해서 미술계에서의 친일문제를 본격적으로 검토한 바 있습니다. 그 특별기획의 취지는 당시 실렸던 내용을 그대로 보면 다음과 같습니다.

> ……일제식민지 잔재는 해방 후 40년에 이르도록 여러가지 현실적 여건을 구실삼아 때로는 묵인하거나 은폐되고 혹은 공공연히 조장되는 사례도 없지 않으며, 이 점 미술계도 마찬가지라 생각합니다. 그러나 그것이 우리 미술의 발전에 끊임없이 부정적인 요인으로 작용하고 있다는 사실을 감안할 때 우리 스스로 문제의 핵심에 접근하여 명쾌한 지적을 하고 반성하는 일은 실로 긴요한 것이라 하지 않을 수 없습니다.

특별기획의 취지에 이어 필자들에게 제시한 항목은 이제나 그제나 미술계에서 비중있게 다뤄야 할 내용들로서, 다음과 같은 네 가지 문제였습니다. 첫째, 우리 미술에서 일제식민 잔재가 문제시되어야 하는 이유는? 둘째, 청산되어야 할 잔재의 범위를 유파·개인활동 등 구체적으로 지적하면? 셋째, 일본화풍의 영향을 크게 받은 작가는? 넷째, 식민잔재를 청산하는 길은? 이같은 주제 아래 각 필자들은 친일성향의 작가 43명을 거명하면서 친일문제를 해부했습니다. 때늦은 거론이긴 했지만 미술계의 일제 청산을 위한다는 의미에서 이것은 매우 뜻깊은 기획이었습니다. 친일 미술에 대한 본격적인 해부이기도 했고요. 물론 그 기사에도 문제점이 없지는 않았어요. 9명의 필자가 모두 떳떳하게 기명하지 않고 무기명으로 발표하는 한계를 보였고 내용도 부분적이었지만, 어떻든 그렇게라도 친일문제를 다루었습니다.

그런데 이 일은 미술계에서 중요한 매듭을 이루는 뜻깊은 계기가 되었음에도 불구하고 엉뚱한 곳에서 문제가 터지고 말았습니다. 자숙하고 반성의 기회로 삼아야 할 사람들이 연대해서 공개 성토대회를 가진 것이죠. 집단적으로 실력행사를 보여 또 하나의 충격파를 던졌던 겁니다. 상당히 희한한 사건이지요. 오히려 자숙해야 하고 고개를 들 수 없을 것 같은 상황이었는데 이들이 떳떳하게 힘을 합쳐서 공개적인 장소에서 성토대회를 열었으니까요. 이런 분위기가 1980년대까지만 해도 가능했습니다. 바로 이러한 사태가 미술계에서 친일문제를 다루기 어렵게 하는 단적인 사정이 아닌가 생각합니다.

아무튼 이 사람들은 일간신문에 큰 지면을 사서 "불신과 불화를 조장하는 저의를 묻는다"라는 제목으로 광고까지 냈습니다. 그리고는 미술협회 산하 단체들을 동원해서 개인 이름이 아니라 각 단체 이름을 연명해서 신문광고를 냈던 거예요. "무엇보다도 화합과 단결을 다져 내일의 창조를 위하여 전진해야 할 때"에 "문화의 현실을 부정하여 사회여론을 오도하려는 의도"가 무엇이냐며 오히려 큰소리를 쳤던 겁니다. 왜 지나간 시대의 친일문제를 다루어서 미술계를 분열시키려 하느냐는 고자세로 그 기획의도 자체를 상당히 비판했습니다. 그리고는 한 걸음 더 나아가서 『계간 미술』을 발행하고 있는 중앙일보사측에 공개사과문을 발표하라고 요청하기까지 했어요. 친일 쪽에 관여했던 미술계 사람들은 그때나 지금이나 힘있고 영광을 누리며 개인적으로 영예를 얻어왔는가 하면 항상 지도자급에 서기를 좋아했던 모양입니다.

결국 그것이 위력을 발휘해서 끝내 중앙일보사 사장이 신문지상에 사과문을 발표하는 사태로까지 이어졌어요. 물론 해당 잡지인 『계간 미술』역시 "몇몇 원로작가에게 본의 아니게 누가 됐다면, 또 필자 여러분에게 언짢은 결과가 빚어졌음에도 심심한 사의를 표합니다"라고 사과문을 발표했고요(『계간 미술』1983년 여름호). 이렇게 기획의도

는 상당히 좋았습니다만, 많은 작가들의 힘에 눌려서 결국 공개사과
문을 내고 말았습니다. 본격적으로 해방 이후 미술계의 친일문제를
이론적으로 비판했던 최초의 일이었다고 생각되는데, 이것이 건설적
인 논쟁으로 이어지지 못하고 물리력 때문에 유야무야되고 말았으니
미술계 자체를 위해서도 대단히 불행한 일이었지요.

어쨌든 일제식민지 시기에 목소리가 컸던 사람들이 지금도 여전히
화단의 원로급, 지도자급으로서 상당한 영향력을 행사하고 있는 현실
이기 때문에, 지금 이 자리에서 제가 친일문제를 거론하는 것도 못마
땅해하는 사람들이 많을 것이라고 생각합니다만, 앞으로 이런 상황이
얼마나 더 갈는지 저 자신도 모를 미술계의 풍토이기도 합니다.

해방 직후에도 친일 잔재 청산은 흐지부지

친일작가들을 본격적으로 거론한 것은 『계간 미술』 기획이 처음이
었지만 실질적으로 작가들 사이에 이 문제가 논의된 것은 바로 해방
이후였습니다. 최근에 친일시를 썼던 서정주라는 시인은 해방이 그렇
게 빨리 올 줄 몰랐다고 솔직히 고백하기도 했죠. 또 이항녕이라는
사람은 일제시대 때 관리생활 한 것을 반성하는 의미에서 교육계에
투신했다고도 고백했고요. 그 사람은 뒤에 대학교 총장까지 지냈는데,
그 기사가 『조선일보』에 엄청나게 크게 나온 적이 있었습니다. 저는
당시 그 기사를 보고 사회에 참여했으면 참여했지 왜 하필이면 후세
를 교육하는 교육계로 들어왔느냐는 의아심을 가진 바 있었습니다.
그러나 미술계에서는 그런 이야기조차 거론한 사람이 별로 없었습니
다.

아무튼 1945년 10월에 덕수궁에서 해방기념미술전이 열렸는데, 당
시 친일부역 미술가라고 하여 친일작가로 거명된 이들은 이 전시회에
서 제외되었습니다. 어떻게 보면 이때 거론된 작가들이 주로 대표적
인 사람들이었다고 할 수 있어요. 예를 들어 이당 김은호(以堂 金殷

鎬), 청전 이상범(靑田 李象範), 운보 김기창(雲甫 金基昶) 등 이른바
동양화가들과 김인승(金仁承), 심형구(沈亨求) 등 서양화가, 조각에
윤효중(尹孝重) 같은 사람들이 친일작가로 동세대 동료들에 의해서
지목되었습니다.

그러나 뒤에 말씀드리겠습니다만, 이들 중 어느 사람이 가장 친일
적이었는지는 우열을 논하기가 상당히 어렵습니다. 아까도 말씀드렸
듯이 구체적인 증거가 남아 있지 않기 때문이지요. 문학작품 같으면
내용을 가지고 분간할 수 있겠지만 미술작품의 경우 근거가 참 막연
합니다. 그래서 제목을 '일제를 위해 붓을 잡은 화가들'이라고 해놓고
몇 사람을 거론했는데, 막상 이 작가가 친일작가의 대표성을 갖는다
고 단정하기도 곤란합니다. 다 비슷비슷하고 그것에 대한 뚜렷한 증
거가 마땅치 않기 때문이죠. 그래서 이 자리에서는 구체적으로 한두
명을 들어 조명하기보다는 당시의 전체적인 분위기를 말씀드리고자
합니다.

어떻든 해방 이후 이때 이런 작가들로 하여금 반성할 수 있는 계기
를 주어 정화하였더라면 1983년의 『계간 미술』 사태와 같은 일은 벌
어지지 않았을 텐데, 이 당시도 흐지부지되고 말았습니다. 여러분도
잘 아시다시피 이승만정권이 들어서면서 친일분자들을 반공주의라는
우산 아래로 끌어들여 일제잔재의 청산, 즉 민족정기의 확립을 방해
하여 유야무야되고 말았던 거지요. 윤희순(尹喜淳)은 그림도 그리고
글도 많이 발표했는데, 그는 이러한 일제 식민잔재 문제에 대해 아주
통탄하는 글을 발표한 바 있습니다. 지금 읽어봐도 크게 설득력이 있
다고 보이는데 그 내용은 이렇습니다.

일제하의 36년간은 구주(歐州)의 조형예술 섭취, 동양화 기타에 있어서
기술상의 약간의 소득이 있으나 조형미로서 시정·숙청해야 할 것이 많다.
첫째로 일본 정서의 침윤인데 양화에 있어서 일본여자의 의상을 연상케
하는 색감이라든지 동양화의 일본화 도안풍의 화법과 도국적(島國的) 필
치라든지 이조자기에 대한 다도식(茶島式) 미학이라든지에서 용이하게 발

견할 수 있다. 그리고 그들은 조선 정조(情調)를 고취하였는데 그것은 이국정서에서 배태된 것으로서 감상적이고 또 봉건사회의 회고 취미에도 맞을 수 있는 것이며 일종의 향수로서도 영합되기 쉬운 명제였던 것이다. 그 결과는 일본식 조선향토색이라는 기형아를 만들어내게 되었고, 전람회나 백화점의 회화, 자개칠기 등으로 등장하여 눈살을 찌푸리게 했던 것이다. 그리고 20년간 계속된 관전(官展)은 제국주의 식민정책의 침략적 회유수단으로서 일관되고 그렇게 이용되었던 것이다. 그러므로 반면에 있어서는 제국주의, 특권계급의 옹호 밑에서만 출세할 수 있다는 것을 보여주었고 그러기 위해서는 그들을 위한 예술이어야 하고 따라서 그들의 기호가 반영될 수밖에 없었던 것이다. 양심적인 작가는 이러한 현실을 초월하여 미의 순수와 자율성을 부르짖게 되었다. 그러나 흔히는 퇴폐적 경향을 갖게 되었는데 이것은 현실적으로 반항할 능력이 없음을 스스로 규정함에서 빚어나온 것이다. 이러한 포화되고 왜곡되고 부화(浮華)한 잔재는 그 본영인 제국주의의 퇴거와 함께 숙청되어야 할 것이다.

굉장히 설득력있게 일제잔재 청산문제를 거론했는데 이같은 지적은 불행하게도 지금까지 연결되고 있다고 볼 수 있습니다. 우리가 친일미술을 다루기 전에 생각해야 할 점이 있는데, 우리 미술문화는 — 다른 분야도 비슷하겠지만 — 섬기는 나라 쪽으로 항상 촉각을 세웠어요. 이른바 섬기는 문화가 지배계층을 대변하는 특수한 경향으로 대우받게 되었는데 조선시대 때는 중국이 큰 나라가 되다보니 처음에는 모든 문화가 중국식으로 바뀌었지요. 그리고 해방 이후 남북으로 갈라지면서 미국, 소련 문화가 물밀듯이 들어왔고 현재는 구미 선진국의 다양한 서구문화가 들어와서 우리 미술을 때로는 혼탁하게 만들고 있습니다. 그러니까 큰 나라 미술문화치고 우리나라에서 대우받지 않은 것이 없을 정도예요. 세계 4대 종교 중에 회교문화만 본격적으로 들어오지 않았는데 지난번 중동전쟁에서 미국이 졌더라면 우리도 마지막(?)으로 회교문화를 받아들이는 기회를 가졌을지도 모르지요. 다행인지 불행인지 그때 회교권이 지는 바람에 우리가 회교문화에 깊숙이 감화받을 기회를 놓쳤습니다. (웃음) 이런 식으로 우리 문화는 외세 영향권에 있으니까 미술계도 분명히 그것을 반영하고 있습니다.

퇴영적·정태적 화풍이 높이 평가되었던 식민지 미술계 풍토

1910년대부터 이땅에서는 본격적으로 신미술이라고 하여 서양식 조형언어가 수용되었습니다. 춘곡 고희동(春谷 高羲東)이 첫 서양화가로 기록되고 있는데, 이 사람은 중국적 화법에 의한 문인화 계통을 배우다가 너무 구태의연한 구습에 빠질 수 없다 해서 새로운 세계를 찾는다며 동경으로 갔습니다. 동경미술학교에 들어가 서양화를 전공하고 귀국했는데, 그것이 한국 서양화가의 효시라고 당시 신문에 기사화되었어요. 1915년 그가 귀국한 이후 이땅에 본격적인 서양화가「油畫家」가 생기는 것입니다. 물론 그 전인 개화기 때 많은 서양화가들이 이땅을 다녀갔고, 또 중국을 경유하여 서양의 새로운 문물을 간접적으로나마 체험했습니다. 재미난 예로 개화기 때 서양에서 온 어떤 화가가 그림을 그리니까 하도 신기해서 장안의 화제가 되었던 모양입니다. 유화물감으로 그린 캔버스 그림을 처음 보았기 때문이지요. 이 소문이 궁정에까지 알려져 그 그림을 궁정에서 빌려갔다가 나중에 되돌려받았을 때 캔버스에는 그림은 하나도 없고 손자국만 남아 있었답니다. 하도 신기하니까 화면을 손으로 다 만져본 모양인데 채 마르지 않은 상태라 물감은 다 없어지고 사람들의 무수한 손자국만 남아서 되돌아왔다는 겁니다.

이러한 재미있는 일화를 남기면서 1910년대에는 유화가 본격적으로 들어와서 1916년에는 김관호, 김찬영 같은 화가가 나오게 되었습니다. 당시 사람들은 유화를 보고는 배울 것이 없어서 외국 유학까지 가서 닭똥 같은 것으로 이상한 짓을 한다고 쑤군댔다고 합니다. 그 무렵 사람들은 새로운 표현매체인 유화를 이해하지 못했던 것이죠. 이렇게 들어온 유화는 이후 한국 근대미술의 중요한 골간을 이루게 되는데, 이 새로운 표현매체인 유화가 일제 식민지시대에 일본을 통해서 들어왔다는 것 자체에서 벌써 숙명적으로 굴절상을 갖게 되었습니다. 대개가 일본적 서양미술로서 인상파 아류였어요. 일본사람들은 인상파를 좋아하는데 그것도 정통적으로 서구적인 새로운 기법이 아닌 일본식으로 굴절된, 식민지시대에 부응하는 시각문화로서 왜곡된 형태로 우리나라에 유입되기 시작했던 거지요. 그러니까 출발부터 이미 불행을 초래하게 됐다고 볼 수 있습니다.

일제시대 때 한국작가들이 그린 그림은 반민족적이고 비민주적이며 시대상황을 감안하지 않은 내용의 그림들이 주종을 이루고 있습니다. 그것이 큰 문제였습니다. 1910년대 후반에 민족서화가들 — 민족이라는 용어는 이렇게 편리하고 쉽게 쓰이는데 — 이 모여 미술인단체인 서화협회를 만들었습니다. 이들은 새로운 언어인 미술이라는 용어를 쓰지 않고 조선시대에 썼던 서화(書畵)라는 명칭을 썼습니다. 이를 두고 일부 미술평론가나 미술사가들은 민족미술인의 첫 결집체라고 말합니다만, 사실 여기에는 민족이란 말을 쓰기 부끄러운 면이 있습니다. 왜냐하면 협회를 만들면서 회장이나 고문과 같은 높은 자리에 대개 이완용과 같은 친일매국 귀족들을 유치했기 때문이에요. 화가들이 새로운 단체를 만들면서도 영향력있고 권력있는, 그것도 친일귀족을 앞세웠던 것입니다.

이 서화협회는 매년 협전(協展)이라는 전시회를 가졌습니다. 미술인들이 결집해서 구체적으로 전시회를 가지게 되자 총독부에서는, 1920년대 문화통치정책의 일환이기도 했습니다만, 총독부 주관으로 새로운 미술전람회를 매년 개최하게 되는데, 1922년부터 열린 조선미술전람회, 약칭해서 선전(鮮展)이라는 것이 바로 그것입니다. 그런데 문제는 이 선전의 운영방식이 일본 관전(官展)인 문전(文展)의 운영방식을 그대로 따왔다는 데 있습니다.

또 하나 더 직접적인 영향이라고 할 수 있는 것은, 이 선전의 심사위원들이 전부 관변적 일본인 작가들이었다는 점입니다. 나중에는 추천제를 도입해서 한국 작가들도 많이 배출됩니다만, 이 작가들의 경우는 옵서버식 참여가 가장 높이 올라간 수준이고 심사의 전권은 전부 일본인, 그것도 약간 관변적인 일본인 작가들이 쥐고 있었어요. 그래서 선전이 주도한 미술계의 흐름은 친일본 성향일 수밖에 없었습니다.

선전의 입상작을 보면 시대상황에 반(反)하는 내용들로 민족현실이 철저히 외면되어 있습니다. 풍경화는 노을풍경과 같이 대개 퇴영적이고, 인물화는 아주 정태적이고 정적인 모습을 주로 그린 것이었죠. 독서하는 여인, 그늘 속의 여인 등 정적인 인물들이 중심소재로서 생동적이고 역동적인 모습은 찾아볼 수 없습니다. 이 선전제도를 그대로 본떠 해방 이후에 만든 것이 그 유명한 국전(國展)이에요. 선전 출신 작가들이 국전을 운영하게 되고 미술계의 지도자로 계속 자리잡게 되었으니까, 당연히 국전의 화풍은 선전을 그대로 이어받아 비시대적인 내용을 소재로 한 작품이 대개 수상작으로 오르게 될 수밖에요. 그래서 국전에서 대통령상을 타려면 — 미술계 전람회에서 대통령을 거론한다는 것이 얼마나 기분좋은 일인지는 모르겠지만, 그 당시에는 하여튼 대통령을 거론해야 권위가 있는 것으로 되어 있었습니다 — 핏기가 하나도 없는, '훅!' 하고 불면 금방이라도 쓰러질 듯한 마네킹 같은 여인을 그리면 가능했습니다. 이것이 지난 시대 국전의 화풍이었어요. 감각적으로 향토적 서정을 그린다든가, 진공상태의 화석화된 인물을 표현한다든가 하는 비현실적인 내용이 주축을 이루게 되었습니다.

규격화·획일화된 화풍이 화단을 장악

그런데 문제는 이런 관전을 대중적으로 확대선전했기 때문에 상당히 위력이 컸다는 데 있습니다. 나중에 국전 때 보면 아시겠지만 수상 작가들이 신문지면에 대대적으로 보도되어서, 어느날 자고 일어나니까 스타가 돼 있더라는 말이 우리 미술계에도 그대로 통용되었을

만큼, 선전은 총독부가 미술계를 장악하는 데 잘 활용되었습니다. 이
것이 곧 총독부의 미술정책이었습니다. 신인공모전이면서 동시에 기
성작가들도 작품을 출품할 수 있으니까 미술계에 입문하고자 하는 새
로운 신인이나 출세하고 싶은 화가들은 상당히 이 선전의 눈치를 보
지 않을 수 없었던 것이죠. 초기에는 그래도 협전(協展)에 대한 애정
이 있었습니다만 뒤로 갈수록 퇴색할 따름이었습니다.

　어떻든 대대적인 물량공세와 사회적 여론조작으로 선전의 위력은
날로 드높아갔으며 점차적으로 식민지시대 미술계를 장악하기에 이르
렀습니다. 초기 단계에서는 양심적인 미술인사들이 이 점을 우려하고
비판하기도 했습니다. 예컨대 심영섭(沈英燮) 같은 이는 1929년 『동
아일보』에 「9회 협전평(協展評)」을 통하여 다음과 같이 필봉을 휘둘
렀습니다.

　　조선총독부의 한 ××기관인 총미전(總美展＝총독부 미술전＝鮮展)에 대
하여 조선미술의 최고 지위인 것같이 말한 모군의 색맹적 태도는 과연 감
탄할 만하다. 그러나 협전(서화협회전)을 정치적이라고 하는 논객도 또한
가탄할 만하다. 무론(毋論) 협전의 내부에 대하여 또는 협전에 모인 각
작가에 대하여, 어떠한 정신적 각성이 더욱 심화되어지기도 바라지 않을
수 없다. 그러나 협전의 출생동기에 있어서나 또한 나아가려는 명일을 상
상하여서 조금도 정치적이랄 수 없다. 마르크스 이론이 여기서 무엇을 발
견하겠다고 하는가. 우리는 협전의 미래가 보고 싶다. 우리 조선민족으로
서는 협전의 미래를 궁금하게 기다리게 될 것이라 믿는다.
　　전부는 아니라 하겠지만, 박람회나 총미전에는 돈을 처들여서라도 큰
폭의 그림을 죽을 애를 써서 출품을 하면서도, 협전에 출품한 그림은 대
개가 그리기를 유희하였음에 불과한 것을 발견하였을 때에는, 실로 그 작
가의 비열한 심리에는 「×××!」하고 싶었다. 관료파에 속한 그들의 근
성은 박람회와 총미전에 출품하느라 최선의 힘을 다 기울여서 그러하였
는지도 모르지만, 예년에 출품하던 작가가 차차로 협전을 떠나가는 모양
에서도 찾을 수 있는 것이다.
　　협전의 진의를 이해하는 자여! 협전을 떠나가는 자로 하여금 떠나게
하자. 그리하여 철저적으로 그들의 무자각한 생활의 내면을 폭로하고 비

판하자.

그렇지만 1930년대, 1940년대 초로 넘어오면서부터는 이런 얘기조차 없어지는 현상이 벌어지고, 선전이 남긴 악영향만이 미술계에 남게 되었습니다. 상상력과 자유분방한 성향을 기초로 하는 것이 예술가의 본성이기도 할 텐데 그것을 관변화·규격화시키고 획일화시켰던 것이 일제하 미술계의 조류였습니다.

사실 일제시대 때 활동했던 작가들을 모두 친일작가라고 하기에는 문제가 있겠지만, 기본적으로 어떤 혜안을 가지고 민족현실을 미술적으로 조형화한 작가를 찾기도 어려운 것이 우리 현실입니다.

항일은 없고 친일만 존재했던 일제하 미술계

이제 거꾸로 항일운동을 한 미술가가 과연 있었는가를 볼까요?

독립기념관을 세울 때 관계자들이 저한테 미술분야에서 뭔가 항일적인 요소를 넣고 싶은데 좋은 자료가 없겠는가 하고 질문을 해왔습니다만 답변해줄 내용이 없었습니다. 참 답답하더군요. 남한의 역사책에서는 항일문예운동에 크게 비중을 두지 않는 편인 데 비해, 북한에서 펴낸 책을 보면 꽤 비중이 두어져 있습니다. 항일미술에 대해서도 꽤 비중을 두고 있고요. 그 당시 본격적인 유화 같은 것으로는 아무래도 창작과 소통에 어려움이 있었을 테니까 소통이 잘 되는 인쇄물 계통의 잡지에서 볼 수 있는데 그것에 비중을 많이 두어 평가하고 있습니다. 구체적인 작가로는 일주 김진우(一洲 金振宇) 같은 작가를 들고 있어요. 그는 일제 초기에는 상해임시정부에서 활동하였고, 나중에는 여운형이 결성한 건국동맹에 참여한 항일운동가인데, 북한에서는 김진우를 항일 미술가로 꼽고 있지요. 그는 대개 문인화에서 중요하게 취급하는 사군자로서 대나무 같은 작품을 많이 그렸습니다. 어떻게 보면 봉건사회의 잔재일 수 있지만 그런 식으로 평가하고 있습니다.

항일미술은 논외로 한다 할지라도 다른 나라에 비해 미술로써 사회
변혁에 뛰어든 예를 우리 민족에게서는 찾기가 쉽지 않습니다. 명말
청초의 문인화가인 팔대산인(八大山人) 같은 작가나, 하다못해 나치하
의 케테 콜비츠(Käthe Kollwitz) 같은 작가가 왜 우리에게는 없습니
까? 6·25 때나 베트남전쟁에서 종군기록화가들이 많은 기록화를 그
렸습니다만 이것들은 대개 한쪽 체제를 옹호하는 기록화이지 전쟁 자
체를 고발하거나 인류의 보편적인 입장에서 그린 작품은 없습니다.
6·25를 고발하는 그림은 피카소가 거창군 신원면 양민학살을 주제로
했다고 전해지는 〈코리아에서의 학살〉 같은 것이 있을 뿐이에요. 그
작품은 피카소가 죽을 때까지 가지고 있다가 유산으로 남겨서 상속세
형식으로 프랑스정부에 기증되어 지금은 파리 피카소미술관에 전시되
어 있습니다.

물론 제주 4·3항쟁에 참가했다가 일본으로 밀항해서 1950년대 일
본 미술계의 공백기를 메웠다고 굉장히 극찬받고 있는 남쪽 출신 작
가인 조양규(曺良奎) 같은 작가가 6·25를 소재로 해서 전쟁을 고발하
는 그림을 그리기도 했지만 일반에게는 전혀 알려지지 않았지요. 그
는 1960년대에 북송선을 타고 평양에 갔다가 거기서 도태되고 말았습
니다. 분단의 비극이죠. 하여튼 그런 역사의 현장에서 붓을 든 화가가
왜 이땅에는 없습니까? 미술공부 하면서도 이런 물음이 떠오를 때마
다 참 답답함을 느낍니다. 일제시대 때는 더했겠지요. 그래서 항일이
라든가 그 시대상황을 증언했다든가 하는 작가나 작품의 예를 제가
아직 뚜렷이 본 바가 없습니다.

침략전쟁을 독려하는 그림을 그린 이당 김은호

이에 반해 친일적 경향을 띤 작품은 상대적으로 상당히 많습니다.
그렇지만 구체적인 작품이 남아 있지 않아서 어느 정도까지를 친일작

가로 분류할 수 있는가는 정확히 말씀드릴 수 없습니다. 다만 당시의 인쇄도판을 통해서 본 것으로 친일미술의 대표적인 작품이라고 꼽을 수 있는 작품을 두 점만 선택하라고 한다면 저는, 이당 김은호의 〈금채봉납도(金釵奉納圖)〉와 단광회(丹光會)라는 그룹에서 합작으로 만든 〈조선징병제 시행기념 기록화〉를 들 수 있을 것 같습니다.

〈금채봉납도〉는 1930년 매국 친일분자의 부인들로 구성된 애국금채회라는 단체의 활동상을 그린 그림입니다. 애국금채회 회장은 친일 귀족인 자작 윤덕영(尹德榮)의 처 김복원이라고 되어 있습니다. 이 단체에서 국방기금을 헌납하기 위해서 자기들이 끼고 있던 금가락지나 금비녀를 당시 총독에게 헌납한 일이 있는데, 이 거룩(?)한 모습을 이당 김은호가 사실적인 세필로 그린 것입니다. 이 그림의 내용은 일제가 외친 이른바 대동아공영권에 부응하는 것으로 전쟁 참여를 촉구하고 있지요. 일제가 성전(聖戰)이라고 외친 이 침략전쟁을 승리로 이끌게끔 사회분위기를 몰아갈 때 애국금채회 같은 여성활동도 있었습니다만, 여기에는 미술인들도 상당히 동원되었습니다. 이런 반민족적인 내용을 담고 있는 그림을 그린 김은호라는 작가는 자수성가한 작가로서, 조선왕조시대의 전통적인 채색기법을 가지고 있는 마지막 화가라고 봐도 과언이 아닐 정도로 기교가 좋은 화가입니다.

아시다시피 조선시대 때는 문인화라고 불리는 수묵화 계열과 장인들이 그리는 채색화가 있었는데, 문인화는 양반 사대부계층이 즐기는 독특한 지배계층의 지배문화이고 채색화는 기술을 요하는 것입니다. 그리고 이 채색화는 지배계층에서부터 일반 대중에까지 두루 쓰였습니다. 조선후기의 민화, 민속화, 불화 특히 감로탱화나 무속화를 보면 그 당시의 민중상을 그림으로 형상화한 독특한 표현기법의 채색이 많이 활용되었음을 알 수 있습니다. 이것도 나중에는 한국인에게 별로 좋은 반응을 얻지 못했어요. 왜냐하면 일본화는 채색을 위주로 하기 때문에 한국인이 채색을 쓰면 왜색취향이 있다 해서 채색화가 굉장히 폄하되는 경향이 있었거든요. 그것도 요즘 와서는 또 바뀌고 있습니다만. 아무튼 1970년대까지도 대개 모노크롬이라 해서 단색회화, 특히 백색으로 형상화한 그림이 현대 한국회화를 대표한다, 민족적 색채의식을 대표한다 해서 백색회화가 많이 그려졌어요. 왜곡된 서구 영향의 한 모습이기도 합니다만 어떻든 채색화의 기술을 가지고 있었던 거의 유일한 작가가 김은호였습니다.

조선시대의 회화를 볼 때 우리 민족이 만들어낸 독특한 회화양식 중의 하나가 초상화인데, 물론 이 초상화는 당시 사대부계층의 권위의식을 구현하기 위한 산물로서 발달했을 가능성도 있습니다만 그럼에도 불구하고 독특한 방식의 채색법이 발달해 있었습니다. 김은호는 그러한 초상화 기법을 전수받아서 일제시대의 어용(御容)은 물론 많은 친일귀족들의 초상화도 제작했습니다. 하기야 그는 친일귀족들의 도움을 받아서 본격적으로 미술계에 입문했고, 그 사람들의 초상화를 그려가면서 작가로서의 입지를 확보했던, 그래서 어떻게 보면 민족적 불행이고 미술사적 불행을 남겨준 작가이기도 합니다. 그같은 작가가 뒤에 소위 시국색을 반영한다는 그림 즉 징병제를 예찬하는 그림을 그리는 것은 어떻게 보면 당연한 절차를 밟은 것이 아닌가 하는 생각도 듭니다. 어차피 민족의식이 결여된 채 단지 한 사람의 장인(匠人)과 같은 화가로서 출발했기 때문에 전쟁에 봉사하는 그림을 그리는 것은 당연한 결과가 아닌가 하는 것이지요.

단광회에서 징병제를 찬양한 7인의 화가

그리고 유화를 중심으로 한 작품으로는 단광회의 〈조선징병제 시행기념 기록화〉를 들 수 있습니다. 1943년 8월에 일제가 징병제를 실시하게 되자 '성전하에 미술보국에 매진한다'는 취지하에 일제 침략정책에 협력하는 대표적 작품으로 이런 징병제 기록화를 그리게 된 것입니다. 이 기록화는 이른바 성전(聖戰)을 부흥시키는 내용의 1백호 대작으로 19명의 작가가 참여해서 4개월 동안 합동제작한 후 일반에

〈그림1〉『**계간 미술**』**제25호 특별기획 표지(1983·봄)**

〈그림2〉 **김은호, 看星(1927)**

〈그림3〉 **김은호, 승무도(1920)**

〈그림4〉 **김기창, 노인(1943.3)**

〈그림5〉 **김인승, 간호병(1944.1)**

〈그림6〉 **심형구, 포즈(1939)**

〈그림7〉 청천동, 공정대(1945.3)

정현웅, 푸른하늘 〈그림8〉
(잡지 『신시대』 표지화, 1941.1)

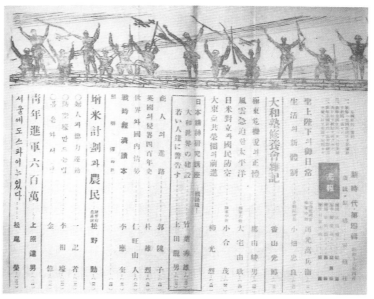

〈그림9〉 잡지 『신시대』 차례(1941.4)

〈그림10〉 노수현, 멍텅구리(『신시대』 연재만화, 1941.1)

〈그림11〉 이영일, 시골소녀(1928)

게 공개한 '기념비적인 작품'이었습니다. 그 당시로는 대단히 대중적 관심도를 끈 미술보국(美術報國)의 징표로써 순회전까지 치렀지요. 그림의 용도는 물론 곧 시행될 조선인 징병제의 분위기를 고취하려고 한 것으로서, 숱한 조선인 청년을 뒤로 하고 친일분자 등 거물급(?)이 화면의 중앙에 배치된 그림입니다. 참으로 부끄럽기 그지없는, 그야말로 버리고 싶은 유산으로서의 기록화입니다.

단광회는 서양화가를 중심으로 해서 일본작가 약 27명으로 구성된 모임이었기 때문에 이 미술단체에 참여한 한국작가가 징병제를 찬양하는 그림을 그렸다는 것은 친일적 입장을 분명하게 확인할 수 있는 아주 '좋은' 자료이기도 합니다. 단광회에 참여한 한국작가들은 김인승, 박영선(朴泳善), 김만형, 손응성(孫應星), 심형구, 이봉상, 임응구였습니다. 이들은 광복 이후에도 계속 우리나라 미술계의 지도자로 남아서 자리를 유지하는 위력을 발휘했습니다. 항상 권력에 가깝고, 또 항상 자기들의 기득권을 놓치지 않고 챙기는 해바라기성 작가들입니다. 이 가운데 김인승, 박영선, 손응성 같은 작가는 나름대로 장수도 하면서, 제법 그림값도 꽤 올리며 세속적 부(富)를 누리기도 한 '원로작가'였습니다. 좀 특이한 경우는 김만형으로, 그는 나중에 월북작가로서 우여곡절이 많이 겪습니다. 임응구라는 작가는 아예 이름까지 일본식으로 바꾸어 일본에 정착했습니다.

이들 작가 중에서 두드러지게 식민정책에 부응한 작가로 심형구가 눈길을 끌고 있지요. 그는 소위 황국교육의 목적으로 황국협회가 결성될 때 발기인으로 참여하는가 하면, 1940년도에 국민청년조선연맹이 결성되어 그 산하에 조선미술가협회가 조직되었을 때 거기에 간사로서 적극 참여했고, 화가들을 이끌고 전국을 순회하면서 작가들로 하여금 시국색을 반영하는 그림을 그리도록 독려했습니다. 그 자신도 〈흥아(興亞)를 지킨다〉라고 하여 일본군 복장의 황군이 대동아전쟁에 참여하는 내용의, 일제 침략전쟁을 예찬하는 그림을 선전에 발표하기도 했습니다. 또한 『신시대』(1941년 10월호)라는 잡지에다 식민정책에

화가들이 부응할 것을 촉구하는 내용의 글도 발표한 바 있습니다. 일제말에 앞장서서 식민정책에 협조한 서양화가가 된 거예요. 그는 1949년도에 미국에 유학가서 9년 정도 어려운 시절을 살다가 귀국해서 우리나라에서 최초로 세워진 미술학교 학장도 지내고 미술계의 주요 인사로 활동했습니다. 그러다가 어느 해 여름에 학생들과 동해바다에 놀러갔다가 바다에 빠져서 세상을 떠났습니다.

어떤 화가들이, 어떤 방식으로 일제에 복무하였나

그밖에 일제말 친일미술의 몇 가지 사례들을 살펴본다면, 1939년에 육군미술협회와 아사히신문 공동주최로 '지나사변 2주년 기념 성전(聖戰) 미술전람회'를 개최한 적이 있습니다. 200여 명의 작가가 참여한 엄청난 전람회였어요. 그리고 1940년 7월에는 성전미술합동전을 개최했고, 1940년 10월에는 '조선남화연맹전'을 개최하여 작품 판매수입의 전액을 국방비에 헌납하는 추태도 보였습니다. 전시체제로 접어들면서 본격적으로 전쟁을 예찬한 작품을 많이 그렸습니다. 남화(南畫)는 아까 말씀드린 문인화에서 남종화와 북종화의 남화, 그러니까 수묵화 중에서도 주로 사대부계층 속에서만 통용되던 고급 조형언어였습니다. 그래서 지금도 전통화를 하는 작가에게 남화적 기풍이 스며 있다고 하면 매우 칭찬하는 것으로 아는 경우도 있어요. 그런 남화연맹전에 전시체제를 옹호하는 작품을 냈던 겁니다. 여기에는 노수현, 백윤문, 배렴, 박승무, 이상범, 이용우, 이한복, 이승만, 고희동, 허백련, 김은호, 허건, 김용진, 김기창 등 많은 작가들이 참여했습니다.

또 1940년 9월 동경미술관에서는 일본 문부성 주최로 '황기 2600년 봉축기념전'이 열렸습니다. 황기(皇紀)라는 일본 연기를 사용한 이 전시회에 김인승, 윤효중, 이국선, 조규봉이 입선했어요. 또 모던일본사가 제정한 조선예술상에서는 고희동, 노수현, 이상범 등이 수상했고요. 이것은 철저하게 친일한 성과에 따른 반대급부였습니다. 그리고

1941년에는 내선일체를 외친 조선미술가협회가 결성되었는데 물론 이 단체의 간부는 주로 일본사람이었으며 한국인으로는 심형구가 추대되었습니다. 평의원으로는 '일본화부'에 김은호, 이상범, 이영일(李英一), 이한복, 서양화부에 김인승, 배운성, 이종우, 장발 등이 참여했습니다.

전통회화를 동양화라고 불렀던 것 역시 일제의 '농간' 가운데 하나였습니다. 중국은 중국화, 일본은 일본화라고 하는데, 한국에서만 조선화라 하지 않고 동양화라고 부르고 있어요. 그래서 많은 작가들 특히 일본작가의 3분의 2 이상이 선전에 참여할 수 있었습니다. 한국사람만 참여한 것이 아니라 일본사람도 참가케 하기 위해서 조선화라 하지 않고 동양화라고 불렀던 것입니다. 그런데 1940년대쯤 와서는 이 동양화라는 말도 없어지고 일본화라고 불리게 되었어요. 조선화라고 해야 하는데 말이죠. 지금 북한에서는 전통적 매체를 가지고 한 것들을 — 물론 채색을 위주로 하지만 — 조선화라고 부르지요. 그런데 우리는 한국화라고 개명했습니다만, 한국화에 맞는 형식과 내용이 없어서 문제점으로 지적되고 있습니다.

1942년에는 조선미술협회 주최로 '반도총후(半島銃後)미술전'이 개최됩니다. 전선이 아닌 후방에서의 전쟁지원이라는 차원의 미술전이었어요. 물론 총독부 정보과와 국민총력조선연맹 후원으로 개최되었는데, 위원회에는 이상범, 김은호, 초대작가에는 김기창, 김인승, 심형구, 장우성, 특선작가로는 김화경, 안동숙, 박영선, 이건영이 초기에 두각을 나타냈고, 1944년까지 세 번 개최된 대규모 전람회였습니다. 당시 제출된 작품 제목은 〈방공훈련〉, 〈폐품회수반〉, 〈총후의 백성〉, 〈징병제도를 맞이하며〉 등등이었어요.

그 다음에 1943년 『조선일보』와 총독부 후원으로 연례행사인 '일만화(日滿華)연합남종화전'이 개최되었고, 1944년에 '결전(決戰)미술전'이 개최되었습니다. 거기서 〈아버지 영령에 빈다〉라는 윤효중의 작품이 최고상을 탔죠. 그리고 일제패망 직전까지도 '황국미술전', '생산미술전', '해양국방미술전' 등 많은 전람회가 열렸습니다.

일제말에는 일본 제국주의를 찬양하면서 대동아공영권을 도모하는 『신시대』라는 잡지에 정현웅(鄭玄雄), 안석주(安碩柱), 노수현(盧壽鉉), 이승만(李承萬) 같은 작가가 친일성향의 표지화나 삽화, 만화를 그렸습니다. 또 『소국민(小國民)』이라는 어린이용 잡지는 완전히 일본어만 사용했는데, 여기에 정현웅은 〈하늘은 우리들이 정복할 곳이다〉를 비롯, 〈공정대(空挺隊)〉 같이 하늘에서 낙하하는 일본 군인을 그린 것이라든가 〈불타는 십자성〉 등의 작품들을 발표했고, 조선식산은행 사보인 『회심(會心)』이란 잡지에는 김인승, 심형구들이 직접 그린 일본군의 도판이 실렸습니다. 이런 것은 지금도 확인할 수 있지요.

친일미술 성향은 여러가지 양상으로 나타나고 있습니다만, 다 확인하지 못하고 있기 때문에 높낮이를 비교하는 것은 무리입니다. 그럼에도 불구하고 식민문화정책에 부응한 입장에서 미술의 역사가 이어져왔다는 우울함을 떨쳐낼 수 없습니다. 때문에 미술계에서 일제잔재가 지금까지도 완전히 불식되지 않고 있다는 점은 중요하다고 생각합니다. 지금도 물론 선진국 중심의 외래사조가 미술계에서 판을 치고있어 근본적인 문제제기를 하도록 만들고 있습니다만, '한국적' 편식이 문제이겠지요. 이왕에 외래문물을 수용하더라도 제3세계의 입장이라든가 혹은 제1세계의 문물일지라도 다양한 입장을 받아들여야 하는데, 한 부문만 수용하는 편협된 상태가 오래 지속되고 있습니다. 그래서 많은 어려움을 갖게 되는데, 이런 오늘의 모순은 궁극적으로 일제때 출발한 새로운 미술언어와 연계된다는 점을 확인할 수 있습니다. 지금이라도 미술계에서의 친일문제를 본격적으로 다루어야 한다는 소명의식은 아무리 강조해도 부족함이 없을 것입니다. 지금도 일본적 요소가 상당히 많이 남아 있기 때문에 이런 문제를 꼼꼼하게 따져서 우리 민족미술의 진로에 건설적으로 기여하게 되는 계기가 하루빨리 오도록 기원해봅니다.

두서없이 말씀드렸습니다만 역시 미술은 이미지로 통하는 독특한 표현매체이기 때문에 구체적인 작품을 두고서 친일예술의 실상이 어떠했는지 간략하게 확인해볼까 합니다.

그림으로 보는 친일 미술작품들

〈그림 1〉은 앞에서 말씀드린 『계간 미술』에서 기획한 일제 식민잔재 청산문제 특집란의 첫 페이지에 실린 그림입니다. 필자로는 작고하신 임종국 선생을 비롯하여 최순우(崔淳雨) 국립중앙박물관장과 미술사가, 미술평론가들이 참여해서 본격적으로 식민잔재를 검토했습니다만, 말씀드린 대로 일부 '힘센' 작가들의 실력행사로 결국은 신문사가 공개사과를 하는 결과를 빚었습니다. 본래 기획의도가 희석되어 본격적인 논쟁으로 이어지지 못한 아쉬움을 남긴 1983년도 미술계의 커다란 해프닝이었지요.

〈그림 2〉는 이당 김은호가 1927년에 그린 〈간성〉이라는 작품입니다. 세필로 골패 같은 것을 하는 여인의 모습을 그린 전통적인 채색기법을 쓴 그림이지요. 이와 같이 채색으로 사실묘사를 했던 부류는 조선시대 때 도화서 화원과 같은 전문화가, 여기화가(餘技畫家)들로서, 문인화를 중심으로 하는 사대부들의 수묵화가 아닌, 본격적인 전업화가가 그린 것인데, 소재가 굉장히 비생산적임을 알 수 있습니다. 같은 여인상이라 하더라도 다양한 모습으로 비칠 수가 있는데 이것은 다분히 비건설적인 내용으로 이루어졌지요. 뒤로 가면 더욱 단조로워지고 정태적으로 되면서 아주 도식화되는 경향을 볼 수 있습니다.

〈그림 3〉역시 이당 김은호의 작품으로 〈승무도〉입니다. 꼼꼼하게 세필채색으로 그렸는데, 춤사위의 역동적인 모습은 느껴지지 않고 역시 굳어진 모습으로 인물을 화석화시킨 화풍을 보이고 있습니다. 김은호는 일제 말기에 전쟁을 고무·찬양하던 한 잡지에다 매그림도 그렸는데, 그 의미를 어떻게 해석해야 할는지요? 그 매가 쓰러져가는 우리 민족을 지켜주겠다는 것인지 아니면 일제의 황군을 지켜주겠다

는 것인지 해석하기 어려운 작품이었습니다.

〈그림 4〉 역시 친일잡지에 게재되었던 김기창의 〈노인〉이라는 1943년도 작품입니다. 그 그림을 그린 직접적인 의도는 알아낼 수 없지만 그 당시 화풍의 한 경향은 볼 수 있습니다. 우리 인물화는 대개 가만히 앉아 있는 여인상 혹은 가만히 앉아 있는 할아버지상이 많은데 여기서도 역시 그런 정태적인 모습을 볼 수 있습니다. 김기창이라는 작가는 자신이 팔순이 되는 내년에 평생 그린 작품을 다 모아 전작도록을 만들겠다고 준비하고 있습니다. 거기에다 일제말에 그렸던 친일작품도 전부 싣겠다는 의욕을 표명하고 있어요. 어떠한 결과물로 나타날지는 아직 알 수 없지만 그런 예가 미술계에 처음 있는 일이기 때문에 커다란 관심을 끌고 있습니다.

이영일이라는 일본 화풍을 충실히 따라간 작가도 있는데, 그 역시 일본화적 화풍을 딴 채색화로 인물을 묘사했습니다. 작가활동이 그렇게 활발하지는 않았어요.

〈그림 5〉는 김인승의 〈간호병〉입니다. 1944년작이니까 전쟁이 한창이던 시기입니다. 역시 본인의 제작연대에 의하면 황기 2603년이라 되어 있습니다. 황기 2603년은 서기로 1944년입니다. 김인승은 단기도 아닌 일본의 황기로 쓰고 있어요. 적십자 표시가 있는 옷을 입은 아주 아리따운 아가씨이지만 역시 전쟁에 충실히 복무하는 모습입니다.

심형구의 여인상(〈그림 6〉)은 어떻게 보면 꽤 잘된 그림이에요. 그렇지만 식민지라는 민족현실에는 이반되는 내용입니다. 식민정책에서는 무엇을 뺏고 사람을 죽이고 하는 것보다는 식민지 민족으로 하여금 자신감을 잃게 하는 정책이 중요시된다고 들었어요. 미술계에서도 정치사회적인 문제보다는 될 수 있으면 현실로부터 눈을 멀리 떼게 하는 정책으로, 하나의 양념역할로서 미술을 활용했다고 여겨집니다. 지금도 정권을 잡고 있는 사람들은 정권유지에 자신감이 없으면 쓸데없이 스포츠게임을 거창하게 한다든가 야한 쇼를 많이 하게 하는데,

정권이 불안하거나 독재를 시작할 때면 늘 대중최면제 같은 오락물이 성행하지요. 같은 맥락인지 모르겠는데 시국이 어려울 때 비현실적인 나약한 여인상 그림이 퍼지지 않았나 여겨집니다. 아름다운 여인을 그릴 때도 핏기가 하나도 없는 모습으로 그렸어요. 그야말로 폐병 2.5기의 여인입니다. (웃음) 혹 불면 넘어갈 듯한 여인상을 그려야 주목을 받는 것이 우리 미술계의 현실이었던 모양입니다. 이 모두가 총독부의 교묘한 미술정책이라고 할 수 있습니다.

〈그림 7〉 역시 정현웅작입니다. 임무를 끝내고 비행기에 오르는 공군병사들을 그린 것인데, 굉장히 꼼꼼하게 사실적으로 그렸습니다. 그는 『신시대』라는 잡지에 표지화 등 많은 그림을 발표했는데, 〈그림 8〉의 표지화를 보세요. 일제말의 어려운 상황에서도 유독 이 아가씨만은 시대와 관계없이 사우나에서 갓 나온 것처럼 맑은 표정을 하고 있군요. 이것말고 중학생의 모습을 그린 표지화도 있는데, 그 그림은 황기 2600년에 일제 식민지정책의 혜택을 얼마만큼 받았는지 참 행복한 중학시절을 보내고 있는 것 같은 모습입니다.

그러니까 당시 친일작가들은 한편으로 총독부 정책에 적극적으로 호응해서 전쟁을 예찬하는 그림을 그리는가 하면 다른 한편으로는 시대상황에 완전히 이반되는 마취제, 최면제의 역할을 하는 입장으로 미술에 임하든가 하여 정도의 차이는 있을지언정 어느 작품에서나 작가정신의 근본적인 건강함은 찾기 어렵지 않나 생각됩니다. 말하자면 현실을 진실되게 보지 않고 항상 통치자의 입장에서 왜곡되게 보기 때문에, 그것을 직접적으로 표현할 때는 전쟁영웅이 되고, 간접적으로 양념역할을 할 때는 저렇듯 화사한 아름다운 여인상이 되거나 굉장히 부유하고 평화스러운 모습의 인물로 나타나든가 합니다.

〈그림 9〉는 『신시대』 잡지 차례에 병사의 모습을 그린 삽화입니다. 잡지 차례를 보면 당시의 시대상황을 잘 알 수 있습니다. 「증미계획과 농민」, 「대화숙 수양회 잡기」 등의 글이 실렸는데, 이 글들은

창씨개명한 이광수의 것입니다.

　당시 출판물에는 만화가 많이 활용되었습니다. 물론 남아 있는 것은 친일적 입장의 만화가 대부분이에요. 아까 말씀드렸듯이 평양 쪽에서 강조하는 것은 항일적 측면의 삽화나 만화였습니다만, 여기에 남아 있는 만화에는 일제정책에 동조하는 내용이 많았습니다. 채권보급대라는 만화에서는 채권보급을 외치고 있는데 거기에는 안경을 쓴 이광수의 모습이 실릴 정도였어요. 그 당시의 사회지도급 인사가 일반 백성을 그야말로 혹세무민하는 내용입니다.

　만화뿐만 아니라 일제 말기에는 학습참고서 표지에도 일장기를 휘날리면서 돌격하는 황군의 모습을 그린 그림을 실었어요. 참 대단하죠. 당시에는 그런 장면을 보면 아마 모두 기립박수할 정도였겠지요. 그런 그림이 들어 있는 책을 교과서 삼아 공부한 당시의 학생들이 지금은 무슨 생각을 하고 있을까요.

　〈그림 10〉은 〈멍텅구리〉라는 연재만화입니다. 그런데 그 작가가 참 희한하게도 심산(心汕)으로 되어 있습니다. 심산 노수현은 일제 때는 동양화단의 베스트 10이었고, 1970년대 이후에는 베스트 6에 드는 대단히 명망있는 작가입니다. 화랑가에서 통칭되는 이른바 6대가에 드는 엄청난 작가이지요. 그 작가가 일제 때는 만화를 많이 그렸어요. 만화에 적힌 내용을 한번 읽어볼까요? "때는 비상시", "국력총동원하는 이때에", "신년새해 놀고 있는 건", "잘못도 이만 잘못이 아니란 말이야… 에튀", "대륙 제일선에서는…", "야, 멍텅구리, 우리도 나라를 위해 신년새해 일을 하세!", "지원병은 어떨까?", "오십 당년에 못될 소리…", "차라리 자동차 운전을 배워가지고 전선에 나감 어떨까?", "역시 바람이 제일이야. 그럴듯한 일일세." "그러면 내 일부터라도 운전수 지망… 만세…", "만세… 만세…" 청년들처럼 총들고 전쟁터에 나갈 수 없으니까 이 중년 신사들은 운전을 배워 전선에 나가겠다는, 이른바 성전(聖戰)에 복무해야 한다는 친일적인 내용을 드러내는 만화입니다. 이런 만화를 다른 작가가 그렸으면 대충 넘

어가도 될는지 모르겠습니다만 나중에 동양화단의 원로 지도급이 되는 작가가 일제말에 이런 만화를 그렸다는 것은 우리 미술계의 버리고 싶은 유산이 아니겠습니까?

이제 마지막으로 역시 친일잡지에 게재되었던 여인상(〈그림 11〉)을 하나 더 볼까요? 후방에서 다소곳이 앉아 있는 여인상입니다. 여인은 항상 저렇게 다소곳이 앉아 있어야 합니다. 그것이 국가가 원하는 여인의 모습이었던 모양이에요. 아까 말씀드렸듯이 '폐병 2.5기의 여인'을 그리면 아주 잘 그린 그림으로 우대받는 시절이었으니까요. 최근까지도 그런 그림이 미술공모전에서 상을 타고 또 비싸게 팔렸습니다. 역시 이같은 '찬란한 전통'은 일제시대 때부터 이어져 내려오는 우리 미술계의 한 단면이 아닌가 생각합니다.

이상으로 일제를 위해 붓을 든 화가들의 작품을 단편적으로나마 살펴봤습니다. 그렇다면 같은 전쟁시기에 당시 본토라고 불렀던 일본 화가들의 활동상은 어떠했는지 궁금하시죠? 당시 많은 일본 작가들 역시 종군화가로 참여하면서 그림을 많이 그렸습니다. 물론 우리에게는 남아 있는 것이 거의 없는데, 일본의 경우는 엄청난 규모와 작품 수가 현재까지도 그대로 남아 있어요. 그래서 판단하기가 쉬운데, 그중에는 일본을 대표하는 화가들도 많이 끼어 있습니다. 여기에서 재미있는 현상이라면, 일본 전쟁기록화에 적극적으로 참여한 작가들의 공통점은, 대다수가 서양에서 미술공부를 한 모더니스트들이었다는 것입니다. 오히려 이런 쪽에 적극 참여하지 않을 것 같은 화풍의 작가들이 거꾸로 전쟁을 예찬하는 그림을 그리는 데 앞장섰다는 점입니다.

우리의 경우를 봐도 엘리트의식에 꽉 차 있고, 그 어려운 시절에 일본이나 구미유학을 다녀올 정도로 부유하고 선진적인 가문의 출신들이 — 근대미술사를 보면 서양화를 배운 화가들은 대개 부잣집 아들들이었습니다 — 이상하게도 전시에는 전쟁을 찬양하는 그림을 그리게 된 것입니다. 어떻든 시대의식이나 민족의식의 결여로 인한 예술

활동은 많은 문제점을 노정할 수밖에 없었지요. 평화시에는 쉽게 표가 나지 않겠지만 정상적이지 못한 사회에서는 이런 미술가들의 활동이 새삼 중요함을 가지게 되지요.

현재 우리나라는 남북으로 분단된 사회입니다. 그리고 일제식민지가 완전히 극복된 상태도 아닙니다. 민족정기를 올바르게 세우고 또 건설적인 미술활동을 위해 가장 시급히 해결할 문제 가운데 하나가 이 친일잔재 청산문제가 아닐까 생각합니다. 미술계에서 친일잔재의 극복은 아무리 강조해도 지나침이 없는 시급한 문제임을 확인하면서 저의 이야기를 끝맺을까 합니다. 감사합니다.

질의 응답

질 1980년대 이래 민족미술운동이 대두되고 나름대로 꽤 성과도 얻은 것 같습니다. 그럼에도 불구하고 아직까지도 미술계에서 일제잔재가 제대로 정리되지 못한 상황이라니 매우 답답합니다. 민중미술운동에 대한 선생님의 견해를 들려주시면 고맙겠습니다.

답 제일 아픈 데를 지적하신 건데요. 궁극적으로는 이 시대에 일제잔재 청산을 포함한 여러가지 문제를 극복하고 바람직한 민족미술을 건설하는 것이 저희들의 과제겠지요. 아까도 말씀드렸지만 1980년대 이후에 들어와 새로운 미술운동이 전개되면서 미술을 바라보는 시각이 상당히 폭넓어지고 또 심화되고 있습니다. 물론 연륜이 짧지만 사회변혁에도 기여할 수 있는, 궁극적으로는 분단극복을 넘어 그 다음의 단계에까지 이를 수 있는 내용을 가지고, 어떻게 하면 올바른 미술활동을 할 수 있을까 하는 고민을 지금 젊은 층에서는 여러 방면으로 하고 있지요.

친일문제가 왜 본격적으로 도마 위에 올려져서 해부되지 않았는가 하는 아쉬움이 있습니다만, 그 원인 중의 하나는 일제 때 활동하던 작가들이 그때나 지금이나 소위 제도권이라고 말하는 미술계의 상층부에 위치하고 있기 때문이에요. 또 다른 결정적인 문제는 친일행위의 증거가 확실치 않다는 것입니다. 이런저런 작가가 참여했다고 말했지만 그들이 구체적으로 어떤 작품을 냈는지 알 수 없으니까 그게 안타까운 일이지요. 제가 오늘 말씀드린 내용은 미술계의 친일문제를 큰 덩어리로 봤을 때 대충 거론한 정도입니다. 사실 문학작품과 같이 단 한 편의 시라도 확실한 것이 남아 있으면, 더군다나 언어니까 확실하게 얘기할 수 있을 텐데 그림에서는 그것을 판단하기가 어렵습니다. 시체말로 그림처럼 사기치기 좋은 것이 없다고 합니다. 이것 같기도 하고 저것 같기도 하고, 그래서 출세하고 싶은 사람은 그림을 그려야 한다는 말도 있습니다. 일제 때 본격적으로 친일했다 하더라도 작품이 남아 있지 않으면 도마 위에 올리기 어려운 현실입니다. 그러니 원론적으로 말할 수밖에 없어요. 일제 때는 여차여차해서 그랬으나 이제 그것을 극복하자는 식의 다분히 추상적인 수준으로밖에 얘기할 수가 없어요.

물론 어떻게 보면 시대상황을 외면한 그림이 주종을 이루었다는 것 자체가 식민잔재라 할 수 있지요. 미술이 민족이나 사회에 기여하지 못하고 다분히 장식적인 상품으로 떨어지고 있는데, 그것은 전세계적인 추세이기도 합니다.

그래서 지금 이 시대에 참미술이란 무엇인가라는 고민을 많이 하게 됩니다. 예전에는 어떤 작품이 있으면 그것을 누가 만들었느냐 하는 식으로 작가 자체를 문제삼았는데, 지금은 그것만 가지고는 부족하여 누가 그 그림을 받아들이는가 하는 수용자의 측면을 중요시하자는 얘기도 나옵니다. 작품의 소통을 굉장히 중요시하는 것이지요. 미술관이나 화랑 같은 좁은 공간에서의 미술이 아니라 넓은 공간에서 작품을 보도록 하자. 또 작품은 단 하나밖에 없다는 유일성 때문에 신화가 생기고, 상품화가 되고, 이것이 신기루를 만들게 되는데, 이제 그것을 부수는 작업을 하자는 등 여러가지 대안이 나오기도 합니다. 민족미술이라든가 시대상황이라든가 국제적인 감각 등이 어우러져서 새롭게 작업이 이루어져야 하니까, 말이 쉽지 실제 작품으로 연결될 때는 그리 간단하지 않습니다.

지금 아주 좋은 말씀을 하셨습니다만, 공동으로 노력하면서 타개해야 할 문제가 아닌가 합니다.

질 저는 미술평론가의 글이 어렵다고 생각했습니다. 그 이유를 설명해주시면 고맙겠습니다. 그리고 아까 한국화가 일제시대에는 동양화였다가 그것도 일본화로 불렸다고 했습니다. 한국화에 대한 명칭상의 의견을 말씀해주십시오.

답 우선 미술평론가의 글이 어렵다고 느끼신 점에 대해서는 사과드리겠습니다. 그럼에도 불구하고 저 자신은 비교적 쉬운 문장을 구사한다는 평을 자주 듣고 있습니다. 어떻든 미술비평의 난삽함은 시정되어야 하겠지요. 저는 한글보다 한자를 먼저 배운 세대여서 그런지 사실 지금도 한자가 많이 섞인 글이 읽기에 편합니다. 그래도 한글전용을 주장하고 있습니다. 외국 유학도 갔다왔지만 외래어를 쓰지 않으려고 노력하고 있습니다. '표현은 쉽게, 그러나 내용은 깊이있게' 하려고 노력하고 있습니다.

평론 중에서도 모더니즘 계통의 글이 비교적 어렵습니다. 그림 자체도 어렵고요. 그림으로 이해가 안되는 것을 혹시 해설한 글을 읽으면 나을까 싶어 글을 보면 오히려 더 어렵게 되어 있는 경우가 많습니다. 그만큼 글이 육화되지 않았다는 뜻일 거예요.

그리고 한국화 문제를 질문하셨는데 이것 역시 우리 미술계가 타개해야 할 문제점 중의 하나입니다. 제가 예전에 미국에서 지금 말하는 '한국화특별전'을 기획해서 전시회를 연 적이 있는데, 전시제목을 달려고 하니까 마땅한 말이 없더군요. 한국화라고 하면 한국사람이 한 국적 정서를 갖고 그린 것은, 그 재료가 유화가 되든 채색이든 뭐가 되든 한국화입니다. 그런데 우리가 쓰는 한국화라는 말은 유화의 반 대말, 재래 전통기법을 수용한 그림만을 대상으로 하고 있습니다. 그 러니까 지금 이땅에서 유화물감을 가지고 그림을 그리는 사람들은 한 국사람이 아니라 서양사람입니다. 왜냐하면 서양화를 그리니까요. 서 양화란 서양사람이 그리는 것인데, 지금 이땅에서는 한국사람이 그렸 어도 유화를 그리면 서양화가가 되고, 그 사람은 서양사람이 되어버 려요. 이런 어휘상의 모순을 가지고 있습니다. 그래서 저는 서양화, 한국화, 동양화 하는 말을 쓰지 말자고 주장하고 있습니다. 우리가 동 양화라는 말을 쓰는 것은 너무 주체성이 없지 않습니까? 북한에서는 조선화라고 쓰고 있거든요. 그리고 조선화에는 일정한 형식과 내용이 있습니다. 예를 들어 표현방식은 사회주의적 사실주의이고 채색은 화 사하게, 내용은 주체사상, 당성, 인민성, 계급성이라는 문예이념을 충 실히 반영한다는 형식과 내용이 있단 말이에요.

그런데 언젠가 이것이 심각한 문제가 된 적이 있어요. 우리는 당연 히 한국화다 해서 동양화가 어느날 갑자기 한국화로 개칭이 됐는데, 한국화로 특징지을 만한 형식이나 내용이 없었던 거예요. 이름은 지 어놓았지만 그 실체가 무엇인지 모르는 모순된 상태였지요. 그래서 저는 한국화라는 말을 쓰지 않기로 했어요. 그렇다고 서양화라고 해 서도 안된다고 생각해요.

제가 쓰는 한국화라는 용어는 한국사람이 만든 그림은 재료를 뭐를 쓰든 한국화다, 그리고 서양사람들이 그린 그림은 서양화라고 봐야 한다는 것입니다.

그러면 우리가 쓰고 있는 한국화라는 말을 어떻게 할 것인가가 문 제가 됩니다. 서양에서는 유화를 많이 썼다, 동양에서는 수묵화를 많 이 썼다 하는 식의 지리적인 구분은 이제 의미가 없어요. 왜냐하면 재료는 서양에서 왔을지라도 그 내용은 이제 완전히 육화되어 우리 것이 되었기 때문에 우리 것이죠. 수묵화도 따지고 보면 애초에는 중국 것이죠. 그러니까 차라리 재료 이름으로 분류하자는 것이 저의 생각입니다. 서양화가 아닌 한국화라는 큰 덩어리 속에 유화가 있는 것이죠.

재료상의 특징을 보면 서양의 유화는 동물성이거든요. 그리고 서양인은 자연을 공격 대상, 정복 대상으로 보는 데 비해 동양인은 자연을 관조 대상으로 본단 말이에요. 그래서 동양화에서는 서양에 없는 산수화를 그리지요. 서양에서는 풍경화라고 하지요. 우리는 자연을 관조하는 입장이기 때문에 물이 위에서 아래로 흐르는 폭포를 많이 그려요. 그런데 서양사람들은 왜 물이 위에서 아래로만 흐르느냐, 왜 사과가 위에서 아래로 떨어지느냐며 분수를 그리거든요. 이런 동물성적인 느낌에 유화 매체가 어울린다는 거죠. 그런데 동양의 종이, 먹 그림은 식물성적인 기분이 많이 나요. 그래서 산수화가 발달하고 물감의 용매제도 동물성 그림이 아니라 그냥 물을 쓰죠. 동양화와 서양화의 특징을 재료로만 나누었을 때 서양은 동물성적인 기름이고 동양은 물입니다. 그래서 서양적 표현을 유화(油畵)라고 한다면 당연히 동양적 표현은 수화(水畵)가 됩니다. 그러나 이런 표현은 잘 쓰지 않기 때문에 제가 여기서 강력하게 주장하기는 껄끄럽지만 따지고 보면 수묵화예요. 채색도 대개는 물로 하고요. 어떻든 한국화라 불리는 장르는 우리들의 연구과제입니다. 전통의 창조적 계승과 함께 오늘날 시대미감을 포용해야 하는 어려움이 있기 때문입니다.

그러면 이 다음에 통일이 됐을 때는 뭐라고 하느냐, 조선화냐, 한국화냐, 만약 국호가 고려국이 됐다면 고려화라고 불러야 되는 것이냐가 또 문제가 됩니다. 그래서 저는 차라리 재료를 중심으로 이름붙이는 것이 우리 겨레의 심성을 잘 표현하는 게 아닐까 생각합니다. 사실 한국화다 뭐다 하지 말고 그냥 순수하게 '우리 그림'이라고 부르는 것이 제일 편한 면도 있지요.

질 흔히 예술은 순수하다고 합니다. 하지만 무엇이 순수한 것인지요. 예술지상주의자들이 생각하는 예술의 기능이나 역할은 때로 아쉬운 점이 많다고 생각합니다. 순수미술과 더불어 미술의 사회적 기능에 대하여 한말씀해주시기 바랍니다.

답 예술은 순수해야 한다고 하는 것은 순수지향주의자들이 주도권을 잡아나가고 있기 때문입니다. 순수예술 좋지요. 저도 예쁜 그림 좋아하고 예쁜 조각을 굉장히 좋아하거든요. 그러나 저는 순수예술이라는 측면과 민족이나 시대를 반영하는 예술의 역할이 따로 있다고 봅니다. 그럴 경우 어떤 것이 과연 미술로서 자신의 역할을 다하는 것인가? 미술의 기능 내지는 역할이라는 측면에서 검토해야 한다는 것입니다.

예전이나 지금이나 미술이 시대성을 반영하지 않고 순수하다는 입장만을 견지하는 것이 어떻게 보면 주종을 이루기도 했습니다. 그런데 문제는 무엇이 순수한가 하는 것이겠지요. 예를 들어 어떤 힘센 사람과 꼬마가 싸움을 하는데 나는 순수하게 구경만 하겠다는 자세가 순수한 것인지 아니면 약자가 쓰러졌을 때 강자를 밀어젖히고 약자를 돕는 것이 순수한 것인지, 그 순수의 개념이 다르겠지요. 항상 강자의 입장만이 최선은 아니라는 말이에요. 저는 강자가 힘없는 사람을 몰아붙일 때는 힘없는 사람을 편드는 것이 최선이고 순수라고 생각합니다.

또 다른 예로 나치하에 쓴 본 회퍼의 옥중기가 생각나는데요. 한 미친 사람이 버스를 운전하면서 질주하고 있다고 합시다. 버스가 질주하면서 숱한 희생자를 내고 있는데, 그 순간 예술가나 지식인은 어떤 자세를 취해야 하겠습니까? 팔짱 끼고 구경하든가 아니면 버스에 뛰어올라 미친 운전사를 끌어내어 더이상의 희생을 줄이든가, 이것도 저것도 아니면 외면하든가 하겠지요. 그 중 어떤 것이 순수한 태도이겠습니까? 본 회퍼는 이같이 위급한 상황에서는 차에 뛰어올라 그 운전사를 끌어내는 것이 최선이라고 보았습니다. 제 생각에도 그것이 '순수하다'고 봅니다. 그것이 예술가 혹은 지식인의 역할이 아닌가 합니다. 미친 운전사 '히틀러' 때문에 무수한 희생이 초래되어 버스 '나치하의 독일'에 뛰어오른 '순수한 인간' '본 회퍼'는 자신의 양심적 역할을 수행했습니다만, 물론 개인적 희생이 뒤따르는 아픔은 있었지요.

그런데 일제식민지라는 질곡의 시대에 왜 우리는 저항하는, 아니 '순수한' 미술가를 보기 어려웠냐는 아쉬움이 있습니다. 불행한 일입니다. 하기야 새로운 미술 자체가 일제를 통하여 이땅에 들어왔다는 부끄러운 과거를 지울 수야 없겠지요. 이같은 일제시대의 미술 전통이 오늘날까지 그대로 답습되고 있다는 점이 더욱 가슴을 아프게 합니다. 친일미술 즉 일제잔재의 청산이 이루어지지 않은 결과라고 치부하기에는 그 상흔이 너무나 큽니다. 필요 이상으로 예술의 순수성이 왜곡되고 강조되어 예술의 사회적 기능이 훼손되지나 않았는지, 어떻든 미술에 대한 시각 교정이 절실한 때가 아닌가 생각합니다.

(윤범모)

8·15 이후의 친일파 집단

— 미군정·이승만정권하의 친일파 집단과 반민특위 —

친일파 청산의 민족사적 의의

그동안 우리는 일제하 각 분야에서 활동한 대표적인 친일파들을 살펴보았습니다. 오늘은 그 마지막 순서로 해방 이후 왜 친일파들이 청산되지 않고 다시 등장하여 나아가 권력의 핵심으로까지 부상하게 되었는가 하는 문제를 살펴보는 시간입니다. 사실 이 점에 대해서는 지금까지 들었던 시간보다 더 많은 시간이 필요하지만, 마무리하는 자리인 만큼 오늘은 '미군정, 이승만정권하의 친일파 집단과 반민특위'라는 주제로 해방 이후의 친일파 집단의 동향을 간략히 살펴보고 친일파문제의 현재적 의의를 총괄 정리하는 시간으로 삼도록 하겠습니다.

우선 해방 후 친일파 청산이 갖는 민족사적 의의가 어떠한 것인가를 간략히 정리할 필요가 있습니다. 1945년 8월 15일 일제의 항복은 전민족에게 해방의 무한한 감격과 환희를 안겨주었습니다. 그러나 이와 동시에 우리 민족 앞에는 조속히 자주독립국가를 건설해야 하는 과제가 놓여 있었습니다. 국가건설의 과제는 크게 두 가지였습니다. 그 하나는 당시 최대의 경제 현안인 반봉건 토지개혁을 비롯하여 오랜 일제 강점하에 형성된 식민지 관료체제와 황민문화 구조를 일소하는 것, 즉 제반 민주주의개혁을 단행하는 것이었고, 다른 하나는 이 민주주의개혁의 추진주체로서 광범한 민족적·민주적 제세력을 결집해서 민족통일전선을 결성하고, 나아가 이에 입각한 통일민주정권 즉 임시정부를 수립하는 것이었습니다. 특히 해방이 미소의 분할점령으로 나타난 바와 같이 타율적 성격이 강했기 때문에 좌우세력의 결집에 의한 민족통일전선의 결성은 자주독립과 민주주의 개혁을 위해 최우선으로 요구되는 절차였습니다.

친일파 청산문제는 이와 같은 시대적 과제 해결의 대전제가 되는 작업이었습니다. 그것은 친일파, 민족반역자 처단이 단순히 민족적 정기를 회복하고 신국가의 민족적 도덕성을 확립한다는 데 그치는 것이 아니라 일제하 정치, 경제, 문화 등 모든 분야에 걸쳐 구축된 식민지 수탈구조를 실질적으로 일소하고 새로운 국가건설을 가능케 하는 민주주의 개혁의 출발점이었기 때문입니다. 말하자면 친일파, 민족반역자는 우리가 흔히 얘기하는 것처럼 일제의 '잔재' 정도가 아니라 사실상 해방 후에도 여전히 '거대한' 세력으로서 잔존하고 있던 특권적 지배세력의 구심점이었습니다. 일제하에 형성된 방대한 관료구조, 친일파의 경제적 기반으로서 농민을 끝없이 수탈과 빈궁 속으로 몰아넣고 있는 봉건적인 지주제, 교육과 제반 문화 부문에 광범하게 형성되어 있는 친일세력 등을 청산하는 문제는 사실상 거대한 혁명적 과정이라고 볼 수 있었습니다.

요컨대 친일파 민족반역자 처단, 친일세력의 청산은 민주주의 개혁, 임시정부 수립과 불가분의 관계에 있었습니다. 친일파 청산문제의 중대성은 바로 여기에 놓여 있었습니다. 따라서 이 과제는 정치이념과 관계없이, 즉 좌우익 모두에 관계없이 제반 민족적이고 민주적인 입장을 취하는 정치세력이라면 민족통일전선 결성과 임시정부 수립의 최소한의 강령, 원칙이 되지 않을 수 없었습니다. 따라서 해방 후 친일파 청산문제에 대한 각 정치세력의 입장 여하는 민주주의 개혁의 핵심인 토지개혁 문제나 임시정부 수립의 요체인 민족통일전선 문제와 더불어 곧 그 정치세력의 민족적·민주적 성격을 가늠하는 시금석(試金石)이었습니다.

그러나 이러한 민족사적 의의에도 불구하고 해방 후 친일파 청산은 실패했습니다. 그 결과 한국은 분단과 외세 속에 엄청난 대가를 치르게 되었습니다. 따라서 미군정기와 이승만정권 성립기 남한에서 친일파 집단이 청산되지 않고 오히려 새로운 특권세력으로 전화해간 사정과 1948년 남한에서 처음이자 마지막으로 시도되었던 친일파 청산 작업인 반민족행위특별조사위원회 활동이 좌절된 과정을 살펴보는 것은 현대 한국사회의 형성과정, 분단구조와 그 이데올로기의 본질을 이해하는 데 중요한 역사적 주제가 된다고 하겠습니다. 더욱이 과거 일제의 한국침략 문제가 새롭게 제기되고 있고, 일본의 군국주의 부활문제가 쟁점이 되고 있는 요즈음 한일관계와도 관련하여 이 주제가 갖는 현실적 의미는 적지 않다고 하겠습니다.

미군정, 이승만정권 성립기 친일파 집단의 재등장

그러면 미군정과 이승만정권 성립기, 즉 1946년에서 1948년까지 친일파 집단이 어떻게 재등장했는가를 간단히 살펴보도록 하겠습니다. 해방 직후 대부분의 정치세력들은 좌우를 불문하고 자주독립국가 건설의 기본과제의 하나로 친일파 민족반역자의 처단과 그 재산의 몰수를 주장했습니다. 오로지 이에 대해서 침묵하고, 오히려 인재 등용이라든가 민족분열을 낳는다는 명분으로 친일파 처단에 반대한 것은 한민당(韓民黨)과 친일세력의 총수인 이승만뿐이었습니다.

한민당은 일제하 상층부에 속하는 지식층·부유층의 인물들, 즉 일제하 실력양성운동, 자치운동을 거쳐 1930년대 일제 '황민화운동'의 선봉대로 전락한 민족개량주의 계열의 일부 핵심인물, 특히『동아일보』의 주도인물, 일제하 미국이나 일본 유학생 출신의 지식인들, 대지주·자본가들이 주체가 되어 결성한 보수 극우정당이었습니다. 따라서 한민당은 일부 적극적인 반일인사, 그리고 진보적인 민족주의자들이 일정하게 참여하고 있었음에도 불구하고 신국가 건설에 주도적인 역할을 할 수 있는 정치적 도덕성을 갖추지 못하고 있었습니다. 그래서 한민당은 당시 세간에 친일파 집단으로 간주되었고, 그것은 또한 일정 부분 사실이었습니다. 예컨대 한민당의 대표라고 할 수 있는 김성수(金性洙)를 비롯하여 장덕수(張德秀), 백관수(白寬洙), 함상훈(咸尙勳), 유억겸(兪億兼), 김동원(金東元), 백낙준(白樂濬), 임영신(任永信) 등 주요 간부들이 친일경력을 갖고 있었습니다. 이러한 해방 초기 친일파 집단의 동향은 이승만이 귀국한 후 이승만을 중심으로 재조직되었습니다. 주지하다시피 오로지 반공이데올로기만을 신봉하면서 신국가의 권력장악을 꿈꾸어온 이승만은 국내 기반이 취약했기 때문에 한민당, 친일파 집단을 자신의 주요한 정치적 기반으로 삼았습니다. '덮어놓고 뭉치자'는 저 유명한 구호가 잘 말해주듯이, 그는 민족분열을 야기한다는 명분으로 친일파 처단에 반대하고 친일파문제는 정부수립 이후에 처리해도 늦지 않다고 주장하면서 친일세력을 비호하였습니다. 그의 주변에는 부와 권세를 유지하고 출세를 꿈꾸는 친일 정상배나 모리배들이 문전성시를 이루었습니다. 요컨대 한민당과 이승만의 정치적 목표는 오로지 좌익에 대항하여 한반도에 우익정권, 자본주의 국가를 세우는 것이었고, 친일세력은 그러한 정치적 목표를 실현하는 유력한 물질적, 조직적 기반이었습니다.

이와 같이 해방 후 친일파 집단이 민족의 자주적인 노력에 의해 처단되지 못하고 오히려 보수 극우세력의 유력한 정치적 기반으로 재등장하게 된 것은 일찍부터 자신의 정치적 입지와 특권을 유지할 수 있는 확고한 배경을 갖게 되었기 때문이었습니다. 그것은 잘 알려져 있듯이 미군정이었습니다. 미군정의 한반도정책에 대해서는 그동안 연구가 많이 되었고 요즘에 들어와서는 대중적으로도 많이 소개되고 있습니다만, 미국의 한반도정책의 대원칙은 소련을 견제하는 전진기지로서 궁극적으로 한반도에 친미반공정권을 수립하는 것이었습니다. 그 일환으로 미국은 이미 1943년부터 루스벨트 주도하에 한반도를 신탁통치방식으로 독립시켜 나간다는 기본 입장을 정리하고 있었습니다. 미군정의 점령정책은 모두 이러한 미국의 한반도정책을 수행한다는 원칙 위에서 수립되고 추진되었습니다.

이러한 입장에서 미군정은 한국인의 자주적인 정부수립운동, 예컨대 좌익세력이 주도한 조선인민공화국이나 중경임시정부 등의 존재를 모두 부정하고 한반도에서 유일한 권력은 미군정뿐이라는 점령군의 입장을 분명히하였습니다. 말하자면 미군정은 한국의 건전한 자주독립을 위한 제반 조치들, 일제통치기구나 친일세력 청산, 민주주의 개혁과 같은 문제에 대해서는 사실상 관심이 없었습니다. 그들은 오히려 점령지에 대한 효율적인 통치조직을 구축하고 미국의 입장을 충실히 대변할 수 있는 친미세력을 양성하는 문제에 주력하였습니다. 그래서 미군정은 처음부터 조선총독부 통치기구를 미군정하에서 그대로 활용하고자 하였습니다. 그것은 미군이 상륙하기 일주일 전 하지 중장이 자신의 대리인인 해리스 준장에게 내린 명령서의 다음과 같은 구절에서 단적으로 나타나 있습니다.

한국은 일본제국의 일부로서 우리의 적국이다. 따라서 항복조건에 복종하지 않으면 안된다. 그리고 적어도 초기의 한국 점령정책은 일본의 행정기관을 통해 실시할 필요가 있다. 이 기간중 우리는 일본측의 통치기구, 즉 조선총독부를 한국에서의 합법정부로 인정한다.

물론 이러한 미군정의 구상은 곧 미군정의 직접 실시로 바뀌게 되고 군정 관리도 점차 한국인으로 교체해 나가는 이른바 한국인화 정책을 시행하게 됩니다만, 진주 당시 미군정의 한반도정책의 입장은 결국 이러한 것이었죠. 그리고 그 입장은 기본적으로 관철되어 친일파 재등장의 조건을 만들어나갔습니다. 즉 미군정은 군정 초기 일본인 관리들을 고문으로 유임시키고, 조선총독부의 한국인 관리와 경찰 등 이미 기구로 형성되어 있는 친일파 집단을 그대로 군정 통치기구로 흡수했습니다. 당시 일본에서 1946년 1월 4일 미군정과 연합군 총사령관 이름으로 관공리, 군인, 국회의원과 일제 파쇼체제를 지지한 교수 등 일제 군국주의 지도층 인사 총 21만 명에게 공직 추방령을 내린 사실과 비교해볼 때, 남한에서의 미군정 정책은 엄청난 차이가 있습니다. 여기에서도 미국이 한국 점령정책을 통해 무엇을 추구하고 있는지 잘 드러나고 있다고 하겠지요.

미군정은 또한 점령정책의 대변자, 실무책임자로서 한민당을 선택하여 한민당의 핵심인물들을 행정고문과 행정기구의 요직에 임명하였습니다. 1945년 10월에 미군정의 한국행정고문회가 구성되는데, 그 위원장에는 한민당 대표인 김성수가 취임하였고, 김성수 외 위원 10명 가운데 8명이 한민당 관계자였습니다. 나머지 2명은 여운형(呂運亨)과 조만식(曹晚植)인데, 여운형은 친일파 집단과 같이 활동할 수 없다고 해서 취임을 거부했고, 조만식은 북쪽에 있었죠. 그리고 1946년 1월 한국인으로 군정관리를 교체할 때도 미군정은 경무부장에 조병옥(趙炳玉), 수도경찰청장에 장택상(張澤相), 문교부장에 유억겸 등 주요 군정 통치기구의 책임자를 모두 한민당의 핵심인사로 구성하였고, 사법계 인사도 대법원장 김용무(金用茂), 사법부장 김병로(金炳魯), 검찰총장 이인(李仁) 등 모두 한민당 관계자로 채웠습니다. 더욱이 당시 '통역정치'라는 유행어가 생길 정도로 미군정의 정책결정에 때로는 큰 영향을 끼친 인물들이 이른바 통역관들인데, 이 통역관 가운데 다수가 한민당 관계자로서 미군정과 한민당을 결합하는 매개역할을 하고 있었습니다. 당시 하지의 통역관 역시 한민당 당원인 이기붕(李起鵬)과 임영신이었습니다.

이와 같이 미군정의 비호와 지원하에 그리고 한민당이 행정실권을 행사하는 가운데 이승만을 정치적 구심점으로 하는 극우세력과 친일

〈표 1〉 1946년 군정경찰 간부 중 친일경찰 비율

직 위	경찰 총수	총독부 경찰 출신	비율(%)
치안감	1	1	100
청 장	8	5	63
국 장	10	8	80
총 경	30	25	83
경 감	139	104	75
경 위	969	806	83
총 계	1,157	949	82

파 집단은 각 분야에서 강력한 친미반공세력으로 재조직되었습니다. 그리고 이들은 좌우를 망라한 민족적인 세력들이 민족통일전선을 결성하여 통일정부를 수립하고자 한 각종 운동을 파괴하였고, 급기야 1946년 6월 초부터 본격적으로 제기되기 시작한 단독정부 수립노선을 추진하여 결국 이승만정권을 창출하는 핵심적인 기반이 되었습니다. 물론 우리가 여기에서 고려해야 할 점은 민족통일전선의 결성이나 통일정부 수립운동이 이들 극우세력이나 친일파 집단에 의해서만 어려움을 겪었다고 하는 것은 아닙니다. 그 당시 조선공산당을 중심으로 하는 좌익 주류 또한 사실상 민족통일전선을 결성해나가는 데 그다지 열성적이지 못했고, 그런 점에서 역시 이승만을 중심으로 하는 극우세력과 마찬가지로 극좌세력 역시 종파적인 측면을 보이고 있었다는 것을 염두에 두어야겠죠.

  친일파 집단 가운데 이승만의 단정노선을 가장 충실하게 수행한 집단은 친일경찰이었습니다. 〈표 1〉에서 확인할 수 있는 바와 같이 1946년 미군정 경찰간부 중 치안감에서 경위 이상까지 총 1,157명 가운데 총독부 경찰출신이 949명으로 전체 경찰의 82%를 차지하고 있습니다. 나머지 18%도 대부분 총독부 경찰과 일정한 관련이 있다는 것이 밝혀져 있죠. 이들 친일경찰의 충원은 물론 경무부장 조병옥과 수도경찰청장 장택상에 의해서 추진되었습니다.

　특히 이들 친일경찰 가운데는 노덕술(盧德述)같이 북한에서 월남한 친일경찰 간부도 다수 있었습니다. 서울시경 수사과장이었던 노덕술은, 김구 선생 암살과 관련해서 요즘 다시 신문지상에 오르고 있지만, 일제하 악명을 떨친 친일경찰입니다. 해방될 당시 평양에서 평남 보안과장을 하고 있었지요. 북한은 해방과 함께 곧바로 친일파 숙청작업을 시작하였는데 노덕술은 그때 체포되었다가 탈출, 월남하여 장택상의 심복이 되었고, 각종 대공활동으로 이승만에게서도 큰 신임을 받았습니다.

　수도경찰청장 장택상에 대해서도 잘 알려진 에피소드가 있죠. 그의 부친은 영남 칠곡의 갑부인 장승원이라는 사람인데, 구한말 중앙관료로서 이후 의병장으로 이름을 떨친 허위라는 사람에게 벼슬 청탁을 했다고 하죠. 당시 돈으로 20만 냥쯤 되는 거금을 가지고 갔다고 하더군요. 허위는 돈을 받지 않고 나중에 나라가 망하게 되면 독립운동 자금으로 주라고 하면서 돌려보내는 대신 천거해주어 장승원은 관찰사까지 지냈습니다. 이후 허위는 의병활동을 하다 죽었고, 그 제자 중 광복군 총사령이 된 박상진이라는 사람이 자기 스승에게 들은 얘기가 있어 군자금을 얻기 위해서 부하들을 장승원에게 보냈다고 합니다. 그런데 장승원이 이들을 일경에 밀고했기 때문에 이들은 장승원을 사살해버렸습니다. 장택상에게 독립군은 부친의 원수인 셈이죠. 장택상이 경찰총장이 되고 난 뒤 주변에서 관리도 되었으니 이제 독립운동을 한 사람을 도와주어야 하지 않겠느냐 했더니 우리 부친을 죽인 사람들을 내가 왜 도와주느냐고 화를 냈다는 일화도 있습니다.

　하여간 미군정기의 경찰은 일제 경찰의 특성을 그대로 이어받은 최대의 억압기구였습니다. 이들은 친일경력이라는 동일한 배경 때문에 강한 내부 응집력을 갖고 있었습니다. 동질성을 갖고 있다는 거죠. 그래서 당시 경찰간부 중에서 거의 유일하게 민족적 입장을 견지하다가 조병옥에 의해 쫓겨나고 결국 6·25전쟁 때 이적죄로 처형당한 경

〈표 2〉조선경비대 시기 일본군 출신의 군 수뇌부

원용덕	만주군 군의병과	군영부교장, 경비대 총사령관, 8연대장
채병덕	일본육사 49기	1연대장, 통위부 병기부대 사령관
이형근	일본육사 56기	2연대장, 초대 경비대 총사령관, 경비사 교장
정일권	일본육사 55기	4연대장, 경비대 총참모총장

무국 수사국장 최능진(崔能鎭) 같은 사람은 당시 경무국을 '인민의 적' 이라고 규정하기도 했습니다.

　친일파가 중심이 되어 이승만 단정노선을 떠받친 다른 하나의 중요한 억압기구는 군부였습니다. 군부는 해방 직후에는 아직 체계를 잡지 못하고 있었기 때문에 경찰에 비해 숫자가 적고 역할도 크지 않았지만 이승만정권이 확립되면서부터는 사실상 이승만정권을 떠받치는 핵심 세력으로 부상하게 됩니다. 미군의 지원군이자 경찰예비대로서 출발한 군부는, 미군정의 정책적 배려에 의해 초기부터 일제하 반일 무장투쟁을 수행했던 민족해방운동 세력이 아니라 오히려 일본군 출신들에 의해 장악되고 말았습니다. 좌익계의 국군준비대를 해산시킨 미군정은 군 간부 양성을 위해서 1945년 12월 군사영어학교를 설치하고, 뒤이어 1946년 5월 조선경비대훈련소를 설치했습니다. 그런데 여기에는 일본육사나 만주군관학교 출신 일본군 장교나 일본군 하사관을 지낸 인물들이 대거 입교한 반면, 임시정부의 광복군 계열은 경비대를 친일파 집단, 미국 용병으로 규정하여 입교를 거부하였습니다. 그리하여 일제에 봉사한 일본군과 만주군 출신들은 미군식 군사교육을 받는 가운데 친미반공이데올로기로 무장한 미군정의 기간 장교로 재등장하였고, 나아가 이들은 이승만정권이 수립된 다음 한국군부의 수뇌부가 되었습니다.

　〈표 2〉는 1946년 조선경비대의 주요 간부만을 정리한 것인데, 모두 일본군 장교 출신으로 구성되어 있습니다. 경비대 총사령관, 8연대장을 지낸 원용덕은 만주군 군의병과 출신으로 줄곧 이승만의 총애를

258

받은 인물입니다. 이승만정권 시기 육군총참모총장을 지내는 채병덕
은 일본육사 49기, 초대 경비대 총사령관, 경비사 교장을 지낸 이형근
은 일본육사 56기, 그리고 이승만정권하에서 참모총장, 박정희정권하
에서 국무총리를 지낸 정일권은 일본육사 55기로 당시 경비대 총참모
총장이었습니다. 물론 이들 외에 대다수의 군수뇌가 일본육사나 만주
군관 출신의 장교들로서, 특히 일본육사 56기를 전후한 인물들이 많
았습니다.

　이승만정권의 주요한 권력기반의 하나가 된 한국군부 핵심의 역사
적 형성과정은 이러한 것이었습니다. 특히 1948년 이승만정권 수립
후에는 미군철수 문제가 본격적으로 논의되자 이에 대한 대비책으로
군병력이 급격히 증대되었습니다. 그리고 이때에는 좌익의 항쟁, 민중
의 항쟁이 무장투쟁으로 격화됨에 따라서 군부는 제일선에서 이승만
정권을 유지하고 미국의 입장을 대변하는 핵심세력으로 부상하게 되
었습니다. 또한 1948년 12월에는 아직까지 존재하고 있는 국가보안법
이 제정되었습니다. 동시에 육군정보특별수사과(이후 특무대, 방첩대)
가 설치되어 여기에 일제 헌병과 경찰 출신들이 대거 진출하여 이승
만 권력을 유지하는 별동부대 역할을 하였습니다. 잘 알려진 바와 같
이 그 유명한 김창룡(金昌龍)이 이 조직의 책임자로서 김구 암살 배
후를 은폐하였고, 무소불위의 권력을 휘두르기도 하였죠.

　이상에서 해방 이후 친일지식인·정치가, 친일관료, 친일경찰과 군
인 등 친일파 집단이 살아남게 되고, 오히려 권력의 핵심으로 재등장
하게 된 역사적 과정을 간략히 살펴보았습니다. 미소냉전의 시작이라
는 세계사적 모순이 한반도에 극명하게 드러나는 상황에서, 이와 관
련하여 좌우대립이 극심하게 전개되는 상황에서 친일파 집단이 살아
남을 수 있는 유일한 길, 그 논리는 지극히 간단한 것이었습니다. 그
것은 친일반공으로부터 친미반공으로 변신하는 것이었습니다. 이 길
만이 그들이 살 수 있는, 그리고 과거의 반민족적인 오점을 은폐할
수 있는 유일한 방법이었습니다.

반민특위의 구성과 해체

이와 같이 미군정, 이승만정권의 핵심적인 권력기반에 친일파 집단이 대거 진출함에 따라서 이에 대한 민중의 불만과 친일파 청산에 대한 여타 정치세력의 요구도 거세어졌습니다. 남한에서 처음으로 친일파 청산에 관한 법률적 합의를 보았던 것은 1947년 7월 남조선과도입법위원회에서 통과된 '민족반역자, 부일협력자, 간상배에 대한 특별법안'이었습니다. 남조선과도입법의원은 미군정이 주도하여 조직한 것인데, 좌익 계열에서는 입법의원이 단독정부 수립을 위한 것이라고 하여 참여하지 않았지요. 이에 입법의원은 한민당과 이승만을 중심으로 하는 보수우익과 김구 계열의 우익세력, 김규식을 중심으로 하는 중도우파 세력 등으로 구성되었는데, 김구·김규식 계열과 이승만 한민당 계열간의 정치적 대립이 심하였습니다.

'민족반역자 처벌에 관한 특별법안'은 주로 관선의원들인 김구·김규식 계열에 의해 제기되었고, 이 법안은 격론을 거쳐 통과되었습니다. 이 법안은 처음 제안한 것과는 달리 입법의원 내외의 친일세력들이 방해하는 가운데 크게 수정된 아주 불충분한 것이었습니다. 그럼에도 불구하고 미군정은 자신의 권력기반인 친일파 집단을 보호하기 위해 끝내 이 법안을 법령으로 공포하지 않았습니다. 분단이 확정되기 이전 친일파 처단을 위한 최초의 노력과 합의는 무산된 것이죠.

친일파, 민족반역자 청산문제가 다시 제기된 것은 정부수립 이후인 1948년 제헌국회에서였습니다. 이때는 분단이 확정된 상황이었기 때문에 통일정부 수립과 민주개혁을 단행하기 위한 전제로서의 친일파 청산의 의의는 이미 사라졌습니다. 그렇다고 하더라도 그동안 미루어 왔던 친일파 청산은 한번은 이루어져야 할 문제였습니다. 당시 제헌국회에는 비교적 민족주의적이고 진보적 입장을 취하는 김구의 한독당 계열과 중간파 계열의 소장파 의원들이 이승만 한민당 계열을 누

260

르고 다수를 차지했기 때문에 이들은 친일파문제를 다시 거론하기 시
작했습니다. 특히 이승만정권의 내각에 친일파들이 포함되어 있다는
것이 이 문제를 다시 제기하는 좋은 계기가 되었습니다. 예컨대 법제
처장인 유진오(兪鎭午), 상공부차관인 임문환, 교통장관인 민희식, 내
무차관 장경근 등이 일제하 친일관료를 지냈거나 아니면 황민화운동
에 참여한 경력이 있는 사람들이었습니다.

그리하여 소장파 의원들이 주도하는 가운데 반민족행위처벌법(반민
법) 제정과 그 실행기구로서 빈민족행위자특별조사위원회(반민특위)
구성이 추진되었습니다. 물론 반민법 제정과정에서도 이승만정권과
친일파들의 엄청난 방해와 압력이 있었지요. 이 방해공작은 심지어
이승만까지 직접 나서서 이루어졌습니다. 이승만은 "지금은 공산주의
와 싸워야 할 때이며, 과거의 잘못으로 그런 유능한 인물들을 처벌할
수 없다. 친일파라도 과거를 회개하고 건국에 매진하면 애국자"라고
주장하면서 국회의 반민법 제정운동을 격렬히 비판하였습니다. 반민
법을 주도하던 소장파 의원들도 이승만과 정면에서 맞서면서 압력에
대응하였죠.

반민법 제정에 대한 방해는 실로 집요하였습니다. 그 가운데 가장
대표적인 사례는 경찰 수뇌부들이 중심이 되어 계획한 반민특위 관련
국회의원과 간부들에 대한 암살음모였습니다. 그 주모자는 반민특위
의 검거대상이었던 노덕술과 최운하(崔雲霞) 등 경찰 수뇌부의 친일
경찰들로서, 그들은 반민특위 위원과 관련자 15명을 암살 대상자로
정하고 백민태(白民泰)라는 테러리스트를 고용했는데, 1949년 1월 노
덕술이 반민특위에 체포되자 백민태가 겁을 내어 자수하면서 그 내막
이 드러났습니다. 또한 이승만정권의 하수인이나 친일파들은 반공집
회를 열어 반민법을 '망민법'이라 비난하고 이를 주도하는 소장파 국
회의원들을 공산당이라고 몰아붙이기도 하였습니다. 이승만의 충복으
로 당시 『대한일보』 사장이었던 이종형(李種榮)이 그러한 대표적인
인물입니다. 그는 일제하 만주를 무대로 활동한 밀정으로, 많은 독립

1945년 9월 미군정에 의해 창설된 국립경찰의 행진 모습

운동가들을 감옥에 보낸 악질 친일파였습니다. 결국 이종형 역시 반민특위에 의해 재판대에 오르게 됩니다만, 그는 재판정에서도 자신을 반공투사, 애국자라 강변하고 반민특위 위원들을 공산당으로 비난하여 재판관들을 경악케 하였습니다. 이는 반공이데올로기가 친일파 재등장과 어떠한 관련성을 갖고 있는가를 극명하게 보여주는 한 사례라 하겠습니다.

그러나 이러한 방해공작에도 불구하고 반민법은 통과되었고, 1948년 10월 반민특위가 조직되었습니다. 위원장에 김상덕(金尙德), 부위원장에 김상돈(金相敦)이 선임되었는데, 김상덕은 한독당 계열로 일제하부터 민족운동에 참여한 경력이 있었지만, 김상돈은 일제 때 마포에서 지금의 통반장에 해당하는 총대를 했다고 해요. 이것이 친일행위로 지목되어 반민특위가 곤경에 처하기도 합니다. 김상돈이 부위원장이었다는 것은 아무튼 반민특위의 입장에서는 불행한 일이었죠. 반민특위 외에도 기타 친일파 검거와 재판을 위한 특별기구들이 구성되었습니다. 특별재판부(부장 김병로), 특별검찰부, 중앙사무국 등이 설치되었고, 친일파를 검거하기 위한 40명의 특경대도 조직되었습니다. 반민특위는 3개월간의 예비조사를 통해서 7,000여 명에 달하는 친일파 반민족행위자에 대한 일람표를 작성했다고 합니다. 이 자료를 포함하여 당시 반민특위가 조사한 자료는 뒤에서 말씀드리겠습니다만, 경찰들이 반민특위를 습격하면서 모두 탈취해갔기 때문에 현재 확인할 수 없는데, 7,000여 명이라면 각 분야에서 활동한 주요한 친일파들을 거의 망라하였을 것으로 생각됩니다. 이러한 준비작업 끝에 1949년 1월 8일 화신재벌 박흥식의 검거를 시작으로 남한에서는 처음으로 친일파 민족반역자에 대한 처단작업에 들어갔습니다. 1949년 8월 31일 반민특위가 해체되기까지 모두 305명을 체포하였는데, 그 주요 검거자만을 간략히 살펴보겠습니다.

우선 일제하 귀족 작위를 받은 박중양(朴重陽), 이풍한(李豊漢), 이지용(李址鎔) 등과 친일파의 상징이라 할 수 있는 중추원 참의를 지낸 조병상(曺秉相), 방의석(方義錫), 김갑순(金甲淳), 김연수(金秊洙), 최린(崔麟), 이성근(李聖根), 김태석(金泰錫) 등이 체포되었지요. 박중양은 이토 히로부미(伊藤博文)의 수양아들로 중추원 참의 의장을 지낸 인물입니다. 자작 이지용은 대원군의 손자이자 고종의 5촌 조카입니다. 조병상은 일제 말기 '황민화정책'을 가속화하기 위해 조직한 경방단 단장이었고, 북선교통회사 사장 방의석과 공주 갑부 김갑순은 비행기를 헌납하였고, 『동아일보』 사주 김성수의 동생이자 경성방직 사장인 김연수는 만주국 경성 주재 명예 총영사를 지낸 친일파 기업인이었습니다. 이들 김씨 집안은 한국근현대사를 이해하는 데 특히 주목해야 할 대상이라고 생각합니다만, 어쨌든 김연수는 검찰 앞에서 자신의 죄과를 순순히 시인하고 속죄했다고 합니다. 그러나 재판에 회부된 김연수는 공판이 끝나자 그날로 석방되었고 반민특위 재판부는 그에 대해 재산 일부의 몰수와 공민권 정지라는 이례적인 판결을 내렸습니다. 흥미있는 것은 반민특위 활동에 대한 보도에 극히 인색하였던 『동아일보』는 이때 호외까지 발행하여 김연수의 석방을 보도하였습니다. 일제하 3·1운동 33인의 한 사람으로 민족개량주의의 중추적 인물이었던 최린은 잘 알려져 있듯이 1930년대에 들어가면서 친일파의 영수로서 활동하게 되는데, 그는 병보석으로 석방되었습니다. 이성근과 김태석은 친일경찰 출신으로 중추원 참의까지 오른 자들로, 이성근은 3·1운동 당시 평북 고등과장을 지내며 악명을 떨쳤고, 그 공으로 충남 도지사를 지냈습니다. 반민법 해당자로서 가장 악질로 꼽힌 김태석은 강우규(姜宇奎) 의사를 체포해서 유명해진 자로, 재판 과정에서도 자신의 죄를 계속 부인하여 재판부와 검찰을 가장 애먹였다고 합니다. 무기형을 받았으나 6·25 직전 석방되었죠.

다음 '황민화운동'에 앞장섰던 지도층 인사, 지식인, 문인, 종교인들로서 최남선, 이광수, 이승우(李升雨), 김동환(金東煥), 이성환(李晟煥), 정인과(鄭仁果), 양주삼(梁柱三) 등이 그들이었습니다. 거침없는 문필가로서 한국근대사에서 가장 이름이 널리 알려져 있는 최남선과 이광수가 반민특위에 체포된 것은 한국근대사의 비극인 동시에 '민족정신'으로 치장된 그들의 패배적 민족주의, 민족개량주의의 귀결점이 어디였는가를 극명하게 보여준 하나의 교훈이었습니다. 최남선은 일제하 중추원 참의, 만주 건국대 교수를 지내며 일제의 총동원체제에 협력하였고, '민족개조론'을 통해 이미 1920년대부터 일제와의 타협논리를 공공연하게 주장한 바 있는 이광수는 가장 왕성한 활동을 보인 그야말로 독보적인 '황국신민'이었습니다. 체포된 뒤 최남선은 눈물로 속죄하고, 형무소에서 「자열서(自列書)」라는 참회록을 쓰기도 했는데, 이에 반해 이광수는 계속 변명하며 자신의 친일행위를 합리화하기에 급급하여 재판부의 빈축을 사기도 했습니다. 이승우는 창씨개명에 앞장섰던 유명한 친일 변호사였고, 시인인 김동환은 임전보국단을 만드는 산파역할을 하였고, 박영희(朴英熙) 등과 함께 학병 권유에 광분한 대표적인 매국문인 중 한 사람이었습니다. 이성환은 천도교 계열의 농민지도자로 조선농민사운동을 주도한 인물인데, 이후 임전보국단 간부, 국민동원총진회 간부로 활동하며 일제에 적극 협력하였습니다. 그리고 정인과와 양주삼 등은 목사로서 역시 신사참배 등을 강요하며 '황민화운동'에 앞장선 인물들입니다.

경제계의 인물로는 주로 비행기 헌납을 주도한 자들인데, 앞에서 언급한 김연수, 방의석, 김갑순 외에도 화신재벌 박흥식, 여러분이 이미 잘 아시는 문명기 그리고 항공재벌 신용욱(愼鏞項) 등이 체포되었습니다. 또한 총독부 경찰 출신으로는 앞에서 말한 이성근, 김태석 외에 노덕술, 김덕기(金惠基), 이원보(李源甫), 하판락(河判洛), 최연(崔燕) 등이 검거되었습니다. 노덕술은 앞에서 잠깐 말씀드렸듯이 해방 후 경찰의 핵심으로 활동하였지만 여러 테러사건의 배후로 지목되어 일시 수사과장직을 내놓고 경찰의 보호하에 피해 다니다가 특경대에 체포됩니다. 체포 당시 4명의 경관이 그를 호위하고 있어 정치문제가 되기도 하였습니다. 한편 김덕기는 이성근의 직계 부하로서 일제하 1,000명이 넘는 독립운동가를 체포하여 악명을 떨친 자였습니다. 반민특위 재판정에 오른 인물 중 유일하게 사형선고를 받았으나 역시 6·25 직전에 감형되어 석방되었다고 합니다. 이외 특별한 인물로는 이토 히로부미의 수양딸로, 1920, 1930년대 만주와 국내에서 밀정 노릇을 하였던 배정자(裵正子)도 체포되어 재판정에 섰습니다.

이외에도 여러 사람들이 있고 관련자료도 있으니까 직접 한번 찾아보세요. 그리고 반민특위의 검거선풍이 일자 친일파들 중에는 박춘금(朴春琴)과 같이 일본으로 도피하거나 악질경찰 출신인 전봉덕(田鳳德)과 같이 헌병대에 들어가 군의 보호 아래 검거를 피한 자들도 있었습니다. 당시 군부 내의 친일파에 대해서는 반민특위의 손이 미치지 못하였습니다.

그러나 반민특위 활동이 활발해지자 이에 대한 이승만정권의 각종 방해와 와해공작도 본격화하였습니다. 특히 이승만이 노덕술 체포를 계기로 반민법과 특위활동에 대한 비난과 중지협박을 강화하자 이승만과 반민특위간의 갈등도 심화됩니다. 또한 당시 경찰과 군 수뇌부가 대개 친일파 출신이었기 때문에 경찰, 군과 반민특위간의 대립도 심화되었습니다. 내무차관 장경근과 시경국장 김태선(金泰善), 군부의 핵심인 채병덕, 원용덕, 전봉덕 등이 모두 친일경력을 가지고 있었습니다. 이러한 가운데 반민특위의 활동을 위축시키는 사건들이 연이어 터졌고, 이에 따라 정세도 크게 바뀌었습니다. 그 첫번째가 국회프락치사건입니다. 1949년 5월 17일 1차 국회프락치사건이 발표되었고, 이어 6월 21일에 2차 검거가 있었는데, 반민특위를 주도했던 소장파 의원들이 대거 간첩혐의로 투옥됨으로써 특위 활동은 추진력을 상실하게 되었습니다.

두번째는 1949년 6월 6일에 일어난 경찰의 특경대 습격사건이었습니다. 반민특위 특경대가 노덕술에 이어 시경 사찰과장 최운하까지 체포하자 경찰은 크게 반발하였고, 반민특위에 두 사람의 석방을 요구하며 압력을 가했습니다. 반민특위가 경찰의 요구를 거부하자 경찰은 김태선과 장경근의 지휘하에 특경대를 습격해서 특경대원 35명을 체포하고 관계서류를 압류하였습니다. 당시 특경대원 대부분이 중상을 입었다고 합니다. 아무튼 이 일 이후로 반민특위 활동이 더욱 위축되었습니다.

세번째로 이런 와중인 6월 26일 김구 암살사건이 일어났습니다. 김구 암살사건에 대해서는 아직까지 정확한 배후가 규명되지 않고 있습니다만, 최근 다시 한번 확인되고 있듯이 그 일반적인 정황과 배경은 거의 정리된 것으로 생각됩니다. 단지 확인되지 않은 점은, 아마 확인되기 어렵겠지만, 이승만의 관련성 여부와 미정보국의 개입 여부 등 두 가지 문제라고 볼 수 있겠죠. 특히 여기에서 우리가 염두에 둘 것은 당시 김구는 권력으로부터 완전히 소외되었지만 여전히 단독정부, 분단권력을 반대하고 남북통일을 주장하는 민족주의 세력의 정신적 지주였다는 사실입니다. 국회 내에서는 반민특위를 주도한 소장파 의원들 역시 그러하였습니다. 따라서 김구의 암살은 친일파 집단을 하나의 권력기반으로 하는 이승만정권의 반민족적 성격을 아주 함축적으로 폭로한 것이라고 볼 수 있고, 반면 이를 계기로 반민특위 활동은 더욱 어려워져갔습니다.

　이러한 급격한 정황을 반영하여 반민법이 개정됩니다. 원래 반민법 공소시한은 1950년 6월 20일까지인데, 이를 1949년 8월 30일로 단축하였습니다. 이에 따라 이승만정권의 노골적인 방해와 탄압이라는 극히 어려운 조건 속에 진행된 친일파 청산작업은, 처음부터 그 제한성이 예상되었지만, 결국 용두사미(龍頭蛇尾)로 끝나고 말았습니다. 공소시효 만료까지 반민특위가 취급한 건수는 그들이 조사한 7,000명 가운데 10분의 1에 불과한 682건, 이 중 영장발부 408건에 체포 305건이었고, 특별검찰부에 송치된 559건 중 기소된 것은 221건이었습니다. 더욱이 기소된 것 가운데 재판이 종결된 것은 불과 40건이었고, 이 40건 중에서도 실형이 언도된 유죄 선고는 12건에 지나지 않았습니다. 대부분의 거물급 친일파들은 병보석이나 기소유예 또는 무죄 등으로 석방되었지요. 그리고 이들은 이승만정권에 의해 면죄되었습니다.

친일파 청산 좌절이 남긴 유산

　이와 같이 남한에서 처음이자 마지막으로 진행된 친일파 청산은 좌절되고 말았습니다. 단순히 비교할 수는 없겠지만, 우리는 여기서 일제 지배를 받은 기간의 10분의 1 정도밖에 나치의 지배를 받지 않았던 유럽 국가들이 독일잔재 청산을 위해 얼마나 심혈을 기울였는가 하는 점을 되새겨보지 않을 수 없습니다. 프랑스에서는 나치협력자에게 사형 2,071건, 징역 39,900건을 선고하였고, 벨기에는 55,000건, 네덜란드는 5만 건 이상의 실형을 선고했습니다. 심지어 일본에서조차 앞서 말씀드린 바와 같이 21만 명의 공직자 추방을 단행하였음을 생각할 때, 친일파 청산 좌절은 많은 것을 생각하게 합니다.

　해방 후 자주독립국가 건설을 위한 선결적 과제였던 친일파 청산이 좌절되었던 것은 한국현대사에 여러가지 유산을 남겨주었습니다. 친

반민특위에 끌려가고 있는 친일 반민족행위자들

일파 청산의 좌절은 민주개혁과 민족통일전선 결성의 좌절, 다름 아닌 자주적인 통일민주국가 수립의 좌절이자 동시에 분단과정 자체를 의미하기 때문입니다. 친일파는 미군정·이승만 단정노선의 계급적 기반이자 지식과 자금과 무력을 제공한 별동부대였습니다. 그들은 자신의 반민족적 본질을 친미반공이데올로기로 치장하면서 오히려 그것을 애국의 논리로 강변함으로써 분단체제를 고착화하는 데 결정적인 역할을 수행하였고, 그 분단체제 속에서 일제하보다도 오히려 한 단계 더 높은 차원의 지배세력으로 자신을 성장시켰습니다. 그들은 정치·경제·문화 각 방면의 지도층으로서, 권력엘리트로서 그리고 경찰과 군부의 핵심으로 재조직되었고, 한국사회의 방향을 주도해왔습니다.

친일파 집단은 분단 40년 동안 반민주적이고 반민중적인 파쇼체제를 끊임없이 재생산했고, 근대화론에 입각해서 종속적인 자본주의 발전을 주도해왔습니다. 그리고 반공이데올로기만을 유일한 가치기준으로 삼으면서 민족의 분열을 조장하고 민족의 평화적 통일을 거부하는 반통일세력의 역사적 모반(母斑)이었습니다. 국제사회가 급격히 변동하고 통일문제가 현실적인 과제로 등장하는 지금, 더욱이 다시 일본의 군사대국화, 군국주의 부활이 현실화되고 있는 지금, 친일파문제는 단지 지나간 과거가 아니라 바로 오늘 우리의 민족적 진로를 정하는 데 뼈아픈 교훈을 주는 오늘의 문제일 것입니다. 감사합니다.

질의 응답

질 요즘 학생들이 일방적으로 반미를 주장하고 있는 문제에 대해서도 그렇다고 생각하는데, 해방 후 미군정하에서 미국은 우리 의사가 어떠하든 자신의 입장에서 한국문제를 처리했을 것이라고 봅니다. 우리가 친일파 청산을 아무리 주장해도 미국이 친일파를 기용한다면 그렇게 될 수밖에 없는 상황이었습니다. 따라서 친일파 청산을 당위로서만 말하기 어렵지 않을까요? 또 그것을 가지고 지금에 와서 미국을 무조건 비판하는 것은 큰 의미가 없는 것 아닐까요?

답 당시의 정황은 그렇게 될 수밖에 없는데 너무 미국을 비판하는 것이 아니냐 하는 질문인데, 제가 말씀드리는 것은 왜 그런 일이 일어나게 되었는가 하는 그 당시의 역사 상황, 미국과 미군정이 추구하는 정책과 논리를 냉정하게 되짚자는 것이죠. 그것을 이해해야 왜 친일파가 청산되지 못했는가를 알 수 있다는 겁니다. 우리는 분단체제에서 살고 있고 통일이라는 문제를 눈앞에 두고 있는데, 이렇게 되기까지에는 엄혹한 역사의 진행과정이 있었던 만큼 과거의 문제들, 역사적 경험들을 냉정하게 되짚어보고 확인하자는 것이죠. 그것이 중요한 것이지 과거에 그랬으니까 지금은 무조건 반일, 반미해야 한다는 얘기는 아닙니다. 우리가 그런 과거의 유산 위에서 현재 어떤 식으로 미국과 일본을 생각하고 현재 한국이 당면한 문제를 어떤 방식으로 대처할 것이냐 하는 것은 다양하게 논의되어야 할 부분이죠. 그러나 그 이전에 선생님이 덮어두고 넘어가자고 하는 측면에 대해서 역사적으로 엄격하게 한번 확인할 필요가 있다는 겁니다. 그 당시 미군정은 심지어 교전 당사국인 일본에서도 민주적인 개혁을 추구했는데 왜 한국에서는 그렇게 안했을까? 그들은 도대체 무엇을 추구하고 있었을까? 이런 점들을 확인하고, 당시 그 시점에서 민족운동세력이나 친일세력이 어떻게 이에 대처하고 있었는가 하는 역사적인 사실들을 확인하는 것이 중요하다고 생각합니다. 여기에서 현실의 삶의 지혜도 발견할 수 있다고 생각합니다.

질 북한에서의 친일파 처리와 남한에서의 그것과는 어떤 차이가 있습니까? 예를 들면 남한은 국회에서 특별법을 만들었는데, 북한에서는 어떤 기준, 어떤 절차를 거쳐서 어느 정도 친일파를 청산했습니까?

답 북한에서의 친일파 숙청과정에 대해서는 시원한 답변을 못 드릴 것 같은데, 북한에서는 이미 해방 직후부터 인민위원회식의 자치조직들이 자체적으로 친일파 처단을 추진한 것으로 알고 있습니다. 그래서 국회를 통해 법을 만들고 법적 절차를 거쳐서 친일파를 정리한 것이 아니라 그러한 자치조직을 통해서 1945년 말부터 1946년 초까지 일거에 친일파를 정리했던 것으로 보입니다. 그 친일파 기준이라고 하는 것은 첫번째 강의에서 대충 이야기된 것으로 아는데, 이에 대해서는 서중석 선생님께서 대신 답변해주시겠습니까?

서중석 지금 말씀한 내용과 별 차이가 없겠습니다만, 문제의 핵심은 정부가 수립된 이후에 법을 만들어서 친일파를 처단하는 것이 친일파 처단에 효율적이냐 아니냐 하는 데 있을 것입니다. 말하자면 해방 직후 민족적 희망, 이제야말로 보람찬 민주국가를 건설하자 하는 양양한 민족 전도에 대한 희망을 품고 그러기 위해서는 어떻게든 친일파를 처단해야 한다는 민족혁명적 열기에 들떠 있을 때에, 친일파가 처단되었더라면 그 다음에 친일파문제는 그렇게 심각한 문제가 아닐 수 있습니다. 여기서 처단이라는 말은 꼭 죽인다거나 전부 감옥으로 보낸다는 의미는 아닐 겁니다.

그런데 미군정 3년 동안 친일파가 모든 요직에 등용된 다음에 그런 정권체제의 변동이 없이 이승만정권의 틀 속에서 친일파를 처단하겠다 하고 반민법을 만들었습니다. 반민법을 만든 것 자체는 민족주의자들이 앞장서서 민족정기를 세우려 한 것으로 볼 수 있습니다. 그러나 그 시점에서는 친일파들의 힘이 너무 세졌다는 겁니다. 해방 직후에 처단했으면 몇 사람의 중요한 친일파만 처단하고 나머지는 공민권을 제한한다든가 교육을 시킨다든가 하는 정도에서 해결될 수 있었을 문제였는데, 정부가 수립된 다음에 해결하려고 하니까 그때는 이미 일제 때와 마찬가지로 친일파가 모든 중요한 지위를 다 차지해버렸단 말이에요. 그러니까 발표자께서 말씀하신 것처럼 반민특위가 오히려 역습당하고 말았던 것입니다.

지금 친일파에 관한 자료를 찾기 어려운 것은 반민특위에서 빼앗긴 서류들이 전부 불태워진 데도 원인이 있습니다. 친일파를 잡아가두려고 한 반민특위가 친일파에게 역습당해서 체포를 당하고 서류가 불살라지는 상황이 벌어졌고, 그러다보니 이승만정권 10년에 친일파 중심의 부정부패가 만연하고, 1960년대에 또 그러한 정권이 생겨났는데, 이는 결국 친일파를 해방 직후에 제대로 처리하지 못했기 때문에 생긴 문제라고 봅니다.

여기에 비해 북한은 해방 직후에 인민위원회 또는 정치인민위원회를 중심으로 해서 거의 자발적으로 일제잔재가 처리된 것으로 알고 있습니다. 예컨대 미군정에서는 중요 경찰 책임자를 전부 친일파로 임용하고, 또 미군정기구인 군정청이라든가 경성부청이라든가 인천부청 등, 지금으로 말하자면 행정 각 부에 친일파를 불러서 그대로 썼던 반면에, 북한에서는 이들을 전부 몰아냈습니다. 과거에 관료직에 있었던 자들은 일단 기술 면이라든가 특별한 분야에 필요하다고 생각되는 자를 제외하고는 전부 쫓아냈던 것입니다. 그리고 악질적인 친일행위를 한 자들, 예컨대 경찰에서 특별히 민중을 탄압하고 많은 사람을 정신대, 종군위안부로 끌고간 자들에 대해서는 엄혹하게 다루기도 했습니다. 그러다보니까 이런 자들의 상당수가 남한으로 내려와서 남한의 친일파를 강화하죠. 예컨대 김창룡 같은 자들이 남한으로 내려온 것도 친일행위로 북한에서 잡혀서 상당히 고생을 했기 때문이 아닙니까? 경찰만 하더라도 1945년 12월 말에 주요 경찰서장 중 상당수가 북에서 내려온 경찰 출신이었습니다.

북한의 친일파 처단은 어떻게 보면 이렇게 자연스럽게 이루어졌습니다. 꼭 칭찬하자는 것이 아니라 옛날부터 북한에서 한 짓에는 문제도 많지만 친일파 처단 하나만큼은 잘한 일이라는 얘기를 많이 들었는데, 그런 선상에서만 말씀드리는 겁니다.

다시 한번 정리하면, 북한에서는 인민위원회, 보안대 등 각종 정치활동, 사회활동을 통해 친일파를 전부 배제하고 자숙토록 했던 겁니다. 특히 악질 친일파에게는 상당한 제재를 가했습니다. 그 중에서 악질적인 자일수록 남한으로 내려와서 미군정기에 이승만 권력의 핵심부분이 되었다가, 이승만정권이 수립된 뒤에는 그 정권의 전위역할을 하는 친일파부대로 형성되었다고 할 수 있습니다.

질 한민당원으로 미군정 사법부장을 지낸 김병로씨가 반민특위에서도 재판부장을 맡았는데 그것은 모순되지 않는지요? 김병로는 청렴한 사람으로 아는데 그도 친일행적이 있는지, 또 조병옥도 친일을 했는지에 대해서 말씀해주십시오.

답 말씀하신 것처럼 김병로는 일제하 민족적인 입장에서 활동한 변호사로 친일한 사람은 아닙니다. 조병옥도 친일활동을 한 일은 없는 것으로 알고 있습니다. 이들은 모두 신간회 활동에 적극 참여하기도 하였죠. 문제는 한민당의 핵심인물인 이들이 민족 진로에 대한 입장과 그 정치적 소속에서 극우보수적이었고, 구조적으로 친일파 집단과 결합해 있었다는 데 있습니다. 물론 앞서 지적했지만 한민당 내부에도 적극적으로 일제에 저항한 민족적 인사나 진보적인 입장을 취하면서 좌익에 대해서도 유연한 입장을 취한 인물들이 적지 않았습니다. 그러나 이러한 인물들은 한민당 내에서 주도권을 갖지 못했고, 결국 그러한 입장 차이 때문에 1946년 10월에 있었던 좌우합작 7원칙 문제를 계기로 한민당과 결별하게 됩니다. 1947년 이후의 한민당은 명실공히 극우보수세력으로 순화되지요. 김병로의 경우는 비교적 비타협적 민족주의적 입장을 견지하였지만, 반면에 조병옥은 철저히 반공적인 입장에서 좌우합작, 민족통일보다는 우익의 헤게모니 장악을 위한 정치투쟁, 즉 우익 단독정권 수립에 골몰하였습니다. 이를 위해 그는 경찰권을 장악한 미군정 관료로서 친일파 집단을 보호하고 그들을 권력의 핵심기반으로 재결집시키면서 한민당의 입장을 미군정 정책에 반영하였습니다. 반민특위 해체과정이나 재판과정에서 단적으로 드러나듯이 그것은 이승만정권이 성립된 뒤에도 기본적으로 마찬가지였습니다. 이러한 점에서 친일경력 유무와 관계없이 특히 조병옥의 경우는 명백히 친일파 영수 중의 한 사람이었지요.

질 '민족통일전선'이라는 용어를 많이 쓰셨는데, 이 용어를 어떻게 이해해야 할지, 여기에 참여하는 정치세력의 범주를 어디까지로 해야 하는지 좀 구체적으로 설명해주셨으면 합니다. 그리고 해방 후, 1950년대 전후 상황에서 반공이데올로기가 대중 속에 얼마나 설득력을 가지고 파고들었는지, 1949년 이후 주권에서 많은 대중이 배제되었는데 지금은 어떠한지, 그리고 현 남북한사회가 모두 대중이 주권을 가진 사회가 아니라면 그 사회는 어떻게 가능한지에 대해서도 말씀해주시기 바랍니다.

답 민족통일전선이라는 말은 어떤 시각에서 이해하느냐에 따라
상당한 차이가 있을 수 있습니다만, 제가 말씀드리는 민족통일전선을
포괄적인 의미에서 이해해주시면 좋겠습니다. 그러니까 해방 후의 우
리 상황과 조건은 어느 일파가 일방적인 주도권을 잡을 수 있는 상황
이 아니었고, 임시정부를 수립하기 위해서는 반드시 좌우합작이 이루
어져야 하는 상황이었습니다. 따라서 제가 말하는 민족통일전선은 일
제하 민족해방을 위해 노력한 민족적인 제세력이 이제 정부수립을 위
해 결합해야 한다는 의미에서의 민족통일전선입니다. 물론 여기에는
일정한 원칙이 있었다고 생각합니다. 그것은 서두에 말씀드린 바와
같이 당시 해결해야 될 제반 민족적 과제에 대한 일정한 합의가 전제
되어야 하겠지요. '무조건 통일하자'는 이승만의 주장은 그러한 원칙
과 합의를 거부하는 논리였습니다. 물론 좌우의 이해관계와 입장이
크게 다르고 그러한 좌우합작에 의한 정권수립이 가능했겠느냐에 대
해서는 의문도 가져볼 수 있는데, 물론 그런 정권이 만들어진 이후에
는 좌우갈등이 본격적으로 문제가 되겠죠. 그러나 당시 상황에서 그
것은 중요한 문제였다고 보지 않아요. 당시는 일단 민족적인 제세력
이 결집해서 정리할 것을 단계적으로 정리해야 하는 시기였다고 봅니
다. 따라서 민족통일전선 결성을 위한 최소한의 원칙을 거부하고 방
해하는 세력들은 반민족적인 세력이라 볼 수 있고, 또한 그렇게 해야
할 세력이 이를 제대로 수행하지 못했다면 마땅히 비판받아야 할 것
입니다.

조금 더 세부적으로 들어가면, 민족통일전선은 상층부 민족통일전
선과 하층부 민족통일전선으로 구분해볼 수 있는데, 우리가 위에서
말한 좌우합작, 잠정적인 정권창출을 위한 정치지도자들의 결합은 대
개 상층부 통일전선을 뜻하는 것입니다. 그러나 대중의 의사가 정치
가들에게 전달되고 그러한 것이 상호 교류되는 민주정치의 기본을 위
해서는 바로 대중 내부의 결집이 필요한 것이죠. 그 대중의 결집과정
도 역시 통일전선의 일환이라고 볼 수 있는데, 해방 이후에는 그것이

충분하게 이루어지지 못했다고 봐야겠죠. 그 당시 좌익들이 주도하여 ─ 꼭 좌익들이 주도한 것은 아닙니다만 ─ 각 지역에 인민위원회, 자치위원회가 만들어졌는데, 그런 위원회에 통일전선적인 의미를 부여할 수 있는 내용이 있기도 하지만 충분했다고는 할 수 없습니다. 그러니까 양자가 결합되어야 하는 과정이 상하층부의 결합에 필요한 것인데, 아까 질문하신 대중의 의사가 어떻게 발현될 수 있는가 하는 점에서는, 결합이 안되면 반영이 안된다고 할 수 있겠죠. 아무리 민족적이라 하더라도 몇몇 정치지도자들이 모든 정권을 담당하여서는 곤란하겠죠.

두번째 질문에 대해서는, 물론 6·25가 일어나기 전까지 민중의 일반적인 정서는 6·25 이후와 같이 반공이데올로기가 일방적으로 강요될 수 있는 상황이 아니었습니다. 오히려 민중은 친일파가 활개치며 부와 특권을 유지하고 있는 데 대해, 그리고 이를 비호하는 정치세력에 대해 대부분 반감을 가지고 있었습니다. 그것은 특히 해방 후 민중의 생활이 일제하에 비해 거의 나아진 것이 없었고, 오히려 더 곤궁해지고 있었다는 점과도 밀접한 관련이 있었습니다만, 그러한 가운데 민중은 좌익정치세력과도 연결되면서 항쟁하고 있었어요. 그러나 정치적으로 본다면, 대중의 수용 여부와 관계없이, 이미 좌익이 불법화된 1947년 후반 이후부터 공공연하게 반공이데올로기가 강요되기 시작했습니다. 당시 이승만의 공개적인 정적이라고 한다면 통일운동을 전개한 중간파와 김구 계열의 우파 정도였는데, 이승만과 보수우익세력들은 이들을 공산당, 빨갱이로 몰아붙이고 있었으니까요. 반공이데올로기가 사실상 대중의 정서에까지 일반화된 것은 아무래도 6·25전쟁을 계기로 해서였다고 봅니다. 동족상잔의 비극은 우리 민족 모두에게 쉽게 지울 수 없는 상처와 함께 맹목적인 이데올로기 대립을 가능하게 했습니다. 남북한의 권력 또한 끊임없이 그것을 조장해왔습니다.

마지막 문제는 현재 남북한 정권이 대중의 의사가 반영된 정권인가

하는 것인데, 그렇게 보기 어렵겠죠. 민주정치의 기본이 대중의 의사가 민주적으로 반영되는 것이라는 사실은 새삼 얘기할 필요도 없죠. 앞으로 그러한 정권을 어떻게 만들 수 있는가 하는 문제에 대해서는 저의 짧은 식견으로는 말씀드리기 어렵지만, 여러가지 논의가 있을 수 있다고 봅니다. 남한에 대해서만 말씀드린다면 현재 가장 중요한 정치적 과제는 민주정부를 수립하는 데 있다고 봅니다. 그러기 위해서는 대중의 민주적 결집이 요구되고 또한 민주운동을 하는 사람들도 의견의 차이를 극복해야 하겠죠.

질 남북한 농지개혁의 전개과정을 비교해주시지요.

답 그 문제는 서중석 선생님의 전공분야이니까 또 서 선생님께 답변을 부탁드려야 하겠습니다.

서중석 농지개혁에 관해서는 개략만 말씀드리겠습니다. 북한에서는 1946년 3월 5일에 발표된 '토지개혁령'에 의해서 3월 중순부터 시행된 토지개혁이 한 달이라는 대단히 짧은 기간 내에 이루어졌습니다. 이건 제가 알고 있기로 세계 신기록입니다. 왜냐하면 소련도 토지개혁 내지 토지재배분을 하는 데 여러 차례의 혁명을 겪었고 그런 과정에서 농민계급과 지주계급 사이에 굉장히 많은 갈등이 있었습니다. 중국의 경우에도 완전히 사회주의화된 이후에야 토지개혁이 본격적으로 실시되었는데 그것도 1년 내지 2년이라는 긴 시간이 소요되었습니다. 월남의 경우에는 제2차 세계대전 이후 프랑스군이 쫓겨난 다음에 토지개혁이 실시됩니다. 그래서 1954, 1955, 1956년에 토지개혁이 실시되는데, 역시 토지개혁이 대단히 어렵게 진행되었습니다. 지주들이 크게 반발하고 반항해서 북한에서처럼 완전하게 하지 못하고 부분적으로만 하다가 나중에 다시 하는 형태를 밟았지요.

그러면 어떻게 북한에서 세계 역사상 그렇게 어렵다는 토지개혁을 한 달이라는 짧은 시간 내에 해낼 수 있었는가? 이것에 대해서는 서너 가지 이유를 댈 수 있습니다.

우선 우리나라는 해방 직후부터 친일파 청산과 토지개혁이 민주국가 건설을 위한 최대의 과제로서 지주들까지도 토지개혁을 해야 한다는 데 대해서는 누구도 반대할 수 없는 민족적, 당위적인 명령이었습니다. 심지어 한민당도 1945년 말까지는 토지개혁에 대해서 상당히 적극적인 주장을 했고, 1946년에 가서도 유상으로 해야 한다는 정도였지 토지개혁 자체를 반대하지는 못했습니다. 당시 한국인의 대다수를 차지하는 농민의 문제를 토지개혁을 통해 해결하지 않고는 민주국가를 건설할 수 없다는 것이 남북한 누구에게나 인정되었던 첫번째 요건이었습니다.

두번째 이유는 북한에 소련군이 진주해 있었고 또 인민위원회가 활동하고 있었다는 점입니다.

세번째 이유는 친일파들이 북한에서 숙청이 되니까 남한으로 내려왔듯이 대표적 지주들이 토지개혁이 실시되기 이전부터 남한으로 내려와버렸어요. 그래서 북한에서 5정보 이상을 가진 사람들의 상당수가 토지개혁을 실시하기 이전에 남한으로 내려와버렸고, 실시과정에서도 소수만이 저항했을 뿐입니다. 이것이 북한의 토지개혁을 용이하게 한 또 하나의 중요한 요인이었습니다.

그리고 네번째로 이것은 그리 중요한 요인은 아닙니다만, 북한은 남한보다 농토가 적고, 논보다 밭이 많습니다. 그래서 남한처럼 지주제가 전형적으로 발전하지 못했습니다.

그러면 반대로 남한의 토지개혁은 왜 그렇게 어렵게 되었느냐? 이것은 첫째로 남한에 진주한 미군의 영향력 때문입니다. 사실 맥아더 사령부는 이승만정부보다도 더 토지개혁의 필요성을 느꼈습니다. 농민들의 마음을 사는 것이 공산주의에 대한 최대의 방파제라고 생각했던 거죠. 그래서 미군정측에서 토지개혁을 권고하기도 했습니다. 그렇지만 1946년 초까지도 인민위원회가 대단히 강했기 때문에 그 속에서 토지개혁을 실시한다는 것이 대단히 위험했고, 미군정이 친일지주들을 기반으로 하지 않을 수 없었던 요인 등이 복합적으로 작용해서 미군정은 토지개혁의 당위성은 인정했지만 그것을 실시하는 것은 계속 늦추려고만 했습니다.

두번째 이유로 북한에서 내려온 지주들과 남한의 지주들이 앞장서서 반대했기 때문입니다. 남한이든 북한이든 반공투사들, 친일파 지주들이 남한에서의 개혁을 반대하는 입장에 서게 된 것이죠.

그러나 토지개혁의 필요성은 아까 말씀드린 것처럼 남한에서도 어느 정치세력도 부인하지 못했습니다. 다만 어떤 방식으로 토지개혁을 할 것인가에 대해서만 계속 의견이 달랐는데 지금은 1946년에는 어떤 방식으로 하려고 했고, 1947년에는 어떻게 하려고 했다 하는 것을 말씀드릴 필요는 없을 것 같습니다. 다만 아까 말씀드린 것과 관련해서 간단히 살펴보겠습니다.

1948년 이승만정권이 수립되었을 때 이제는 그때까지 미루어졌던 친일파 청산과 토지개혁이 당면과제로 나타났습니다. 그 때문에 친일파를 비호해오던 이승만정권하에서도 반민특위라는 것이 만들어졌던 것 아닙니까? 마찬가지로 토지개혁도 1948년 봄부터 입안되기 시작합니다. 그것도 대단히 빠른 속도로 이루어져서 1949년에 이미 토지개혁법은 성안이 되었죠. 당시 남한의 농림부장관이 조봉암 아닙니까? 조봉암은 나중에 토지개혁을 반대했지만 처음에는 상당히 열심히 했습니다. 아까 남한에서 토지개혁이 실패했다고 말씀하셨는데 그것은 꼭 맞는 말은 아닙니다. 첫번째 남한의 국회에서 통과된 토지개혁 ─ 그때는 농지개혁이라고 바꾸었습니다만 ─ 은 상당히 진보적입니다. 무슨 말이냐 하면 토지를 분배받는 농민들은 1년 생산가의 125%를 분할 납부하면 됩니다. 거기에 비해서 지주들은 150%의 토지가를 유상으로 받게 되어 있습니다. 반면에 북한에서는 25%의 토지세를 5년만 내면 됩니다. 그런데 토지개혁령이 두어 달 지나면 바뀝니다. 왜냐하면 첫번째로 토지개혁을 주장한 핵심세력이 역시 반민법을 주도한 핵심세력과 동일한 사람들이었습니다. 김약수를 중심으로 한 민족주의 중도파 세력들이었던 겁니다. 이 세력이 5월에 제1차 국회프락치사건으로 잡혀갑니다. 그러면서 정부에서도 토지개혁법을 다시 심의하게 합니다. 125%와 150% 사이의 25%를 정부가 부담할 수 없다, 그러니까 똑같이 150%로 해야 한다고 주장했는데, 그 다음에 2차 국회프락치사건으로 중도세력이 또 검거되는 가운데 최종적으로 남한 국회에서 통과된 농지개혁법은 150%를 농민들이 부담하는 것으로 확정되었습니다. 이 법은 6·25 직전에 실행되도록 되어 있었는데 6·25가 일어나게 됩니다. 그래서 남한의 토지개혁을 실시한 것은 남한 정권이 아니라 북한정권이었습니다.

북한이 내려와서 첫번째로 실시한 것은 남한에 인민위원회를 다시 만드는 것이었고 그 다음엔 토지개혁을 실시하는 것이었습니다. 토지개혁이 구체적으로 어떻게 실시되었고 문제가 무엇이었는지에 대해서는 여기서 생략하기로 하겠습니다. 그런데 북한이 두어 달 뒤에 다시 쫓겨나게 되지 않았습니까? 그래서 그 이후에 토지개혁을 다시 구체화시켜서 1956, 1957년경에 일단 완료했습니다. 이때의 토지개혁은 해방 직후 토지개혁 대상이 되었던 토지의 60%를 약간 상회하는 정도에서 이루어집니다. 이미 지주들이 대부분의 소작지를 방매했다는 겁니다. 방매에는 강제 방매가 있고, 그렇지 않은 방매가 있는데 강제적인 것은 좀 불리합니다만, 지주들이 무서워서 팔아버리는 것은 사실 농민들에게는 유리한 것입니다. 그리고 일부 대지주들은 권력과 결탁해서 다른 사람 명의로 변경하여 신고하는 식으로 토지를 감추었기 때문에 토지개혁 대상에서 제외되었습니다.

그러나 남한의 토지개혁도 150%를 농민들이 부담하였으므로 그렇게 과중한 것은 절대로 아니었습니다. 그래서 실제로 토지개혁이 실행된 것을 남한의 농민들도 환영했던 겁니다.

그런데 남한 농민들이 그렇게 몰락하게 된 것은 농지개혁 때문만은 아니었습니다. 농지개혁으로 몰락한 것은 우선 중소지주들이었어요.

이들은 농지를 주고 채권을 받았는데 이것이 전시하의 인플레, 1950
년대 후반의 인플레로 인해 휴지가 되어버렸거든요. 결국 중소지주들
은 토지판매 대금을 산업자본으로 전화시키지 못한 채 몰락해버리고
일부 특권층만 정부로부터 융자를 받아 산업자본으로 전화할 수 있었
어요.

농민들이 몰락한 이유를 서너 가지로 들 수 있습니다. 정부는 6·25
전쟁과 그 뒤 전시경제를 메워나가기 위해서 농민들에게 상당히 높은
세율의 소득세를 부담시켰습니다. 이때는 이승만정권이 독재권력이었
기 때문에 소득세가 아주 많았고, 각종 잡부금과 물세 때문에 농민이
상당히 시달렸습니다. 그런데 그것보다 더 큰 원인은, 미국이 1950년
대 중반부터 잉여농산물을 한국에 무상으로 원조하거나 유상으로 주
었던 데 있습니다. 엄청난 양의 밀과 옥수수, 콩, 면화, 쌀 등이 쏟아
져 들어오니 남한의 곡식 가격이 폭락할 수밖에 없죠. 이 때문에 농
민경제는 큰 타격을 받았습니다. 밀생산 전멸, 면화생산 전멸, 농·공
업간의 관련 단절 등으로 남한경제의 파괴현상이 연달아 일어납니다.
그리고 농민경제가 타격을 받은 또 하나의 중요한 이유는 현격한 협
상가격차 때문입니다. 이것은 어느 나라에서나 볼 수 있는 현상이지
만, 특히 남한에서는 매판자본가들이 공산품을 독점가격으로 팔았기
때문에 공산품의 가격상승을 농산물 가격이 따라가지 못했습니다. 비
료라든가 농기구의 가격이 너무 비쌌거든요. 그러다보니까 이농현상
이 나타났습니다.

요컨대 제가 말씀드리고 싶은 것은, 남한의 토지개혁정책은 꼭 부
정적이지만은 않았지만, 1950년대 남한의 정치경제적 상황이 농민들
을 파멸상태로 몰고갔다는 점입니다.

질 친일파 청산문제가 제대로 이해되려면 국사교과서가 새로 쓰
여져야 하고 이에 대한 재교육이 이루어져야 하지 않을까 생각하는
데, 선생님 의견은 어떻습니까?

답 매우 중요한 문제라고 생각합니다. 현재 국사교과서에서 특히 현대사에 대한 내용이 제대로 서술되어 있는가, 학생과 대중에게 현대사를 제대로 전달해주고 있는가 묻는다면, 분명히 아니라고 답변할 수밖에 없습니다. 우리 현대사를 객관적으로 학생들에게 전달할 수 있을 정도가 아직 되지 않고 있다고 해야겠죠. 특히 한국사 서술, 한국사 교육문제는 정권의 속성과 대단히 밀접한 연관이 있고, 더군다나 분단체제하에서 남북한 모두 현대사 교육을 통해 자신의 정통성을 주장하고 있기 때문에 이는 대단히 민감한 문제이기도 합니다. 그러나 역사학계가 그런 문제를 합리화하거나 시정하려는 노력을 등한히 하고 있는 것은 절대로 아닙니다. 그리고 그런 노력은 계속 이루어져 가리라고 생각합니다.

질 1992년의 시점에서도 반민족자가 있다고 보는데, 현재 반민족자는 어떤 부류라고 생각합니까?

답 친일파문제가 흘러간 과거의 문제가 아니라는 것은, 친일파들이 살아남아 오히려 권력집단으로 재등장하는 과정의 논리가 분단을 고착화하는 논리가 되었고, 그 분단체제 속에서 형성된 특수한 형태의 정치지배체제, 비민주적이고 파쇼적이고 외세종속적인 지배체제가 끊임없이 유지되는 논리로 계승되어왔기 때문입니다. 그 연장선상에서 지금 단계의 반민족적인 세력을 규정한다면 기본적으로 통일을 방해하는 세력이라고 생각합니다. 물론 어느 누구도 "나는 통일을 원하지 않는다"고 말하는 사람은 없습니다. 그러나 남북한이 서로 공존하며 민족적으로 화합하는 통일, 이미 남북한 정권이 원칙적으로 합의한 통일을 원치 않는 세력은 분명 존재하고 있다고 봅니다. 친일파문제와 불가분의 관계에서 형성되어온 분단고착의 논리는 냉전적인 반공이데올로기라고 생각하고, 그것을 법제적으로 뒷받침하고 있는 것이 보안법입니다. 따라서 현재 통일문제가 일정에 오른 이상 진정한 의미의 민족통일을 추구한다면 이를 사실상 방해하는 제반 조건들을 배제해야 할 텐데, 이를 여전히 분단논리로 고수하고자 한다면 현재 상황에서 그것은 분명 반민족의 논리가 되겠죠.

그리고 또 하나, 대외적으로 자주적 입장의 관철이라는 문제와 불가분하게 관련되어 있습니다. 미국이 친일파를 청산하는 데 결정적인 장애물이었다는 역사적 교훈을 생각한다면 민족자주성의 견지는 단순한 국수주의적인 논리가 아니라 민족의 생존과 발전에 대단히 중요한 요소라고 생각합니다.

질 친일파문제에서는 자기 반성이 중요하다고 생각하는데 역사학자 중 친일활동을 한 교수나 학자들이 얼마나 있는지, 그리고 해방 이후에 반성했는지 반성없이 교육을 담당하지는 않았는지 이들의 행적이 어떠했는지 말씀해주시고, 또 이들의 글과 활동에 대해서 어떻게 생각하시는지요?

답 예, 대단히 아픈 질문을 해주셨는데요. 그것은 전문적으로 현대사학사 영역에 속하는 문제인데, 일제가 식민지 침략을 합리화하기 위해 만든 한국사, 그것을 우리는 식민사학 또는 식민주의역사학이라고 부르고 있죠. 한국사학에서 친일잔재라고 하는 것은 그러한 왜곡된 식민사학의 내용을 그대로 답습하고 계승한 부류를 일컫는데, 해방 이후 남한 역사학의 주류가 그런 식민사학의 전통을 다수 이어받았다는 것은 부인할 수 없는 사실입니다. 식민사학의 극복문제가 본격화된 것은 4·19 이후에 접어들어서인데, 역사학 내부의 친일잔재 문제와 그 극복과정에 대해서는 이미 여러 편의 논문이나 개설이 나와 있으므로 참고해주시면 고맙겠습니다. 다만 왜 역사학 분야에서 친일잔재를 쉽게 청산하지 못했는가 하는 점과 관련하여 말씀드리고 싶은 것은, 그것은 단지 역사학계의 책임만으로 돌릴 문제는 아니며 근본적으로 정치적인 문제라는 사실입니다. 즉 친일파 집단을 청산하

지 못하고 분단으로 귀결된 정치상황이 반영된 것이라고 할 수 있겠
죠. 그러나 현재 식민사학을 극복하고자 하는 학계의 노력은 보편화
되어 있다고 볼 수 있으며, 그것은 끊임없이 정리되리라 생각합니다.
(방기중)

친일파 관련 참고문헌

신문

『京城日報』, 『每日新報』, 『朝鮮新聞』 등

잡지

1. 『國民文學』(인문사, 崔載瑞)
2. 『新時代』(博文書館, 군부 주관)
3. 『大東亞』(『三千里』 게재, 金東煥)
4. 『大和世界』(正學會 기관지, 八木信雄)
5. 『春秋』(『동아일보』의 후예격, 양재하가 주재)
6. 『朝鮮公論』
7. 『朝光』(朝鮮日報社, 方應謨, 편집책임 李甲燮)
8. 『東洋之光』(東洋之光社, 朴熙道)
9. 『內鮮一體』(內鮮一體實踐社, 朴南珪, 大朝實臣)
10. 『綠旗』(綠旗社, 津田剛, 주필 森田芳夫)

단행본

1. 민족정경문화연구소 편, 『친일파군상』, 1948
2. 『민족정기의 심판』, 1949, 혁신출판사
3. 고원섭, 『반민자죄상기』, 1949, 백엽문화사
4. 김영진, 『반민자대공판기』, 1949, 한풍출판사
5. 임종국, 『친일문학론』, 1966, 평화출판사
6. 강동진, 『일제의 한국지배정책사』, 1980, 한길사
7. 임종국, 『일제침략과 친일파』, 1982, 청사
9. 길진현, 『역사에 다시 묻는다』, 1984, 삼민사
10. 임종국, 『일제하의 사상탄압』, 1986, 평화출판사
11. 김삼웅·이헌종·정운현, 『친일파』, 1990, 학민사

12. 임종국, 『실록 친일파』, 1991, 돌베개

인물

김활란   『김활란박사소묘』, 1959, 이화여대출판부

         『그 빛 속에 작은 생명』, 1965, 여원사

         김정옥, 『(이모님) 김활란』, 1977, 정우사

         『우월문집』, 1979, 이화여대출판부

모윤숙   『회상의 창가에서』, 1968, 중앙출판사

문명기   『所志一檄』, 1937

송병준   「친일귀족 파망기 송병준」(상·하), 『사담』, 1988. 1~2, 보건신문사

이광수   『사랑은 가시밭길 — 춘원 이광수의 사랑과 종교』, 1962, 광화문출판사

         『춘원 이광수 그의 생애, 문학, 사상』, 1962, 삼중당

         『이광수전집』(별권), 1971, 삼중당

         김윤식, 『이광수와 그의 시대』, 1986, 한길사

이완용   김명수, 『일당기사』, 1927, 일당기사출판사

         송세옥, 『이완용 후작의 재인식』

         「이완용과 왕조명」, 송병기 역, 『자료 한국독립운동사』, 연세대출판부

최남선   홍일식, 『육당연구』, 1959, 일신사

         『육당 최남선 — 그의 생애, 사상, 업적』, 1964, 삼중당

인물로 보는 친일파 역사

1판 1쇄 발행 1993년 3월 1일
1판 14쇄 발행 2007년 10월 26일

지은이 역사문제연구소
펴낸이 김백일
펴낸곳 (주)역사비평사 출판등록 300-2007-139호(2007. 9. 20)
주소 서울시 종로구 가회동 175-2
전화 741-6123 팩스 741-6126
이메일 yukbi@chol.com 홈페이지 www.yukbi.com

ISBN 89-7696-214-1 03900

* 책값은 표지 뒷면에 표시되어 있습니다.
  잘못된 책은 구입하신 서점에서 바꾸어드립니다.